쓰 고 읽다

쓰고 읽다

고종석

alma

차례

독서한담

《시사IN》, 2015. 10. 7. ~ 2016. 9. 12.

19세기 조선인이 말을 건다면

19세기 말의 교양 있는 한국 사람이 타임머신을 타고 방금 서울에 왔다고 생각해봐. 그 사람이 우리랑 한국어로 의사소통을 할수 있을까? 고작 백 년 남짓 전 사람인데 당연히 말이 통할 거라고? 음, 전혀 안 통하는 건 아니야. 그렇지만 한국의 평범한 고등학교 졸업자가 미국인 관광객과 영어로 의사소통하는 것보다더 힘들 거야. 왜냐고? 그 백 년 남짓 동안 한국어 어휘부가 완전히 변해버렸거든. 그때나 지금이나 한국어 어휘의 반 이상은 한자어야. 그런데 그 시절의 한자어는 중국에서 만들어진 말이 대부분이었어. 반면에 지금 우리가 사용하는 한자어는 일본에서만들어진 말이 대부분이야. 게다가 똑같은 한자를 사용하는 한자어도 뜻이 달라진 게 많아. 그것도 일본어의 영향이야. 그러니19세기의 그 사람이랑 우리가 대화하는 게 우리가 영어 사용자와 대화하는 것보다 더 답답할 거야.

그렇지만 그 시대 사람 모두가 그런 건 아니야. 그 시대에도 21세기의 우리랑 말이 통할 수 있는 사람들이 있었어. 많지는 않았지만. 그리고 완전한 의사소통은 물론 불가능하겠지만. 그런 사람 중에 대표적으로 유길준이라는 이를 꼽을 수 있어. 유길준! 다들 들어봤지? 그 유명한《서유견문》의 저자 말이야.《서유견문》이라는 책 제목을 들어보지 않은 사람은 드물 거야. 그런데 이 책을 읽어본 사람 역시 드물겠지.

유길준이 지금 우리랑 의사소통을 할 수 있다고 내가 생각하는 건 그가《서유견문》의 저자이기 때문이야.《서유견문》은 유길준이 서른네 살이던 1889년에 탈고해서 여섯 해 뒤인 1895년에 일본의 교순사交詢社라는 출판사에서 나왔어. 교순사는 일본의 계몽사상가 후쿠자와 유키치福澤諭吉가 만든 출판사야. 유길준은 스물여섯 살 때부터 스물일곱 살 때까지 후쿠자와가 경영하던 게이오기주쿠慶應義塾에 유학했던 터라, 후쿠자와와 인연이 있었어. 그런데 탈고하자마자 조선에서 출판하면 될 걸 왜 여섯 해나 지난 뒤 일본에서 출판했냐고? 유길준이《서유견문》을 쓰고 있었을 적엔 개화당에 연루되었다는 혐의로 연금상태였거든. 서른아홉 살이 돼서야 유폐생활에서 풀려나 벼슬을 하게 돼. 그리고 그 이듬해 의화군과 함께 일본을 시찰하게 됐는데, 그 김에 후쿠자와에게 부탁해서 책을 내게 된 거야. 의화군이 누구냐고? 의친왕義親王 이강이라고 들어봤지? 고종의 다섯째 아들이자, 황족 중에서 드물게 일본식민주의에 대든 사람. 그 사람이 그 사람이야.

그런데 유길준이 《서유견문》의 저자라는 게 어떻게 지금의 우리와 의사소통을 할 수 있을 거라고 추측할 실마리가 될까? 그건 간단해. 유길준은 《서유견문》에서 중국식 한자어 대신 일본식 한자어, 그러니까 지금 우리가 쓰고 있는 한자어를 주로 사용했거든. 그러니까 우리가 20세기 이후 학문의 발전에 따라 생긴 수많은 신어들, 그것도 물론 대개가 일본인들이 서양어를 번역한 거지, 그 신어들만 사용하지 않으면 유길준이랑 대략 얘기를 나눌 수 있어. 물론 유길준 쪽에서도 자기가 잘 아는 중국식 한자어를 되도록 쓰지 말아야겠지.

《서유견문》은 최초의 국한문 혼용체 저서야. 국한문 혼용체가 뭐냐고? 한자어는 한자로 쓰고 고유어는 한글로 쓰는 문체야. 물론 《서유견문》이 나올 땐, 한글이라는 말도 없었지만. 유길준은 이 책의 서문에서 "우리 글자我字와 한자를 섞어 쓰고, 문장의 체제는 꾸미지 않았다. 속어를 쓰기에 힘써, 그 뜻을 전달하기를 위주로 하였다"라고 말해. 다시 말해 유길준은 이 책이 되도록 널리 읽히길 바란 거야. 사실 그 시절에 사대부는 한문으로, 그러니까, 고전중국어로 글을 쓰는 게 예사였거든. 그런 한문 텍스트는 같은 사대부가 아니면 못 읽지. 유길준은 동료 사대부의 경멸을 받을 걸 각오하고, 고전중국어가 아니라 한국어로, 비록 국한문 혼용체지만, 한국어로 책을 쓴 거야. 계몽을 위해서.

《서유견문》이 한국어로 쓰였으니까, 쉽게 읽을 수 있을까? 그건 아냐. 한자 지식이 꽤 있는 사람도 《서유견문》의 원문을 쉽게 읽을 수 없어. 초창기의 국한문 혼용체라는 건 예컨대 한 20년 전까지 한국 신문이나 책에서 흔히 볼 수 있었던 한자 혼용과는 크게 달라. 일단 한자어는 무조건 한자로 표기해. 그런데 그때나 지금이나 신문물과 관련된 단어는 다 한자어야. 그래서 《서유견문》의 원문을 보면, 한글로 표기된 건 조사나 접미사, 어미 같은 일부 고유어밖에 없어. 게다가 똑같이 일본식 한자어를 썼지만, 유길준 시절과 지금은 달라진 어휘도 꽤 있어. 예컨대 우리가 생리학이라고 부르는 학문 분야를 유길준은 인체학이라고 표현해. 또 그가 지리학이라고 하는 건 지금의 지질학이고, 그가 물산학이라고 하는 건 지금의 경제학에 가까워. 게다가 한자로 표기된 유럽어 고유명사들의 난해함! 그러니까 나를 포함해서 평범한 독자들은 《서유견문》을 현대어 번역본으로 읽는 게 좋아.

현대어 번역본이 몇 종 있는데, 허경진이라는 이가 번역한 걸 추천해. 허경진 선생은 한문학자인데, 한국어도 깔끔해. 그런데 참, 허경진 선생 같은 이도 한글과 한국어를 구별 못하시더군. 허경진 선생은 자신이 《서유견문》을 "한글로 번역"했다고 말하고 있거든. 이건 《서유견문》을 "로마문자로 번역했다"거나 "키릴문자로 번역했다"는 것처럼 어이없는 말이야. 우리는 국한문혼용체 《서유견문》을 한글이나 로마문자나 키릴문자로 전사轉寫할 수는 있지만 번역할 수는 없어. 그걸 현대한국어나 영어나 러시아어로 번역할 수는 있겠지.

정작 이 책 내용에 대해서 애기할 지면이 얼마 안 남았네. 그렇지만 원래 이 지면은 서평란이 아니라 그냥 책 이야기 지면이야. 그러니 그게 큰 문제는 아니야. 《서유견문》이라는 제목만 보면 이 책이 무슨 기행문 같지? 그렇지 않아. 이 책은 서양문명에 대한 논문 열여덟 편과 미국 유럽의 도시들에 대한 설명문 두 편으로 이뤄져 있어. 그런데 그 마지막 두 편조차 기행문이라고 하기는 어려워. 유길준이 그 도시들을 다 돌아보지 않았다는 건 스스로 밝히고 있으니까.

사실 유길준은 당대인으로는 드물게 미국과 유럽을 경험한 사람인만큼, 서양문명에 대해 쓸 자격은 있어. 그렇지만 《서유견문》의 많은 부분은 저자가 직접 경험하고 쓴 게 아니야. 그가 존경하던 후쿠자와 유기치의 《서양사정》을 비롯해 많은 책을 베끼거나 참고했어. 그렇다면 이 책은 최초의 국한문 혼용체 저서라는 것 말고는 의미가 없을까? 그렇지 않아. 이 책은, 비록 그 내용의 독창성은 없지만, 19세기말 유럽과 미국을 조선에 이식하려는 노력의 소산이야. 유길준은 조선이 서양을, 특히 영국이나 미국을 모범으로 삼아 변하는 것을 '개화'라고 불렀어. 이 책은 그러니까 개화론이야. 우리는 《서유견문》을 통해 19세기 말 조선 지식인이 근대 국가 만들기에 대한 청사진을 어떻게 그렸는지 살필 수 있어.

사족 하나. 사람들은 유길준을 친일파라고 불러. 유길준, 친일파 맞아. 그러나 우리가 생각하는 그런 친일파는 아니야. 그는 조선의 독립과 개화를 바랐고, 일본이 그것을 도와주기 바랐을 뿐이야. 그냥 그렇다고.

2015. 10. 7.

언어생활의 감시자

어느 시대에나 '바른말'에 집착하는 사람들이 있어. 이런 사람들을 '언어생활의 감시자'라고 불러도 되겠지. 물론 바른말을 쓰는 건 중요해. 말이 혼탁하면 의사소통에 어려움이 있으니까. 내가 말하는 '언어생활의 감시자'는 바른말에 대한 강박증이 있는 사람들을 뜻해. 가령 국립국어원에 그런 사람들이 있지. 최근에 '짜장면'이라는 말이 '자장면'과 함께 표준어로 인정됐지만, 오래도록 '짜장면'은 표준어 대접을 못 받았어. 그런데 실제 언어생활에서 '짜장면'을 '자장면'이라고 써왔던 사람이 얼마나 될까? 또박또박 '자장면'이라고 말했던 사람이 아주 없지는 않았겠지. 그 드문 사람들이 '자장면'이라고 말할 때면, 듣는 사람들은 귀에 설고 어색해서 손발이 오글거렸을 거야. '짜장면'과 같은 외래어 가운데 '버스'라는 말이 있지. 대다수 한국어 사용자들이 그렇듯, 나는 '버스'를 한번도 타보지 못했어. 내가 타본 건 오로지 '뻐쓰'일 뿐이야. 그런데도 '뻐쓰'는 표준어 대접을 못 받고, '버스'만 표준어 대접을 받아.

바른말에 집착하는 사람들은 언어가 언중言衆의 것이라는 사실을 자각하지 못하고, 자기가 책상 위에서 머리 굴리며 결정한 말이 '바른말'이라고 생각해. '금도襟度를 지킨다'는 표현도 마찬가지야. 국어사전에서 '금도'를 찾아보면 '남을 받아들일 만한 도량'이라고 풀돼 있어. 예문으로는 "대인물다운 금도"라는 구절이 올라 있더군. 그렇지만 우리가 일상생활에서 '금도를 지킨다'고 말할 땐 대개 '지나침이 없이 절제한다'는 뜻이야. 사실 언중은 '금도'를 '禁度'로 받아들이고 있는 거지. 그런데 사전편찬자들은 이런 일상의 용법을 무시해. 사실 사전편찬자가 '언어생활의 감시자'가 돼서는 안 되지. 그들은 언어생활을 관찰하고 기록하는 사람이어야 해.

물론 민중이 쓰는 말이라고 해서 무조건 따라해서는 안 돼. 예컨대 한국, 일본, 중국, 필리핀 같은 나라가 있는 지역을 흔히 '극동아시아'라고 부르지? 이건 완전히 틀린 말이야. 극동이면 극동이고 동아시아면 동아시아지, '극동아시아'가 어디 있어? 그럼 사우디아라비아나 팔레스타인은 '중동아시아'인가? 물론 극동이니 중동이니 하는 말도 유럽을 기준으로 삼아 생긴 말이지만. 그러니 극동보다는 동아시아라는 말이 낫겠지. 또 책 앞에 없는 글인데도 '발문跋文'이라고 쓰는 건 잘못된 관행이니 고쳐야 해. 발문이라는 말의 '발'자에서도 알 수 있듯이, 발문은 책 뒤에 붙인 글을 뜻하니까. 책 앞에 얹는 글은 서문이라고 해야지. 또 뭐가 있을까? 아, 기독교와 개신교. 한국인들은 개신교라고 말할 자리에 흔히 기독교라는 말을 써. 기독교는 로마가톨릭과 동방정교와 프로테스탄트의 여러 종파들을 다 아울러 부르는 이름이야. 그런데 한국에서는 기이하게도 기독교를 개신교와 등치시켜. 이런 것까지 용납될 수는 없어. 가톨릭 신자들도 자신을 기독교도라고 부르니까. 또 이제 개신교에서는 관행이 돼 고치자고 할 수도 없지만, '하나님'이라는 말은 가톨릭에서처럼 '하느님'이라고 쓰는 게 옳아. '하나님'은 아래아가 소멸되면서 일부 서북 방언에서 생겨난 괴이한 말이야. 그래서 신구교 공동번역 성서에서는 '하느님'이라고 쓰고 있어. 개신교 신자들은 자기들의 신이 유일신이어서 '하나님'이라고 부른다고도 주장하지만, 한국어에선 수사에 접미사 '님'을 붙이는 게 아주 어색해.

그러니까 발문과 서문을 구별하고, 기독교와 개신교를 구별하고, 하나님이라는 말 대신에 하느님이라는 말을 쓰는 것은 바람직한 바른말 사용이야. 그렇지만 '언어생활의 감시자들'은 그쯤에서 멈추지 않아. 이 사람들의 특징 하나는 어원에 집착하는 거야. 한국어에는 중국어에서 차용한 한자어들의 형태가 뭉개져 한자로 표기할 수 없는 말들이 꽤 있어. 뜻은 그대로인 채로.

예컨대 미음은 밈이라 변했고, 관대는 관디로 변했고, 목욕은 멱이나 미역으로 변했어. 관대가 뭐냐고? 전통식 결혼을 할 때 신부가 입는 옷이야. 또 봉선화는 봉숭아로 변했어. 이 말들은 지금 죄다 표준어로 인정되고 있어. 그렇지만 '언어생활의 감시자'들은 본디의 한자어에 더 높은 가치를 부여하지. 물론 그와 반대로 변한 형태에 더 가치를 부여하는 사람들도 있어. 이 사람들을 언어민족주의자라고 부르는데, 한자를 되게 싫어해. 뭉개진 형태는 한자로 표기할 수가 없고, 한자어라는 느낌이 덜하잖아. 그래서 이 사람들은 뭉개진 한자어를 더 선호하지. 예컨대 봉선화보다는 봉숭아를, 미음보다는 밈을 더 좋아해. 둘 다 바람직한 행태는 아니야. 이 언어민족주의자들을 순수주의자들이라고도 부르는데, 이 사람들이 특히 싫어하는 것은 일본제 한자어야. 그런데 지금 한국어 한자어 가운데 적어도 90퍼센트 이상은 일본에서 만들어진 한자어니, 이 말들을 다 피하려면 우리는 한마디 하기도 편치 않을 거야. 이 순수주의자들은 특히, 일본어에서는 훈독을 해서 한자어가 아닌데 우리말로 들어오면서 한자어가 된 말을 싫어해. 예컨대 일본사람들이 '다치바'라고 읽는 '입장'이라는 말이 대표적이지. 이런 이데올로기에 감염된 교열자들은 어떤 원고에서 '입장'이란 말만 나오면 대뜸 '처지'라는 말로 고쳐. 그런데 '입장'과 '처지'가 같은 말일까? "이 사안에 대한 네 입장은 뭐니?"라는 문장을 "이 사안에 대한 네 처지는 뭐니?"라는 말로 고칠 수 있을까? 당연히 고칠 수 없어. 그러니까 '언어생활의 감시자들' 중에서도 특히 순수주의자들은 이룰 수 없는 일을 이루려고 헛된 고생을 하고 있다고 할 수 있어.

다산 정약용 선생의 《아언각비雅言覺非》라는 책 들어봤지? 다산의 학문은 넓고도 깊어서 그걸 다 들여다보려면 아마 한 생애를 바쳐야 할 거야. 그런데 다산에게는 '언어생활의 감시자' 취향도 있었어. 《아언각비》는 '우리말 가운데 잘못 쓰이는 것을 일깨움' 정도의 뜻이야. '아언'은 본디 중국어를 가리키는 말이었지만, 다산은 이 말로 우리말을 가리키기도 했대. 그렇지만 이 책에서 다산이 예로 든 단어들이 죄다 한자어이니, '아언'을 중국계 한국어, 곧 한자어로 봐도 되겠지. 다산은 이 책에서 단어들의 유래나 어원을 살피면서 당대 조선인들이 잘못 쓰고 있는 말들을 바로잡거나, 의미가 혼탁한 말을 또렷이 해. 예컨대 "잔탁盞托(잔차반)이란 술잔을 받는 그릇이다. 우리나라 말은 이를 잘못 옮겨 잔대盞臺(술잔을 받쳐놓은 그릇)라고 생각한다"고 말한 뒤 그 이유를 줄줄이 늘어놓으며 '무식한' 사대부를 깨우쳐. 또 "사대부란 당하관의 명칭이다. 우리나라 귀족, 백도白徒(과거를 보지 않고 벼슬아치가 된 사람)들은 아무것도 이룬 것이 없으면서 오히려 양반이라 칭하고, 한번 명령을 받은 일도 없으면서 오히려 사대부라 칭하니, 명실名實이 마땅치 않음이 있는 것이다"라고 훈계를 해.

사실 《아언각비》에 오른 표제어들은 거의가 이젠 쓰지 않는 말이야. 그러니 당대인들이, 다시 말해 이 책이 나온 19세기 초 사람들이 그 말을 바르게 썼든 그르게 썼든 우리에겐 크게 중요하지 않겠지. 내가 말하고 싶은 것은 정약용 선생이 선출되지도 임명되지도 않았으면서, 국립국어원장 행세를 했다는 점이야. 언어생활의 감시자로서 자신의 박식을 뽐내고 있다는 거지. 언어생활의 감시자들이 뽐내는 지식은 대개 쇄말적 지식이고, 더러는 틀린 지식이야. 그래도 이 책을 읽고 싶으면 김종권金鍾權 선생이 역주한 일지사판으로 읽어. 아마 품절돼서 도서관에서나 찾을 수 있을 거야.

2015. 10. 16.

평생 몇 권이나 읽을 수 있을까?

7년여 동안 감옥 생활을 하면서 수만 권의 책을 읽었다고 술회한 반체제인사가 있어. 또 감옥 생활은 안 했지만 텔레비전 출연과 기행奇行으로 이름이 널리 알려진 학자 한 분도 자기가 수만 권의 책을 읽었다고 말씀하시더군. 그런데 한번 생각해 봐. 어떤 사람이 태어난 날부터 하루도 빠짐없이 매일 책을 한 권씩 읽으며 백 살까지 살았다고 쳐도, 그가 읽은 책은 3만6500여 권에 불과해. 그런데 7년여 동안, 아니면 몇십 년 동안, 수만 권의 책을 읽는 게 가능하겠어? 그런 건 다 허풍일 뿐이야. 물론 얄팍한 만화책이나 상품사용설명서까지도 자기가 읽은 책에 포함시킨다면 일생 동안 수만 권의 책을 읽을 수 있겠지. 그렇지만 우리가 보통 독서라고 부르는 행위를 통해 일생 동안 읽을 수 있는 책은, 어지간히 장수를 한다고 하더라도, 1만 권에 미치기 어려워.

그런 허풍쟁이들은 그렇다고 치고, 여느 사람보다 확실히 책을 많이 읽는 사람은 있어. 다독가라고 할까, 아니면 남독가濫讀家라고 할까, 이런 사람들은 사는 동안 1만 권 넘는 책을 읽을 수 있을 거야. 나랑 비슷한 세대 사람 중에서 이런 절륜의 독서가를 꼽아보자니, 대뜸 세 사람이 떠오르네. 첫째는《시사IN》에 〈독서일기〉를 연재하는 장정일 시인, 둘째는《슬픔이 나를 깨운다》라는 시집으로 유명한 황인숙 시인, 셋째는 재야 법조계의 거인이라 할 차병직 변호사야. 황인숙 시인과 차병직 변호사는 나랑 꽤 두터운 친분이 있는 사이여서 그들의 다독을 알고 있어. 장정일 시인은 나랑 친분이 있기는 하지만 그 친분이 두터워질 기회가 없었어. 그렇지만 그가 지난 수십 년 동안 써온 독서일기를 읽어 보면 그가 엄청난 다독가라는 걸 알 수 있지. 나는 이들이, 평균 수명만 채운다면, 죽기 전까지 너끈히 1만 권 이상의 책을 읽으리라고 생각해.

나? 나는 내 세대의 평균적 독서인에 불과해. 일주일에 두세 권 정도의 책을 읽지. 후하게 쳐줘서 일주일에 세 권의 책을 읽는다 하더라도 한 해에 150권을 조금 넘길 뿐이지. 그렇지만 세 권을 못 읽는 주가 많을 테니, 일주일에 두 권이라고 치면 한 해에 100권 남짓 책을 읽을 뿐이야. 내가 태어나자마자 책을 읽어서 이런 독서 속도로 백 살까지 산다면 만 권을 읽을 수도 있겠지. 그렇지만 책다운 책을 읽기 시작한 것은 십대 후반에 들어선 이후고, 입시생 시절이나 이런저런 일로 바쁠 땐 분명히 책을 덜 읽었을 거고, 백 살까지 살 리는 절대로 없을 테니, 나는 몇천 권의 책을 읽는 것으로 만족해야 할 거야.

앞서 다독가로 꼽은 장정일, 황인숙, 차병직 세 분은 열정적 독서가이긴 해도, 다작의 문필가는 아니야. 어림짐작해보면 장정일 시인은 나처럼 서른 권 가까운 책을 냈을 것 같고, 황인숙 시인과 차병직 변호사는 그보다 훨씬 적게 책을 냈을 거야. 그건 황인숙 시인과 차병직 변호사가, 읽은 책에 대한 독후감이랄까 비평이랄까 이런 글을 거의 쓰지 않는 사람이어서 그렇다고 할 수 있어. 그런데 자기가 읽은 모든 책에 대해 뭔가를 쓰는 게 직업인 사람이 있다면, 그리고 그가 유달리 부지런한 독서가이자 열정적 집필가라면 어떤 결과가 생길까? 그 사람은 유례없는 다산성의 문필가가 될 거야.

그런 사람 중에 퍼뜩 떠오르는 이가 국문학자 김윤식 선생이야. 대학에서 국문학을 전공하지 않았거나 매우 젊은 독자들은 이 이름이 낯설 수도 있어. 이런 저런 평가가 있을 수 있겠지만, 김윤식 선생은 누가 뭐래도 한국 근대문학 연구와 비평의 금자탑을 세운 분이야. 한국 근대문학을 공부하면서 이분의 책을 읽지 않는 것은 해자垓字를 건너지 않고 성城 안으로 들어가려는 것과 다름없어. 그런데 이분은 너무 많은 책을 썼어. 그래서 그 책들을 다 읽으며 음미하는 것 자체가 여느 연구자들에게는 일생의 업이 될 수도 있어. 김윤식 선생의 책을 다 읽은 사람은, 없지야 않겠지만, 매우 드물 거야. 그분은 여든에 이른 요즘까지도 글을 쓰고 계시니까. 사람들 대부분은, 그들이 한국 근대문학 연구자라 할지라도, 김윤식 선생의 책들 가운데 일부만을 읽었을 거야. '김윤식학學'을 세우겠다는 야심을 품은 사람이 아니라면.

그렇다면 김윤식 선생은 도대체 얼마나 많은 책을 썼을까? 이런 다산성 저자들이 지닌 공통점은 자기가 몇 권의 책을 썼는지 모른다는 거야. 공동저서나 편역서 같은 것을 자기 저술에 포함시켜야 하나 말아야 하나 하는 문제도 있고.

서울 장충동 현대문학관에서 지난 9월 11일에 개막해 12월 11일까지 이어질 '김윤식 저서 특별전'에는 147종의 개인저서를 비롯해서 200여 종의 책이 전시되고 있어. 이 전시회의 주제는 '읽다 그리고 쓰다'야. 읽기와 쓰기는 사실 김윤식이라는 인물의 삶 전체를 압축하고 있는 말이야. 문학연구자이자 문학비평가로서 그분은 끊임없이 읽었고, 끊임없이 써왔으니까. 나는 예전에 쓴 어느 글에서 김윤식 선생을 "동사 '쓰다'의 주어"라고 표현한 적이 있어. 그렇지만 그분의 직업이 문학연구자이자 문학비평가인 만큼, 다시 말해 그분이 하는 일이 자신이 읽은 텍스트들을 분류하고 배열하고 논평하는 일인 만큼 그는 "동사 '읽다'의 주어"이기도 해. 이 전시회의 주제가 '읽다 그리고 쓰다'인 것은 너무나 당연한 거지.

그러면 이 200여 종의 책을 내기 위해 김윤식 선생은 얼마나 많은 책을 읽었을까? 그건 그분 자신을 포함해 아무도 어림할 수 없을 거야. 확실한 것은, 이론서들은 제외하고라도, 한국에 '근대문학'이라는 것이 태어난 19세기 말 이래 지금까지 나온 소설의 대부분을 김윤식 선생이 읽었다는 사실이야. 한국의 어떤 문학사가나 문학비평가도 김윤식 선생만큼 많은 한국 소설을 읽지는 못했어. 그것은 그분의 글쓰기가, 당신 표현에 따르면, '연구자의 논리'(근대문학연구)만이 아니라 '표현자의 사상'(현장비평)까지를 아우르고 있어서 그렇게 된 거라고도 할 수 있지. 김윤식 선생은 요즘도 문학월간지에 소설 월평을 쓰고 있어. 아무튼 김윤식 선생이 지금까지 읽은 책이 1만 권을 훌쩍 넘으리라는 것은 확실해. 어쩌면 2만 권 쪽에 더 가까울 수도 있어. 이 불세출의 다작가는 불세출의 다독가이기도 한 거지.

　　김윤식 선생님은 여든의 나이에도 매일 200자 원고지 열 매씩의 글을 쓰고 계시다는 군. 사실 이분이 젊으셨을 때는 하루 스무 매가 당신 글쓰기의 리듬이라고 털어놓으신 적도 있어. 정말 놀랍지 않아? 이광수와 최남선 같은 근대문학의 선구자들에서부터 최인훈과 이청준 같은 한국문학의 큰 이름들을 거쳐 내 딸뻘인 백수린과 박솔뫼에 이르기까지, 그리고 그 작가들의 수많은 독자들까지 많은 사람들이 김윤식 선생의 은덕을 입었어. 한국문학은 이 탐욕스러운 독자이자 저자에게 커다란 경의를 표해야 마땅해.

그 경의를 표하는 방법 하나는 아무 날에나 현대문학관에 들러서 거기 전시된 김윤식 선생의 수많은 책을 보며 그분의 숨결을 느껴보는 거야. 금요일에 가면 특히 더 좋을 것 같아. 매주 금요일 오후 4시에 '김윤식 선생 명저 특강'이라는 제목으로 이분 제자들이 돌아가며 스승의 대표 저서에 대해 강연을 하거든. 그 자리엔 김윤식 선생님도 참석하신다고 들었어. 살아 있는 한국 근대문학의 거장 옆에 서보는 것은 이 가을과 초겨울의 잊지 못할 경험이 될 거야.

2015. 11. 5.

《러브스토리》의 그 남자

문학의 가장 흔한 주제는 사랑이야. 대중소설에서만 그런 게 아니라 본격소설에서도 그렇지. 마르셀 프루스트의 그 기다란 《잃어버린 시간을 찾아서》, 그것도 결국 사랑 얘기야. 좀 짧은 소설로는 앙드레 지드의 《좁은 문》, 이것 역시 사랑 얘기지. 사랑은 소설을 비롯한 산문에서보다는 시에서 더 자주 다뤄지지만, 소설도 태반은 결국 사랑 이야기라고 할 수 있어. 연극도 마찬가지고.

대중소설에서는 사랑 얘기를 훨씬 자주 다루지. 그 사랑이 피상적으로 느껴진다 해도 말이야. 에릭 시걸이라는 작가가 있어. 2010년에 이미 고인이 됐지. 젊은 사람들 귀엔 설지 모르겠지만, 내 또래 사람들에겐 잘 알려진 이름이야. 에릭 시걸은 예일 대학에서 오래도록 고전문학 교수를 했는데 학자로는 그리 널리 알려지지 않았고, 대중소설 작가로 엄청 이름을 얻었어. 여기서 고전문학이란 고대 그리스 로마 문학을 말하는 거야. 에릭 시걸이 저술한 학술서적으로는 로마의 희극을 연구한《로마의 웃음》이 제법 유명해. 이이가 쓴 첫 소설이 1970년에 나온《러브스토리》지. 말 그대로 사랑 이야기. 공전의 히트를 쳤어.

이 소설을 아서 힐러라는 감독이 영화로 만들었지. 알리 맥그로가 여주 제니퍼 캐벌레리 역을, 라이언 오닐이 남주 올리버 배럿 역을 맡았어. 소설《러브스토리》를 읽진 않았어도 영화〈러브스토리〉를 본 사람은 꽤 많으리라고 생각해. '스노 프롤릭'을 비롯해서 테마 음악들이 인상적인 영화지.

《러브스토리》는 전형적인 싸구려 연애 소설이야. 부잣집 아들과 가난한 집 딸이 만나 사랑을 하게 되는데, 둘은 남자 집의 반대에도 불구하고 결혼을 결행해. 남자의 아버지는 재정적 지원을 중단하는 것으로 그들에게 앙갚음하지. 그렇지만 아들은 어찌어찌 로스쿨을 나와 변호사가 되고 생활의 안정을 찾아. 그런데 바로 그 순간 여주에게 병이 찾아와. 한국 드라마에서도 신물 나게 본 스토리지.

여주의 병이 뭘까? 뭐긴 뭐겠어? 백혈병이지. 그 뒤 한동안 연애소설들의 한쪽 주인공은 흔히 백혈병으로 죽어. 그러니까 소설《러브스토리》는 연애소설 속 백혈병 신드롬의 효시라고도 할 수 있어. 또《러브스토리》는 오직 죽음만이 연인들을 갈라놓을 수 있다는 연애물의 오래된 낭만적 사랑의 계보를 잇고 있기도 해. 사랑하는 사람들의 이별은 본디 슬픈 법이지만, 특히 죽음이 만들어낸 이별, 영이별은 더욱 독자의 마음을 아리게 하지. 그러니까 죽음은 사랑의 아우라를 도드라지게 만드는 흔한 문학적 장치야. 영화가 워낙 히트를 치는 바람에 에릭 시걸은 그 후 속편인《올리버 스토리》라는 소설을 쓰기도 해. 그 소설은《러브스토리》만큼은 파장을 못 일으켰어.

확실히 해두건대《러브스토리》는 가벼운 연애소설이야. 그러나 이 소설에는, 모든 뛰어난 대중소설들이 그렇듯, 사람을 호리는 구석이 있어. 도입부부터 범상치 않아. 나는 이 도입부를 한국어만이 아니라 프랑스어, 영어, 스페인어, 이탈리아어로도 외우고 있어. 그렇지만 원본이 영어니까, 영어로 한번 외워볼게. What can you say about a twenty-five-year-old girl who died? That she was beautiful. And brilliant. That she loved Mozart and Bach. And the Beatles. And Me. 쉬운 영어지만 그래도 우리말로 옮겨 볼게. 스물다섯 살에 죽은 여자에 대해 무슨 말을 할 수 있을까? 그녀가 예뻤다고. 그리고 총명했다고. 그녀가 모차르트와 바흐를 사랑했다고. 그리고 비틀즈를 사랑했다고. 그리고 나를 사랑했다고. 원문에 계속 나오는 that이 생략된 주절과 종속절을 잇는 접속사인 건 알겠지?

어때? 첫 문장에서부터 뭔가가 오지 않아? 스물다섯 살에 왜 여자가 죽었을까? 도대체 무슨 사연이 있던 걸까? 이어서 죽음에 대한 얘기는 하지 않고 살았을 적의 그녀에 대해 얘기해. 자, 내가 가르쳐줄게, 한 다음에 그녀는 아름답기만 한 게 아니라 똑똑하기까지 했다는군. 그녀는 바흐랑 모차르트를 사랑했고, 비틀즈와 나를 사랑했어, 이런 식으로 나가는 거지. 바흐랑 모차르트는 클래식 음악의 상징 같은 사람이잖아. 여기 비틀즈를 병치시키는 거야. 물론 비틀즈는 대중음악가들이긴 했지만, 다소 클래식한 느낌도 주는 대중음악가들이었어. 거기다가 자기를 등치시킨 거야. 그녀에게 내 가치는 모차르트, 바흐, 비틀즈 정도 된다고!

이러고 나서는 "언젠가 좋아하는 순서를 그녀에게 물어봤다. 그녀는 알파벳순서라고 대답했다. 나는 알파벳 순서라는 게 퍼스트 네임 기준인지 라스트 네임 기준인지 궁금해졌다" 이러면서 자기가 제 여자에게 몇 번째인지를 따져봐. 구미가 확 당기지 않아?

이 소설은 또 "사랑은 미안하다고 말하지 않아도 되는 거예요"라는 대사로도 유명해. 이 책에 두 번 나와. 한번은 제니퍼가 올리버에게 한 말이고, 다른 한번은 제니퍼가 죽은 뒤 올리버가 자기 아버지에게 한 말이야. 그런데 이 대사가 삽입된 맥락이 아주 그럴 듯해. 이 대사는 갈등을 화해로 만드는 대사거든.

에릭 시걸은 《러브스토리》와 《올리버 스토리》 말고도 많은 대중소설을 썼어. 그리고 그 대부분이 베스트셀러가 됐어. 《남자, 여자 그리고 아이》, 《더 클래스》, 《닥터스》 같은 소설들이지. 《더 클래스》는 우리나라에서는 《하버드 동창생들》, 《하버드 천재들》이라는 제목으로 출간됐어.

다시 말하지만 에릭 시걸은 고전문학자로도 결코 게으르지 않았어. 주로 예일 대학에서 가르쳤지만, 하버드와 프린스턴과 뮌헨 대학에서도 가르치며 수많은 책과 논문을 썼어. 그런데 그 책들은 읽기가 쉽지 않지. 아직 한국의 대학에는 고전 그리스어와 라틴어를 가르치는 학과도 없잖아. 고전 그리스어나 라틴어는, 동아시아로 치면, 한문에 해당해. 그러니까 시걸은 동아시아로 치면 한문학에 관한 논문과 저서를 쓴 거야. 그 논문들은 학계에서 그럭저럭 인정받았지만, 에릭 시걸의 명성과는 관련이 없지. 사실 고전문학자가 자기 전공을 통해 이름을 얻는 일은 요즘엔 불가능할 거야.

에릭 시걸의 명성은 오로지 《러브스토리》를 비롯한 그의 대중소설에서 비롯된 거야. 그의 대중소설들은 비릿한 부르주아지 냄새가 풍기는, 재기는 넘치되 깊이는 부족한 소설이라고 할 수 있어. 그러나 그의 소설들은 한편으로 대중소설이라는 게 이 정도의 기품이 있을 수 있구나, 하는 길 보여줘. 고백하자면, 내 문체의 기원은 에릭 시걸이었어.

에릭 시걸은 《노란 잠수함》을 비롯한 많은 영화의 각본을 써서 영화인으로 여겨지기도 해. 또 에릭 시걸은 달리기광이었어. 단거리 장거리를 안 가렸지. 젊은 시절 한 20년간은 해마다 보스턴 마라톤 대회에 꼭 참가했어. 고전문학 가르치기, 대중소설과 영화각본 쓰기, 달리기가 그의 삶이었어. 그는 약간 과장하자면 르네상스적 완전인에 가까웠지.

만년에 파킨슨병에 시달리던 그가 죽은 게 앞서 말했듯 불과 5년 전이야. 그때 나는 신문들이, 한국 신문들만이 아니라 외국 신문들까지도, 그에 대한 부고에 너무 인색한 데 놀랐어. 사실 어떤 인물에 대한 어떤 매체의 부고 기사를 보면, 그 매체의 취향만이 아니라 수준을 알 수 있어. 나는 에릭 시걸의 죽음이 조금 더 소란스러웠어야 했다고 생각해. 그냥, 이 글을 에릭 시걸에 대한 뒤늦은 부고로 읽어주기 바라.

2015. 11. 19.

손석희를 능가한 '100분 토론' 진행자,
그 이름 정운영

마르크스는 선배들의 사회주의에 '유토피아적 사회주의'라는 딱
지를 붙인 뒤 제 사회주의를 '과학적 사회주의'라고 불렀어. 그러
니까 과학적 사회주의는 마르크스주의 또는 공산주의의 다른
이름이야. 그런데 마르크스주의가 과학일까? 1980년대 군사독
재 정권 시절, 운동권의 많은 활동가와 이론가들은 그것을 과학
이라 여기고 마르크스와 그 동료 후배들의 책들을 읽어댔어. 그
런데 나는 과학은 오로지 자연과학을 뜻해야 한다고 생각해. 우
리는 흔히 자연과학과 사회과학을 대립시켜. 일부 프랑스 학자
들은 인문'과학'이라는 말도 써. 이것은 19세기 철학자 딜타이가
과학을 자연과학과 정신과학으로 나눈 뒤에 퍼진 습관이야. 그
런데 나는 사회'과학'이나 인문'과학'이라는 건 존재할 수 없다고
여겨. 자연과학 할 때의 과학은 그 나름대로 엄밀한 앎이지만,

사회과학은 실상 이데올로기에 불과해. 인문(과)학은 말할 것도 없고. 주류 지성사학자들은 이 말에 반대하겠지만.

물론 이데올로기에도 과학적 성격이 있을 수 있어. 예컨대 에드문트 후설의 현상학이나 막스 베버의 사회학은 엄밀함을 추구했다는 점에서 과학에 가까워. 그렇지만 그것들 역시 본질은 이데올로기일 뿐이지. 하물며 마르크스주의가 과학을 자처한다는 건 어불성설이라고 생각해. 물론 이 말에 화낼 마르크스주의자들이 한국에도 많을 거야. 그렇지만 프로이트주의가 그렇듯이, 마르크스주의도 과학이라기보다는 이야기야, 내가 보기에는. 무엇보다도, 마르크스는 인간의 본성에 대한 탐구를 게을리했어. 마르크스주의에는 심리학이 없어. 특히 인간이 진화의 현 단계에서 지니고 있는 이기심과 탐욕을 무시했어. 그래서 어떤 자연과학자는 마르크스주의에 대해 "이론은 우아하지만 종種이 틀렸다"고 비아냥거리기도 했지. 마르크스주의는 인간이라는 종에는 맞지 않는다는 얘기야.

물론 마르크스는, 그 동료 엥겔스와 더불어, 인간의 경제와 사회에 많은 통찰을 보여줬어. 두 사람이 함께 쓴 《공산당 선언》이라는 팸플릿을 읽어보면, 부르주아 계급이 역사의 진보에 기여한 대목이 상세히 기술돼. 그리고 그것은 사실에 거의 부합해. 그렇지만, 여전히 내 관점에서는, 사회과학이 과학이 아닌 것 이상으로, 역사학도 과학이 아니야. 유럽어에서 흔히 드러나듯, 역사historia는 이야기historia일 뿐이지. 마르크스는 그 방대한 저술 활동을 통해 옳은 얘기도 했고, 그른 얘기도 했어. 그런데 우리는 옳은 담론과 그른 담론이 섞인 담론을 옳은 담론이라고 하진 않아. 1퍼센트의 그른 담론이라도 섞여 있다면, 담론 전체가 그른 담론이 돼. 이 말은 물론 마르크스주의에만 해당하는 얘기가 아니야. 사실 과학을 참칭하는 거의 모든 이데올로기는 그른 담론이지. 더 나아가 진짜 과학, 단단한 과학, 그러니까 물리학이나 화학 같은 영역에서도 완전히 옳은 담론은 찾기 어려워. 우리는 앎 앞에서 늘 겸손해야 해.

1980년대 말 동구권의 몰락과 1990년대 초 소련의 해체로 마르크스주의는 틀린 이론이라는 게 확실해졌어. 물론 부자가 망해도 3대는 간다고 그 뒤에도 마르크스주의자를 자칭하는 사람들은 많아. 그들은 무너진 마르크스주의 체제를 '거짓된' 마르크스주의라고 폄훼하고 '참된' 마르크스주의를 찾아 헤매고 있는 중이야. 그들은 마르크스의 저서를 새롭게 해석하면서, 마르크스주의를 '전회'하거나 '복구'하거나 '수리'하는 중이야. 그렇지만 나는 이들이 부정직하다고 생각해. 자신의 삶을 부정하는 것은 누구에게나 쉬운 일이 아니야. 더구나 지식인이라면 더욱 그렇지. 수십 년 동안 마르크스주의자를 자임해왔는데, 하루아침에 아, 내 생각은 다 틀린 거였어, 하고 말하기가 쉽겠어? 특히 그것이 밥그릇과 관련될 경우에는. 마르크스주의를 비판하는 내 마음도 편치는 않아. 역사적 공산주의주의체제가 한창 흥하고 있을 때라면 비판도 할 만하지만, 망한 체제와 이념을 두고 험담을 하려니 마치 부관참시하는 느낌이야. 그러나 틀린 건 틀린 거야.

역사적 공산주의가 사라진 지 사반세기가 지났지만, 지금도 마르크스주의자를 자임하는 사람들은 많아. 그렇지만 그 사람들 대부분은 마르크스주의의 핵심영역인 경제학 전공자라기보다는 문화연구자나 철학자들이나 정치학자들이야. 물론 경제학자 중에도 마르크스주의자를 자임하는 사람들이 여전히 있지. 한국에도 꽤 있어. 소위 마르크스주의 경제학자들. 그들 가운데 일반인에게 이름이 가장 널리 알려진 이들은 올해 돌아가신 김수행 선생과 10년 전 돌아가신 정운영 선생일 거야. 사실 정운영 선생을 마르크스주의 경제학자로 못박는 게 조심스럽기는 해. 그이의 박사학위 논문 주제가 마르크스 경제학의 핵심인 이윤율 저하였고, 이런저런 자리에서 마르크스에 호감을 표하기는 했지만, 그이가 "나는 마르크스주의자요!"라고 공개적으로 선언한 기억은 내게 없거든. 그렇지만 내가 정운영 선생을 마르크스주의 경제학자라고 부른다 해서 지하의 그분이 내게 화를 내시진 않을 것 같아.

정운영 선생 10주기를 맞아 《시선視線》이라는 제목으로 그분의 선집이 나왔어. 거의 다 내가 예전에 읽은 글이더군. 생전의 정운영 선생은 학자라기보다 저널리스트의 면모를 더 보였더랬어. 그래서 그분의 저작 가운데 이론서라고 할 만한 것은 자신의 박사학위 논문을 한국어로 번역하고 다듬은 《노동가치 이론 연구》 말고는 《자본주의 경제산책》밖에 없어. 정운영 선생은 신문사 논설위원의 자격을 지니고 주로 칼럼니스트로 활약했어. 그 지면은 주로 한겨레와 중앙일보였지. 그 글들을 묶은 칼럼집이 아홉 권이나 돼. 《시선》은 그 칼럼집에서 추려낸 글들로 이뤄졌어. 저자가 고인이다 보니, 그 추려진 글에는 편집자의 견해가 많이 반영됐겠지.

정운영 선생의 칼럼들은 그가 경제학자였으니만큼 경제문제를 많이 다뤘지만, 그 한편으로 그가 예외적인 박람강기의 지식인이었던 터라 정경문사철을 아우르고 있어. 그리고 그 글들은 비할 데 없이 화사해. 게다가 정교하기까지 해. 고금동서의 에피소드들이 칼럼의 서두를 채우고, 수사와 논리가 짝짓기를 하면서 글쓰기의 향연을 이루고 있지. '향연'이라는 한자어는 유럽어 symposium을 일본인들이 옮긴 말인데, 어원적으로 '함께 마신다'는 뜻이야. 뭘 마시냐고? 설마 물이겠어? 당연히 술이지.

실상 《시선》에 묶인 글들을 읽다 보면, 어느 순간 술에 취한 듯 그 글에 취하게 돼. 독자들이 이 글들에 취하는 것은 그 안의 이데올로기라기 때문이라기보다 글의 화사함 때문이야. 물론 마르크스 자신도 화사한 글을 쓰는 걸로 유명했지만, 정통 마르크스주의자가 《시선》을 읽는다면 정운영 선생의 자유분방함을 비판할지도 몰라. 《시선》의 텍스트들은 중층적이고 복합적이며 때로 모순적이야. 서유럽적 교양이 철철 넘치면서도, 그 안에는 민족주의가 자리 잡고 있고, 그 민족주의가 서로 어울릴 것 같지 않은 배우자인 마르크스주의와 결혼하고 있거든.

나는 생전의 정운영 선생과 깊은 친분은 없었지만, 그분 글의 열광적 독자였어. 지금 그분의 글을 다시 읽으니, 예전 같은 열광이 샘솟진 않네. 아마 그건 나도 나이를 먹어서 그런 걸 거야. 《시선》에 묶인 글들의 노골적 현학이 좀 유치해 보이고(내가 젊은 시절에 쓴 글에서도 나는 그런 유치한 현학을 느껴), 은근히 드러나는 엘리트주의가 슬그머니 거슬려. 그래도 나는 이 책을 한번 읽어보라고 권해. 정운영 선생의 칼럼에서는 문학 텍스트에 맞먹거나 그것을 넘어서는 미적 광채가 번득이거든. 정운영 선생이 벌인 그 향연에 참여해 한번 한국어에 취해보자고!

2015. 12. 1.

'한자 덕후'로 이끄는 한 권의 책

소리를 그릴 수 있을까? 세상의 모든 소리를 그릴 수는 없겠지만, 사람의 말소리는 그릴 수 있어. 어떻게? 우리는 매일 소리를 그리고 있어. 그게 글자지. 그러니까 문자는 소리의 그림이야. 우리 행성에서 쓰는 자연언어는 수천에 이르지만, 문자는 그렇게 많지 않아. 고대에나 중세에 쓰이다 사라진 문자들(예컨대 게르만족이 예전에 쓰던 룬 문자나 만주어를 표기하던 만주문자)까지 포함하면 몇십 종에 이를지 모르겠지만, 지금 사용되는 문자는 아무리 늘려잡아도 스물을 넘지 못할 거야. 가장 널리 쓰이는 문자는 잘 알다시피 로마문자지. 그런데 문자들 사이에 우월이 있을까? 있다고 생각하는 게 문자학자들 다수의 의견이야. 문자 발달사가 넓은 의미의 그림문자(한자 같은 뜻글자를 포함하는!)에서 일본의 가나 같은 음절문자를 거쳐 로마문자 같은 음소문자로 이어져왔다는 건 중학교 때 이미 배웠지. 물론 문자의 발달 단계가 개별 문자의 형성과 시간적으로 대응하는 건 아니야. 더 발달된 형식의 음소문자인 그리스문자는 덜 발달된 형식의 음절문자인 가나보다 먼저 만들어졌으니까.

그런데 이런 문자의 발달 단계로 문자들 사이의 우월을 정하는 게 꼭 옳지만은 않아. 예컨대 문자의 발달 단계로 보면 한자는 '원시적' 문자라고도 할 수 있지만, 중국어를 표기하는 데 한자만큼 훌륭한 문자는 없어. 그러니까 로마문자나 키릴문자 같은 음소문자가 한자 같은 표의문자보다 반드시 우수한 문자라고 주장하는 건 경솔한 일이야.

앞서 얘기했듯, 문자는 소리의 그림이야. 꼭 상형문자만 그런 게 아니라 음절문자나 음소문자도 마찬가지지. 그림은 보통 아름다움을 추구하지? 그럼 가장 아름다운 문자는 뭘까? 눈에 보기 좋은 문자 말이야. 취향이 제각각이니 사람마다 대답이 다르겠지. 내 눈엔 아랍문자랑 키릴문자가 예뻐 보여. 적어도 한글보다는 예뻐 보여. 한글은 한자처럼 네모지게 모아쓰기 때문에 예쁘단 느낌이 덜해. 그 말은 한자 역시 예쁘단 느낌이 덜하다는 뜻이야. 그런데 참 이상하지? 한자와 가나가 섞인 일본어 문장을 보면 정말 아름답다는 느낌이 들어. 그 그림이 아름답다는 뜻이야. 한자도 가나도 그 자체로 썩 예뻐 보이진 않는데, 그 둘이 섞이면 참 아름다워 보여. 그냥 내 별난 취향이겠지.

성격이 전혀 다른 문자체계를 섞어서 쓰는 언어는 일본어밖에 없어. 예전엔 한국어도 그랬지만, 이젠 한글 전용이 대세여서 한자 혼용문을 보기 어렵지. 옛 유고슬라비아에서는 공용어인 세르보크로아티아어를 표기하는 데 로마문자와 키릴문자를 공용했지만, 글 전체를 로마문자로만 쓰든지 키릴문자로만 쓰든지 했지, 두 문자체계를 섞어 쓰진 않았어. 물론 이건 공식 표기법에서 그렇다는 거야. 사적인 글에서야 여러 문자들을 얼마든지 섞어 쓸 수 있겠지. 예컨대 "嫉妬는 나의 power야" 하는 식으로. 혹시 인용문의 한자를 모르는 이가 있나? "질투"야. '질투는 나의 힘'이라는 기형도 시인의 시는 다 아시지?

'嫉妬'라는 '그림'이랑 '질투'라는 '그림'의 느낌이 퍽 다르군. 최근에 초등학교 교과서에 한자를 병기하느냐 마느냐를 두고 교육계가 티격태격하고 있나 봐. 나는 병기해도 좋고, 안 해도 좋다는 쪽이야. 그렇지만, 한국어 문장에 한자를 병기하든 하지 않든, 초등학교 때부터 한자를 가르쳐야 한다고 생각해. 초등학교 교과서에서부터 한글전용을 한다는 것과 초등학교 때부터 한자를 가르친다는 것은 서로 아무런 모순이 없어. 왜 한자를 가르쳐야 하냐고? 그건 무엇보다도 한국어 어휘의 과반이 한자어이기 때문이지. 우리가 한글전용 문장을 온전히 이해할 수 있는 건, 한자 지식이 배경으로 깔려 있어서 그런 거야. 이 말에 반대할 사람이 많겠군. 그렇지만 여기서 논쟁을 하고 싶지는 않아. 그걸 떠나, 나는 한자에 매혹된 사람이어서, 논쟁이 되지도 않을 거야. 한자가 얼마나 매력적인 문자체계인지, 그리고 한국어 사용자들이 왜 어려서부터 한자를 배워야 하는지에 대한 내 의견이 궁금하면, 《감염된 언어》라는 책에 실린 '버리고 싶은 유산, 버릴 수 없는 유산'이라는 글을 읽어 줘. 개마고원이라는 출판사에서 나온 책이야. '버리고 싶은 유산, 버릴 수 없는 유산'이라는 글을 읽고 나서도 한국인들이 한자를 배울 필요가 없다고 생각하는 사람은 매우 드물 거야. 물론 꼭 필요한 2천 자 내외를 익히자는 얘기지, 수만 자를 다 배우자는 얘기가 절대 아니야!

나는 한글전용론자야. 그렇지만 한글이 가장 뛰어난 문자인 것은 한국어를 표기할 때뿐이라고 생각해. 대부분의 유럽어를 표기하는 데 가장 뛰어난 문자는 로마문자고, 중국어를 표기하는 데 가장 뛰어난 문자는 한자지. 한글전용론자들은 한글이 얼마나 과학적인 문자고, 한자가 얼마나 뒤쳐진 문자인지를 강조하곤 해. 그렇지만 한글과 한자를 나란히 비교해 어느 쪽이 더 뛰어난 문자인지를 판단하기는 어려워. 한글이 한자보다 뛰어나다는 말은 비유컨대 스도쿠數獨가 바둑보다 더 우월한 게임이라고 주장하는 것과 비슷해. 제가끔 장단점이 있지만, 한자의 세계는 한글의 세계와 비교할 수 없이 깊은 역사와 넓은 바탕을 지녔지. 나는 스도쿠보다는 바둑이 더 우월한 게임이라고 생각하는 쪽이니까, 결국 한자가 한글보다 더 뛰어난 문자체계라고 말한 셈이군. 근거를 대라고 하면, 나는 다시 《감염된 언어》를 읽어보라고 말할 수밖에 없어.

'덕후'라는 말은 다 아시지? 일본어 '오타쿠'에서 나온 말. '덕후'가 실천하는 연구와 잘난 척을 '덕질'이라고 하는 것도 아시지? 군사문제에 빠삭한 사람은 '밀덕'이라고 하고, 정치문제에 빠삭한 사람은 '정덕'이라고 하지. 사실 한 분야의 '덕후'가 되는 건 삶을 풍요롭게 만드는 거야. 나는 불행하게도 아무 분야에서도 '덕질'을 못하는 '잉여'야. 그렇지만 혹시라도 한자의 '덕후'가 되고 싶은 사람에게 읽히고 싶은 책이 하나 있어. 여기서 한자의 '덕후'라는 건, 존재하는 5만 이상의 한자를 다 알고 있는 사람을 뜻하는 게 아니야. 그런 사람은 예전에도 없었고, 지금도 없고, 앞으로도 없을 거야. 그리고 어느 분야에서나 '덕후'는 그런 평면적 지식을 그득 지닌 사람을 뜻하는 게 아니야. '밀덕'이라고 해서 세상의 모든 무기를 다 알고 있을 필요는 없어. '정덕'이라고 해서 세상의 모든 정치인 이름을 외고 있을 필요는 없어. 무기의 발달이 전쟁 양상을 어떻게 바꿨고, 그것이 국제정치에 어떤 영향을 끼쳤는지를 이해하는 사람이 '밀덕'이지. 사소한 에피소드가 선거결과를 어떻게 뒤집었고 그것이 국제경제에 어떤 영향을 끼쳤는지 아는 사람이 '정덕'이지. 그런 의미의 '한자 덕후'가 되고 싶은 이들에게 나는 시라카와 시즈카白川静라는 일본인 학자가 쓴 《한자의 세계》라는 책을 권해. 고인덕이라는 중문학자가 번역했고, 솔출판사에서 나왔어.

당연한 얘기지만,《한자의 세계》는 한자 학습서가 아니야. 이 책은 한자의 기원에서 시작해 오랜 세월 동안 이 위대한 문자 체계가 중국의 사회 문화 정치 경제와 어떻게 상호작용을 했는지를 살펴. 저자가 일본인인 만큼, 중국만이 아니라 일본의 예도 드물지 않게 나와. 일본어랑 일본역사를 조금이라도 알면 읽기가 훨씬 수월하겠지만, 일본어와 일본역사를 전혀 모르는 나도 거뜬히 읽어냈으니 겁낼 건 없어. 한자의 기원인 갑골문과 금문의 문자 자료도 매우 풍부해서, 이 책을 읽으면 곧 한자에 대해 '덕질'을 시작할 수 있어. 물론 이 책은 한자 '덕후'로 가는 첫걸음일 뿐이야. '덕후'가 되는 길은 멀고 험난해서 한 권의 책을 읽는 것으로 절대 이룰 순 없어. 그 책이 설령《한자의 세계》같은 노작일지라도!

2015. 12. 19.

두 개의 이름과 하나의 삶

작품을 그 작가의 전기적 사실과 무관한 독립적 텍스트로 대하는 것은 현대 비평의 큰 원칙이야. 그렇지만 상식적으로 생각해보면 작품과 작가가 완전히 단절돼 있을 수는 없지. "이것은 내 자전적 소설이다" 하고 작가가 선언한 작품이 아니라도 작품에는 어떤 식으로든 작가의 체험이 녹아 있을 거라고 나는 생각해. 사실 모든 소설은 기억의 변형이 아닐까? 상상력이라는 것도 기억 위에서 구축되는 것 아닐까?

　최근에 로맹 가리의 《내 삶의 의미》라는 얄팍한 책을 읽었어. 내용이 얄팍하다는 게 아니라 책 두께가 얇다는 말이야. 문학과지성사에서 나왔어. 이 책은 1980년에 작가가 권총 자살하기 몇 달 전 '라디오캐나다'라는 방송사의 〈말과 고백〉이라는 프로그램을 위해 구술한 자기 삶 얘기야. 로맹 가리는 한국에서도 널리 읽히는 작가이니 만큼, 지금부터 할 얘기는 알고 있는 사람이 많을 거야. 그래도 《내 삶의 의미》를 읽고 나니, 작가의 유명한 에피소드를 얘기하고 싶네.

프랑스 사람들이 노벨문학상 못지않게 떠받드는 문학상이 공쿠르상이야. 공쿠르상은 한 사람에게 두 번 주지 않아. 그런데 프랑스 문학사에서 공쿠르상을 두 번 받은 사람이 딱 하나 있어. 로맹 가리지. 어떻게 그런 일이 일어났을까? 로맹 가리는 외교관이던 1956년, 42세에 《하늘의 뿌리》라는 작품으로 공쿠르상을 타. 이 작품은 사라져가는 코끼리를 소재로 삼고 있어서 프랑스 최초의 생태주의 소설이라는 평가를 받고 있지. 작가는 거기 동의하면서, 자신에게 코끼리는 인권이기도 했다고 말해. "서툴고, 거추장스럽고, 성가셔서 우리가 어떻게 처리해야 할지 모르는 존재, 진보에 방해가 되는 존재—진보가 곧 문화와 동일시되니까요—, 전신주를 쓰러뜨리기나 하는 등 그저 쓸모없게만 보이는 존재, 하지만 무슨 수를 써서라도 보호해야 하는 그런 존재였습니다. 그러니까 나는 우의적으로 코끼리를 인권의 상징적 가치로 만든 겁니다."《내 삶의 의미》, 61쪽)

그리고 그는 61세였던 1975년, 《자기 앞의 생》이라는 작품으로 또 공쿠르상을 타. 《자기 앞의 생》은 파리 벨빌 구역을 배경으로 아랍인 사생아와 유대인 창녀 사이에서 피어오르는 짙디짙은 사랑의 얘기야. 아, 여기서 사랑이라는 건 연애가 아니라 말 그대로 사랑이란 뜻이야. 보다 근원적인 무상無償의 사랑, 어머니와 자식 사이에 배어나는 그 징글징글 순수한 사랑 같은 거 말이야.

그러면 수상작을 결정하는 공쿠르 아카데미가 이 상을 한 사람에게 두 번 주지 않는다는 원칙을 버린 걸까? 그게 아니야. 《자기 앞의 생》이 에밀 아자르라는 이름을 달고 출판됐기 때문이야. 출판사 사람들을 포함해 그 누구도 에밀 아자르가 로맹 가리인 줄 몰랐어. 사람들은 에밀 아자르라는 얼굴 없는 작가에 대해 궁금해 하기 시작했어. 그러자 로맹 가리는 종조카 폴 파블로비치를 대역으로 내세웠고, 폴은 당숙의 뜻에 따라 에밀 아자르 역을 훌륭히 해내지. 로맹 가리는 제 이름으로만이 아니라 에밀 아자르라는 이름으로도 계속 소설을 발표해. 로맹 가리가 굳이 에밀 아자르라는 유령작가를 만들어낸 것은 자신의 초기 작품에 열광하던 비평가들이 언젠가부터 그를 한물간 작가로 취급하고 헐뜯는 데 열중했기 때문이야.

그런데 바로 그 비평가들이 《자기 앞의 생》만이 아니라 그 뒤 에밀 아자르라는 이름으로 나오는 소설들에 열광하면서, 로맹 가리라는 이름으로 나오는 소설은 계속 폄훼하는 거야. 종조카보다 못한 당숙, 종조카를 따라하는 당숙이라고 이죽거린 거지. 에밀 아자르와 로맹 가리가 동일인물이라는 소문이 나돌기 시작했을 때도, 이 비평가들은 그걸 어림없는 소리라고 여겼어.

이렇게 싱그럽고 뛰어난 에밀 아자르가, 시든 재능으로 보잘 것 없는 소설을 쓰는 로맹 가리일 수는 없다는 거지. 로맹 가리는 이 비평가들을 얼마나 비웃었을까? 사실 약간의 감수성이 있는 비평가라면, 로맹 가리와 에밀 아자르의 작품들을 꼼꼼히 비교해 읽어가며, 둘이 동일인이라는 것을 눈치 챘을 거야. 그러나 그 잘난 파리 평단에는 그 정도의 비평가도 없었어. 한국의 어떤 작가가 로맹 가리 같은 연극을 한다면, 한국의 비평가들 역시 바보 노릇을 하기 십상일 거야.

로맹 가리와 에밀 아자르가 동일인이라는 게 확실히 밝혀진 것은 그가 죽은 이듬해야. 에밀 아자르 노릇을 해온 종조카 폴 파블로비치가 《우리가 알았던 그 사람》이라는 책, 그리고 프랑스 텔레비전 책 프로그램 〈아포스트로프〉를 통해 에밀 아자르가 로맹 가리였음을 밝히지. 그 직후, 로맹 가리가 죽기 직전 갈리마르 출판사와 자기 변호사에게 보낸 《에밀 아자르의 삶과 죽음》이 출간돼. 그렇게 7년간의 미스터리가 풀리고 파리 문단을 쥐락펴락하던 평론가들은 멍청이들이었음이 밝혀져.

《내 삶의 의미》는 로맹 가리의 삶을 대체로 시간 순으로 알려줘. 작가는 거기서 자신의 자전적 소설은 《새벽의 약속》과 《밤은 고요하리라》 그리고 《흰 개》 셋이라고 말하고 있지만, 그의 다른 소설들에도 분명히 작가의 경험이 단편적으로 반영됐을 거라고 나는 생각해. 그래도 소설을 읽는 것과 작가가 육성으로 들려

주는 자기 삶의 얘기를 듣는 것은 또다른 체험이지.

로맹 가리가 러시아(정확히는 지금의 리투아니아)에서 사생아로 태어나 폴란드에서 성장하다 프랑스의 니스에 정착해 프랑스인이 됐다는 건 두루 알려져 있는 전기적 사실이지. 작가의 어머니는 프랑스라는 나라를 끔찍이도 사랑했고, 자기 아들이 언젠가 외국에서 프랑스를 대표하는 외교관이 될 거라고 믿었어. 실제로 로맹 가리는 제2차 세계대전 중에 드골의 자유프랑스군에 소속돼 공군 장교로 폭격기를 몰았고, 해방 뒤에는 외교부에 들어가. 슬픈 것은, 이 모든 것을 그의 어머니가 보지 못했다는 거지. 독일군과 맞서 아프리카에서, 영국에서 싸우는 아들을 자랑스럽게 생각하며 죽음에 임박해 아들에게 쓴 2백여 통의 편지를 스위스에 사는 지인에게 맡기고, 순차적으로 보내라고 부탁한 어머니를 상상해봐. 정기적으로 받아보는 편지 덕에 어머니가 건강하게 살아 계시다고 믿고 있다가, 중령계급장에 훈장까지 달고, 작가로서의 명성과 외교관 초빙문서까지 들고, 해방된 조국에 돌아와서야 어머니가 이미 3년 전에 돌아가셨다는 사실을 알게 된 아들의 심정이 어땠을까…….《내 삶의 의미》에서 나를 가장 울컥하게 했던 것은 이 정황을 회고하는 대목이었어.

이 책에 꼭 나를 대변하고 있는 것 같은 부분이 있어. 옮겨볼게. "나의 관심사는 오로지 여성입니다. 주의하세요, 여자들이 아니라 여성, 여성성 말입니다. 여성을 향한 사랑이야말로 내 삶의 큰 동기이자 큰 기쁨이었습니다. 이 점에 대해 사람들은 온갖 얘기를 떠들어댔습니다만 사실 나는 바람둥이와는 정반대되는 사람이었습니다. 나는 체질적으로, 그리고 심리적으로 여자를 유혹하지 못하는 사람입니다. (…) 그러니까 나의 모든 책, 내가 어머니의 이미지에서 출발해 쓴 그 모든 것에 영감을 준 것은 여성성, 여성성에 대한 나의 열정입니다. 그래서 간혹 페미니스트들과 갈등을 빚기도 합니다. 내가 세상 최초의 여성적 목소리, 여성의 목소리로 말한 최초의 남자가 예수 그리스도였다고 주장하기 때문이죠. 다정함, 연민, 사랑 등은 여성적 가치들이지요. 그런데 많은 페미니스트는 내가 여성적 특징이라고 간주하는 이런 가치들을 거부합니다."(114~115쪽)

《내 삶의 의미》와 더불어 발가벗은 로맹 가리를 볼 수 있는 책 두 권을 적을게. 하나는 산문과 인터뷰를 모은 《인간의 문제》야. 마음산책에서 나왔어. 또 하나는 위에서 말한 《에밀 아자르의 삶과 죽음》이야. 프랑스에선 독립된 팸플릿으로 출간된 모양인데 한국에서는 문학동네판 《자기 앞의 생》에 부록으로 붙어 있어. 이 책들은 로맹 가리 소설들의 빈 구멍들을 채워줄 거야.

2015. 12. 27.

대한민국은 영남공화국이다?

어떤 책이, 그 자체로 보잘것없어서가 아니라, 사회 주류의 합의를 거슬렀기 때문에 공론의 장場에서 배척받는 일이 생길 수 있을까? 당연히 있어. 오늘은 그 슬프고 불온한 책에 대해 얘기하려고 해. 책 제목은《아주 낯선 상식》이고, 김욱이라는 법학자가 써서 개마고원이라는 출판사에서 냈어. 이 책이 사회 주류의 합의를 거슬렀다고 할 때, 그 주류란 우리가 보통 말하는 한국사회의 보수우익 세력만을 의미하는 게 아니야. 개혁을 표방하든 진보를 표방하든, 이 사회에서 주류가 될 수는 있어. 마르크스주의자를 자임하면서도 좋은 스펙과 실천 없는 언설을 통해서 우리 사회 주류에 둥지를 틀고 있는 사람들도 많아. 그렇다면 우리 사회의 극좌(가 있는지는 모르겠지만)에서 극우에 이르기까지 모든 정치스펙트럼의 모든 주류에게 가장 불편한 정치사회적 주제가 뭘까? 바로 이 사회의 지역문제야. 좌파식 표현을 빌리면 지역모순이라고도 할 수 있겠지.

《아주 낯선 상식》의 부제는 '호남 없는 개혁에 대하여'야. 그리고 그 부제에 시사하듯, 이 책은 영남패권주의에 대한 분석을 시도하고 있어. 영남패권주의라는 말이 낯설게 들릴지도 몰라. 이 말을 사용하는 언론이 거의 없으니까. 그렇지만 그 뜻을 이해하기 어렵지는 않을 거야. 한국사회의 정치·경제·사회·문화 모든 영역에서 영남 지역(출신 인사들)이 패권을 행사하고 있다는 뜻이야. 따지고 보면 한국에는 영남패권주의가 자라날 환경이 잘 조성되었어. 박정희에서 시작해, 채 한 해도 대통령을 지내지 못한 최규하를 지나서, 전두환, 노태우, 김영삼, 김대중, 노무현, 이명박, 박근혜, 이 역대 대통령들 가운데 영남 출신이 아닌 사람은 최규하와 김대중 뿐이야. 다시 말해 1961년부터 2016년까지 55년 동안, 영남 출신이 최고권력자가 아닌 시절은 한국에 5년 남짓밖에 없었어. 그리고 다음 대통령도 영남 출신 인사가 될 가능성이 매우 높아.

이건 좀 이상한 일 아닌가? 정치천재들은 영남에서만 나온다는 지리생물학적 원칙이라도 있다면 몰라도, 왜 한국의 거의 모든 대통령은 영남 출신이지? 그 결과로 영남 출신이 한국사회의 정치 경제를 휘어잡게 되고, 다른 지역과 그 지역 출신 사람들은 소외되고 있는 거야. 그런데 그 소외되는 다른 지역 가운데 왜 호남의 소외가 또 가장 큰 거지? 하나의 가설은 호남지역만이 영남패권주의에 저항해왔기 때문이라는 거야. 물론 이것은 하나의 가설이야. 《아주 낯선 상식》이라는 책이 내세우는 가설이지. 나는 이 가설이 옳은지 그른지 잘 모르겠어. 그러나 한 가지 확실한 것은 한국사회에 영남패권주의라는 것이 또렷이 작동하고 있다는 사실이야. 청와대를 비롯한 권력기관이나 재벌기업에서는 영남 방언이 표준어 노릇을 하고 있잖아.

그뿐만이 아니야. 전통적으로 새누리당 계열 정당들은 흔히 영남 정당이라 불려왔고, 더불어민주당 계열 정당들은 흔히 호남 정당이라고 불려왔는데, 이젠 그것도 사실에 어긋나. 물론 아직 더불어민주당의 지지 기반은 호남이지만, 이 당의 지도부는 영남 출신이거나 친영남 출신 인사들이 장악하고 있으니까. 그러니까 대한민국은 여당도 영남, 야당도 영남, 재벌도 영남인 영남공화국이라고 할 수 있어. 이걸 정상적이라고 생각하는 게 이상할 거야. 그런데 어쩌면 나를 포함해서 대부분의 한국인들은 이걸 정상적이라고 생각해왔어. 《아주 낯선 상식》은 그 이상한 정상성에 시비를 거는 책이야.

그런데 이 책의 시비는 조금도 거칠지 않아. 분석은 정교하고 해석은 그럼직하며 결론은 타당해 보여. 사실 이 책은 여느 엉성한 정치평론서가 아니라 엄밀한 사회과학서에 가까운, 그리고 미답의 영역을 개척한 뛰어난 책이야. 그런데 대한민국의 거의 모든 매체에서 이 책을 단 한 줄도 기사로 다루지 않았어. 왜 그랬을까? 이 책이 시시한 책이어서, 서평으로 다룰 만한 가치가 없다고 판단해서 그랬을까? 내 생각은 달라. 이 책이 영남패권주의자들을 비롯한 한국인 대부분을, 특히 지식인들을 불편하게 하고 있기 때문이야. 영남 사람들이 다수를 차지할 영남패권주의자들에게 불편한 것은 물론이고, 영남 이외 지역 출신의 사람들도, 거기에는 호남 출신 사람들도 제법 포함되는데, 이 책이 말하는 영남패권주의에 순응하고 투항해버렸기 때문이라는 게 내 생각이야.

한국사회에 분명하게 작동하고 있는 영남패권주의를 지식인들조차 모른 체해. 그것을 절대 변경할 수 없는 디폴트값으로 정하고, 그 위에서 보수니, 진보니, 개혁이니 하는 얘기를 하는 거지. 그렇지만 개혁이나 진보라는 것이 차별과 양립할 수 없다면, 나는 영남패권주의를 우회하는 개혁담론이나 진보담론은 다 거짓말이라고 생각해. 가짜 개혁담론이자, 가짜 진보담론이라는 뜻이지.

《아주 낯선 상식》의 핵심 메시지 가운데 하나는 호남의 세속화야. 왜 광주는 세속도시가 아니라 신성도시여야만 할까? 왜 호남 사람들은 제 세속적 욕망을 풀어놓으면 안 되는가? 왜 광주는 '민주주의의 성지'라는 '굴레'에서 해방되지 못하는가? 한 번 생각해보자고. 호남지역 사람들이 다른 지역 사람들에 견줘 정치적으로 더 윤리적이어야 할 의무가 있을까? 선거 때만 되면 소위 개혁 정당에 몰표를 주고도, 그 몰표 때문에 지역주의자라는 조롱을 받아야만 할까? 심지어 다른 지역 출신의 개혁 정당 지지자들도 호남지역의 몰표를 자주 조롱하잖아. 호남을 지지 기반으로 삼은 개혁정당의 지도자는 왜 꼭 영남 사람이어야 하지? 왜 호남 출신 정치인들은 대통령선거에 나가선 안 되지?《아주 낯선 상식》은 이런 당연한 질문들에 대한 저자 나름의 답변을 시도하고 있어.

나는 이 책의 주장에 다 공감하지 않아. 그렇지만 이 책은 매우 논쟁적인 만큼이나 거기에 대한 찬성이나 반론을 불러내야 할 책이야. 그런데 이 책에 대해선 공적 담론장에서 찬성도 반론도 나오지 않고 있어? 왜 그럴까? 이 책을 소개하는 매체가 거의 없기 때문이지. 미디어가 지배하는 세상에서 미디어에 언급되지 않는 책은 사실상 나오지 않은 책과 마찬가지야. 지금 한국 미디어 종사자들은, 개혁적 미디어든 보수적 미디어든 진보적 미디어든, 이 책의 존재 자체를 숨김으로써 자신들이 영남패권주의자이거나 영남패권주의자들의 친구라는 사실을 은폐하고 있다고 나는 생각해.

내 독서 경험에 한정시켜 말하자면, 이 책은 지난해에 한국에서 나온 책들 가운데 가장 중요한 책 서너 권 안에 꼽힐 만해. 나는 되도록 많은 사람이 이 책을 읽었으면 좋겠어. 많은 사람이

이 책에 설득되길 바란다는 뜻이 아니야. 사람들이 이 책을 읽고, 이 책의 주장 가운데 무엇이 옳고 무엇이 그른지를 생각해보고 토론해봤으면 좋겠어. 이 책은 두 겹으로 무서운 책이야. 첫째로, 우리가 정상이라고 생각하는 것이 절대 정상이 아니라는 점을 폭로하고 있다는 점에서 무서워. 둘째로, 좌우, 보수 진보 가리지 않고 한국의 주류세력이 이 책의 존재를 감춤으로써 영남 패권주의의 영구적 온존을 기도하고 있다는 점을 드러냈다는 점에서 무서워. 한국 사회의 '이스태블리시먼트Establishment'는 사실상 이 책을 금서로 만들어놓은 거지.

제가끔 이 '금서가 아닌 금서'를 한번 펼쳐보자고!

2016. 1. 14.

공화국의 시민이 되기 위하여

누구나 알다시피 '독서'는 책을 읽는다는 뜻이야. 그런데 책이란 뭘까? 지니고 있는 《동아국어사전》에서 '책'을 찾아보니, "1. 어떤 생각이나 사실을 글이나 그림으로 표현한 종이를 꿰맨 물건을 통틀어 이르는 말. 2. 종이를 여러 장 겹쳐 맨 물건"이라고 풀이돼 있네. 두 번째 뜻의 책이 쓰인 예문으로는 "모조지를 책으로 매어 연습장을 만든다"를 들어놨어. 물론 이 뜻의 책은 '독서'라고 말할 때의 책은 아니지. 그런데 첫 번째 뜻의 책도 우리가 일상적으로 쓰는 '책'이라는 말과 고스란히 포개지지는 않아. 예컨대 우리는 리플릿이나 팸플릿이라고 부르는 얄팍한 인쇄물은 보통 책이라고 하지 않아. 또 전자책이라는 말도 있고 전자책을 읽는 사람들도 늘어나고 있지만, 아직까지 책이라고 하면 첫 번째 정의에 나와 있는 대로 '종이를 꿰맨 물건'을 연상해. 미래에는 전자책도 그냥 책이라고 부를 날이 오긴 하겠지만, 아직은 'e 북'이나 '전자책'이라고 부르지, 그냥 책이라고 부르는 것 같지는 않아. 그리고 무엇보다도 정기간행물은 책에서 제외하는 것 같아. 물론 두툼한 계간지라면 더러 책이라고 부르기도 하지만, 일간지나 시사주간지 같은 것을 책이라고는 안 부르는 것 같아. 일간지라면 몰라도 시사주간지는 '종이를 꿰맨'이라는 정의에 딱 들어맞는데도 그걸 책이라고 잘 부르지 않아. 그렇지만 우리가 일상에서 더 자주 접하는 읽을거리는 두툼한 단행본보다는 정기간행물인 듯해. 그래서 오늘은 정기간행물 얘기를 좀 해 보고 싶어.

그런데 모든 정기간행물 얘기를 하려는 건 아니고, '시사'에 관한 정기간행물로 국한하려고 해. 사람들은 취미에 따라 음악 전문 월간지를 볼 수도 있고, 영화전문 주간지를 볼 수도 있고, 낚시 전문 격월간지를 볼 수도 있지. 이런 전문적 정기간행물과 '시사'를 다루는 정기간행물의 차이는 전자가 특정 분야 '덕질'의 무기인 반면, 후자는 공화국의 양식 있는 시민이 되는 데 필요한 읽을거리라는 거지. 후자도 이젠 인터넷으로 읽는 경우가 많지만, 나는 지금 종이를 염두에 두고 얘기하려고 해. 그리고 내가 추천하는 정기간행물은 내 정치적 이념적 성향을 얼마쯤 반영하고 있다고 미리 털어놓을게.

우선 일간신문. 종이신문이 내리막인 건 사실이지만, 나는 공화국의 버젓한 시민이 되기 위해선 종이신문을 읽어야 한다고 생각해. 일간신문 가운데는 〈한국일보〉와 〈경향신문〉을 추천해. 〈한국일보〉는 그야말로 정치색이 옅은 신문이야. 말하자면 전형적인 중도 신문이라고 할 수 있어. 그런데 그 중도라는 게 거의 모든 기사들이 중도라는 이유만으로 나온 결과가 아니라(중도적 기사가 많긴 하지), 보수에서 진보에 이르는 수많은 빛깔들의 기사가 뒤섞이다 보니 평균적으로 나온 결과이기도 해. 〈한국일보〉의 어떤 기사는 꽤나 진보적이고, 어떤 기사는 꽤나 보수적이야.

아 참, 여기서 분명히 해둘 게 하나 있어. 흔히 사람들은 기사와 논설, 기사와 사설, 기사와 칼럼, 이런 말을 해. 그런데 이건 바보 같은 말이야. 신문에 실린 글은, 광고를 빼고는, 모두 다 기사야. 그 기사 가운데는 기자의 관점을 되도록 억제하고 사실관계만 전하는 보도 기사(흔히 스트레이트 기사라고 불러)와 기자의 관점이 깊이 들어간 의견 기사가 있지. 의견 기사는 보통 논설위원들이나 편집국 간부들, 그리고 외부 필진이 써. 그렇지만 보도 기사인지 의견 기사인지가 모호한 해설 기사라는 것도 있어. 그리고 보도 기사와 의견 기사를 또렷이 나누던 예전과 달리 요즘의 신문기사들은 그 둘을 포개놓은 경우가 많아. 아무튼 우리가 논설이나 사설이나 칼럼이라고 부르는 것도 다 기사야. 의견 기사지.

어떤 신문의 정치적 이념적 입장은 의견 기사에 많이 좌우

돼. 그렇지만, 꼭 그런 건 아니야. 앞서 얘기했듯, 요즘은 보도 기사인지 의견 기사인지 모호한 경우가 많을 뿐 아니라, 순수한 보도 기사, 즉 순수한 스트레이트 기사에서도 그 신문의 정치적 입장이 드러나. 예컨대 어떤 사건을 기사로 다룰 것이냐 말 것이냐, 몇 면에 얼마만큼의 크기로 다룰 것이냐를 판단하는 것 자체가 정치적 과정이거든. 이건 사진의 경우도 마찬가지고.

〈경향신문〉은 리버럴하다고 할 수 있어. 이 신문을 진보 신문이라고 부르는 사람이 많지만, 글쎄, 내 기준으로 한국에 진보적 종이 일간지는 없는 것 같아. 나는 집에서 〈경향신문〉 하나만 받아보고 있어. 일간신문 얘기를 꺼내고 보니, 이 말을 안 할 수가 없네. 나는 양식 있는 공화국 시민이라면 흔히 '조중동'이라고 부르는 〈조선일보〉〈중앙일보〉〈동아일보〉는 안 보는 것이 합당하다고 생각해. 특히 〈조선일보〉와 〈동아일보〉는. 이 신문들은 명확히 한국사회의 기득권층을 대변하고 있는 신문이야. 게다가 〈동아일보〉는 그 기사들의 됨됨이마저 어설퍼서, 더러 식당에서라도 읽게 되면 손발이 오글거려. 〈동아일보〉는 한때 한국의 양식을 대표하는 신문이었는데, 어쩌다가 저리 망가져버렸는지 모르겠어. 〈한국일보〉와 〈경향신문〉 가운데 하나나 둘을 읽는다면 세상 돌아가는 걸 대강은 알게 될 거야.

그 다음 주간지. 물론 시사주간지를 얘기하는 거야.《시사IN》에다 쓰는 글에서《시사IN》을 최고의 주간지로 꼽지 않는다면, 기자들이 섭섭해 하겠지. 그렇지만 기자들이 섭섭해 할까 봐 걱정스러워서 하는 얘기가 아니라, 《시사IN》은 글자 그대로 한국 최고의 시사주간지야. 정치적 성향은 〈경향신문〉과 비슷하다고 할 수 있지만, 기사가 훨씬 심층적이지. 기사의 심층성은 양질의 시사주간지가 꼭 갖춰야 할 덕목이야. 시사주간지는 속보성으로 일간지를 따라갈 수 없잖아. 그리고 그 심층성은 한 기사가 보도기사의 성격과 의견기사의 성격이 섞여 있다는 데서 나와. 앞에서 말했듯이 일간지들도 보도기사와 의견기사를 포개는 경우가 많아. 그래서 일간신문의 잡지화(시사주간지화)라는 말이 나오는 거야. 보도기사와 의견기사를 섞은 기사를 영어로는 흔히 피처feature라고 하는데, 시사주간지 기사는 거의 대부분이 피처지. 그런데 이 피처의 질에서 《시사IN》은 다른 주간지들을 압도해.

  그 다음 시사월간지. 거대 신문들은 자매지로 시사월간지를 내는 경우가 많아. 그렇지만 내가 권하는 건 《월간 인물과 사상》이라는 잡지야. 《월간 인물과 사상》은 거대신문사에서 내는 시사월간지에 비하면, 교양 기사의 비중이 큰 편이긴 해. 그렇지만 일간지 한둘과 《시사IN》에서 세상 돌아가는 걸 알았다면, 좀더 깊이 들어가 교양인이 될 필요가 있지. 전체적으로 이 월간지는 《시사IN》보다는 덜 리버럴한 것 같아. 그것은 이 잡지가 시사보다 교양에 치중하고 있다는 사실과도 관련 있을 거야.

격월간지로는 《녹색평론》이라는 잡지를 권해. 이 잡지가 창간된 1991년에는 생태주의라는 말조차 여느 사람에겐 낯설었지. 그런데 이제는 인류 대부분이 생태주의를 지향하지 않는 한 멸종을 걱정하지 않을 수 없는 상황이 됐어. 온 세계 지도자들이 기후변화 문제를 놓고 회의를 했을 정도니까.

마지막으로 계간지 얘기를 하지 않을 수 없네. 한국에서 계간지는 주로 문학계간지를 뜻해. 그렇지만 이 자리에서는 시사 얘기를 하고 있는 거니까, 그런 문학계간지들 얘기는 하지 않을게. 한국에서 나오는 계간지들 가운데 가장 읽을 만한 것은, 내 판단에, 《황해문화》야. 제호에서 보듯 인천에서 나오는 잡지인데, 순수한 시사 잡지라기보다는 문학까지를 아우르고 있는 종합잡지야. 이 잡지는 일반 독자들에게 잘 알려져 있지는 않은 듯한데, 공을 많이 들여서 내는 잡지라는 게 한눈에 보여. 한국일보와 경향신문에서 시작해 《녹색평론》과 《황해문화》에 이르기까지 내가 거론한 정기간행물들은 공화국의 교양인이 되기 위해 필요충분한 자양분이야. 이 간행물들의 정기구독자가 돼서 엥겔계수를 조금 낮춰보자고!

2016. 1. 28.

유럽지성사를 꿰뚫게 해주는 세 권의 책

《시사IN》에 격주로 연재되는 장정일 시인의 〈독서일기〉와 내 〈독서한담〉은 책들에 대한 이야기야. 장정일 시인의 〈독서일기〉는 대체로 지식인들을 독자로 삼은 듯하고, 내 〈독서한담〉은 그야말로 재래시장의 대폿집에서 술친구들에게 늘어놓는 잡담에 가깝지만, 둘 다 책들에 대한 이야기지. 책들에 대한 이야기를 아주 전문적으로, 시간적 주제적 체계를 잡아서, 비평적 안목으로, 책이 나온 배경까지를 톺아가며 쓴다면 어떤 학문장르가 될까? 지성사(학)intellectual history라는 분야가 될 거야. 더 헐렁하게 잡으면 지식사회학sociology of knowledge이 될 수도 있겠지.

지성사는 말 그대로 지성의 역사, 책들을 낳고 책들이 낳은 사상과 정신의 역사야. 그러니까 지성사 책에는 수많은 책들과 저자들이 언급돼. 좋은 지성사 책을 온전히 읽는 방법은 그 책에서 거론된 책들을 다 읽은 뒤에 읽는 거야. 그러면 개별적으로 접한 책들과 사상들의 맥락을 훤히 알게 되지. 그렇지만 우리들 대부분은 지성사 책에 거론되는 책들을 다 읽은 상태가 아니야. 그렇다면 지성사 책을 읽지 말아야 할까? 그렇진 않아. 우리는 먼저 지성사 책을 읽고 나서, 그 책에서 중요하게 다룬 저자들과 책들을 나중에 읽을 수도 있어. 사실 지성사 책을 읽고 나면, 거기 거론된 책들을 읽기 전이라고 하더라도, 어떤 책들을 읽어야겠구나, 하는 감이 와. 물론 그건 그 책을 쓴 지성사학자의 학문적 이념적 입장에 종속되는 셈이긴 하지만, 독서라는 여행을 하는데 아무런 지도가 없는 것보다는 좀 낡았거나 부실하더라도 지도가 있는 편이 훨씬 낫지. 그러니까 지성사는 책들과 사상을 우선은 통시적으로, 더불어 공시적으로 그려놓은 지도야.

물론 개별적 학문의 역사도 지성사에 속하지. 예컨대 경제학사나 수학사나 철학사 같은 것들 말이야. 그렇지만 이런 개별적 지성사들은 정신과 사상의 맥락을 드러내는 데는 다소 허약해. 그래서 보통 지성사라고 하면 몇몇 인접 학문들의 역사가 지니고 있는 맥락을 탐구하기 마련이야. 가장 완벽한 지성사라면, 세상의 모든 학문의 통사를 탐색하면서 사상과 정신의 진화를 거대한 맥락 속에서 살펴보게 되겠지. 그렇지만, 그 일은 어떤 위대한 연구자에게도 불가능할 거야. 혹시라도 언젠가 인공지능이

나와서 지성사학자의 역할을 빼앗는다면 그런 작업도 가능하겠지만. 그래서 대부분의 지성사 책은 시간과 영역을 정하고 그 안에서 나온 책들을 섭렵하며 사상과 정신의 계보를 드러내.

오늘은 그 지성사 책들 가운데 내게 가장 깊은 인상을 준 책 셋을 소개하려 해. 스튜어트 휴즈(1916~1999)라는 미국사람이 저자인 그 책들의 제목은《막다른 길The Obstructed Path》,《의식과 사회Consciousness and Society》,《지식인들의 망명The Sea Change》이야. 이 책들의 한국어판은 1980년대에 서로 다른 출판사에서 해적판으로 나왔다가 절판됐는데, 개마고원 출판사가 원서 출판사와 정식으로 저작권계약을 맺고 2007년에 새로 냈어. 1980년대에 이 책들을 처음 접했을 때의 흥분이 지금까지 남아 있네. 내가 이 가운데 처음 읽은 것은 1890년께부터 1930년께까지 서유럽 사회사상을 재해석한《의식과 사회》야. 셋 가운데 가장 두툼한 책이기도 하지. 뒤르켐, 파레토, 크로체, 소렐, 베르그송, 프로이트, 융, 딜타이, 미헬스, 그람시……. 이 책에서 다루고 있는 저술가들이야. 그 빛나는 이름이야 진작 들어봤지만, 이들의 저서 가운데 그때까지 내가 읽은 것은 한 움큼에 지나지 않았어. 그런데《의식과 사회》를 읽으면서 저자들과 책들과 사상들의 맥락이 또렷이, 까지는 아닐지 몰라도 아무튼 잡혔어. 그때의 희열이란! 나는 그때 초짜 기자로서 대학원엘 다니고 있었는데, 전공인 언어학 책에 치여 살다가 새로운 세계를 발견한 느낌이었어.《의

식과 사회》가 다루고 있는 이들 가운데 마르크스주의자라고 할
만한 사람은 그람시밖에 없지만, 이 책의 중요한 주제는 (프로이
트주의, 독일 관념론과 더불어) 마르크스주의야. 대개 마르크스주
의에 대한 비판적 담론을 다루지. 그러나 우리는 저자의 도움으
로 20세기의 첫 세대 일급 사회이론가들이 마르크스주의를 어
떻게 바라보았는지를 살필 수 있어.

《막다른 길》은 1980년대에 해적판으로 나왔을 때는 한국
어판 제목이 《현대 프랑스 지성사》였어. 책의 부제가 '프랑스 사
회사상, 그 절망의 시대 1930~1960'이니, 《현대 프랑스 지성사》
라는 제목이 한국인 독자들에게 더 쏙 들어오기도 했겠지. 부
제가 가리키듯, 이 책은 유럽에서 파시즘이 힘을 키우기 시작한
1930년대부터 제5공화국 출범 직후까지의 프랑스 사회사상을
다루고 있어. 이 책의 특징은 등장인물들이 이론가들에 머물지
않고 마르탱 뒤 가르, 베르나노스, 생텍쥐페리, 말로 같은 문인들
에까지 이르고 있다는 거야. 그것은 이 시대의 프랑스 지성사에
끼친 문학의 힘을 반영하고 있는 것이기도 해. 이 책에서 중요하
게 다루고 있는 사르트르는 사실 본업인 철학에서보다 문학에
서 더 큰 업적을 내기도 했고, 카뮈 역시 사상가적 기질이 다분
한 사람이지.

《지식인들의 망명》은 그 부제인 '사회사상의 대항해
1930~1965'가 시사하듯, 파시즘을 피해 중부유럽과 이탈리아

에서 미국과 영국으로 망명한 지식인들을 다루고 있어. 그 4장인 '대중사회 비판'은 프랑크푸르트학파를 다루고 있는데, 이 부분은 저자의 제자인 마틴 제이가 자신의 박사학위 논문을 다듬어 펴낸 《변증법적 상상력》의 밑그림이라고도 할 수 있지. 《변증법적 상상력》은 스튜어트 휴즈의 지성사 3부작보다 외려 먼저 해적판으로 한국 독자를 만났는데, 지금은 품절이 돼서 찾기 어려워. 《지식인들의 망명》은 예상할 수 있듯 파시즘을 비판한 학자들을 중요하게 다루고 있지만, 반파시즘 담론이 주제는 아니야. 제2장 '영국의 철학: 대이주의 서곡'의 주인공이 철학자 비트겐슈타인인 것에서도 알 수 있듯, 파시즘을 피해서 영어권으로 이주한 학자들을 한 묶음으로 처리했지.

이 세 책을 읽고 나면 19세기 말부터 1960년대까지 유럽지성사의 전모를 파악하게 돼. 이렇게 말하면, 유럽을 너무 좁게 잡는 것 같겠군. 아무튼 이 책들의 등장인물들은 미국이나 영국으로 망명해 국적을 바꾼 사람을 포함해서, 거의가 프랑스, 독일, 오스트리아, 이탈리아 사람들이야. 유럽이 이렇게 네 나라로 축소된 것은 스튜어트 휴즈의 이력과도 관련 있는 것 같아. 휴즈는 미국에서 태어나고 자라 하버드에서 학위를 받았지만, 〈프랑스제국 경제의 위기 1810~1812〉라는 학위논문을 쓰기 위해 파리에 머물렀어. 제2차 세계대전 이전에는 하이델베르크와 뮌헨에서 공부하기도 했고, 제2차 세계대전 중에는 독일과 이탈리아에서 정보 장교로 근무하기도 했지. 그가 모국어인 영어만이 아니라, 프랑스어, 독일어, 이탈리아어에 능숙했다는 것은 이 책의 미주尾註를 보면 알 수 있어. 휴즈의 학문 외적 이력이 휴즈의 학문에 간섭했다고도 할 수 있다는 뜻이야. 이것은 소위 지식사회학적 관점이지. 지식사회학은 지식이 사회(적 요인)의 소산임을 전제하거든. 노동운동(마르크스주의)과 양차 세계대전(제국주의, 파시즘, 반파시즘)과 인간의 왜소화(정신분석학) 같은 사회적 요인이 아니었다면, 휴즈의 지성사 3부작은 나오지 않았을 거야. 더 들어가서, 이 3부작 자체가 지식이 사회(적 요인)의 소산임을 끊임없이 상기시키며 등장인물들의 전기적 사실에 관심을 준다는 점에서, 휴즈의 이 책들은 지성사만이 아니라 지식사회학에 속한다고도 할 수 있어. 게다가 이 3부작에서 휴즈가 보여주는 문체는 번역이라는 장막을 뚫고서 화사함을 한껏 뽐내. 이 책들에 한번 취해보고 싶지 않아?

2016. 2. 18.

'문제적 인물'로 읽는 세계사

초등학생 때 읽는 가장 흔한 책은 뭘까? 물론 교과서는 빼고 말이지. 내 경험으로는 위인전이야. 그게 반세기 전 얘기니 요즘은 사정이 달라졌을 수도 있겠네. 영어나 한자 학습서일지도 모른다는 뜻이야. 그렇지만 요즘에도 초등학생들은 위인전을 많이 읽을 거라 짐작해. 선생님들이 위인전 읽기를 추천하기도 하실 거고.

위인전은 말 그대로 훌륭한 사람의 전기야. 나도 초등학생 시절에 그런 훌륭한 사람들의 전기를 꽤 읽었어. 물론 누가 훌륭한 사람이냐를 정하는 것은 그 사회의 교육 당국이지. 내 경우에는 이순신 장군, 을지문덕 장군, 세종대왕, 폴란드 출신의 프랑스 과학자 퀴리 부인, 조지 워싱턴 미국 초대 대통령, 미국의 발명가 에디슨 같은 사람들의 전기를 읽은 게 기억나. 그런데 초등학생용 위인전이라는 건 내용도 소략할 뿐 아니라 부정확한 게 많아. 일단 전기의 대상이 위인, 곧 훌륭한 사람이니까 그 사람에 대한 나쁜 얘기는 나오지 않아. 위인전의 주인공은 꼭 성직자가 아니더라도, 거의 성인에 가깝게 묘사되지.

고등학생쯤 되면 우리는 위인전을 읽는 게 아니라 평전을 읽게 되지. 평전이라는 건 말 그대로 비평적 전기야. 저자의 관점이 들어간 전기라는 뜻이야. 사실 제대로 된 전기라면 다 평전이라고 할 수 있지. 저자의 관점이 들어가지 않은 전기라는 건 불가능하니까. 그렇지만 책의 세계에서 전기와 평전이 구별되기도 해. 우리가 초등학교 때 읽는 전기는 죄다 '훌륭한 사람'을 대상으로 삼고 있지만, 고등학생쯤 돼서 읽는 전기, 다시 말해 평전은 그 대상이 꼭 훌륭한 사람, 착한 사람들은 아니거든. 평전의 대상이 되는 사람들은 대체로 '문제적 인물'이지. 여기서 '문제적'이라는 것은 좋은 뜻일 수도 있고 나쁜 뜻일 수도 있어. 아무튼 평범한 사람이 아니라 좀 별난 사람, 더 나아가 자기가 살았던 시대에 영향을 준 사람을 뜻해. 물론 사람이 역사를 만들 뿐만 아니라 역사가 사람을 만들기도 하니, 이런 문제적 인물들은 자기가 태어난 세상에 영향을 받으며, 그 세상을 바꾼 사람들이야.

20세기의 가장 문제적 인물은 누굴까? 그건 생각하기 나름이겠지. 그렇지만 그 문제적 인물들에 독일 제3제국의 지도자 아돌프 히틀러와 그에 맞서 제2차 세계대전을 치른 소련의 스탈린이 포함된다는 데 이의를 제기할 사람은 없을 거야. 이 둘은 어떤 극단적 시각에서 보면 위인, 곧 훌륭한 사람이라고 할 수 있을지도 모르지만, 상식적 판단에 따르면 절대 훌륭한 사람이 아니야. 그냥 문제적 인물들이지. 그것도 극히 부정적으로 문제적인 인물들. 이들은 자기가 태어난 시대에 영향을 받기도 했지만, 그 시대의 수많은 사람들의 운명에 결정적 영향을 끼쳤어. 두 사람 다 잔혹한 독재자였지. 이 두 사람이 다스렸던 독일과 소련은 일반적 의미의 독재사회가 아니었어. 흔히 전체주의사회라고 불리는 사회였어. 그러면 보통의 독재사회와 전체주의 사회의 차이는 뭘까?

독재사회의 최고권력자, 즉 독재자들은 자기 맘에 안 드는 정적들을 탄압하고 모든 정책을 제멋대로 정하기는 하지만, 그 공동체 구성원들의 사생활에까지 간섭하지는 않아. 예컨대 독재사회에서는 제 돈 들여서 여행도 할 수 있고, 좋아하는 사람과 연애를 하다 결혼할 수도 있고, 경제적 여건이 되면 일을 안 하고 백수로 살 수도 있어. 그렇지만 전체주의사회에서는 그런 것이 불가능해. 전체주의 사회에서는 여행을 하려 해도 정부의 허락을 받아야 하고, 정부가 허락하지 않는 연애나 결혼은 할 수 없고, 돈이 있다고 하더라도 백수로 살 수 없어. 그 공동체 구성원의 삶을 세목까지 정부가 결정해. 그러니까 권력의 피가 모세혈관을 따라 공동체 구성원의 사생활 깊숙이까지 흐르고 있는 사회가 전체주의 사회야. 히틀러가 다스렸던 독일 제3제국이 그랬고, 스탈린이 다스렸던 소련이 그랬어. 그리고 지금은 휴전선 이북의 북한 체제가 그렇지.

히틀러는 우익전체주의를 이끌었던 사람이고, 스탈린은 좌익전체주의를 이끌었던 사람이야. 우익전체주의는 그것의 원조인 이탈리아의 무솔리니가 명명한 대로 파시즘이라고 부르는 일이 흔하고, 독일의 경우는 히틀러가 이끌던 집권당(이라고는 하지만 사실상 유일한 당이었지)의 이름을 따 나치즘이라고 부르기도 해. 히틀러파시즘이라고도 부르고. 좌익전체주의는 볼셰비즘이라고 부르는 경우도 있지만, 아예 스탈린의 이름을 따서 스탈린주의라고 부르는 일이 더 흔해. 우익전체주의와 좌익전체주의는 이름만 들어서는 상극일 것 같지만, 사실은 닮은 점이 많아. 그 닮은 점 가운데 가장 큰 것은, 앞에서 지적했듯, 공동체 구성원의 사생활을 거의 없애버린다는 거지.

히틀러와 스탈린은, 일반적 의미에서 훌륭한 사람은 아니지만, 20세기의 한 세대 인류의 운명을 결정한 전체주의 지도자였으니, 그 삶을 살펴볼 만해. 두 사람의 전기는 많이 나와 있지만, 나는 이언 커쇼의 《히틀러》와 로버트 서비스의 《스탈린, 강철권력》을 읽어보길 권해. 커쇼의 책은 이희재라는 이가 옮겼고, 서비스의 책은 윤길순이라는 사람이 옮겼어. 두 책 다 출판사 교양인에서 나왔고.

커쇼의 《히틀러》는 두 권으로 이뤄져 있고 서비스의 《스탈린, 강철권력》은 단권으로 이뤄져 있지만, 두 책 다 부피가 상당해. 세 권 다 각각 1천 페이지 안팎이니까. 이렇게 두툼한 책을 처음부터 끝까지 읽어내려면 상당한 인내심이 필요할 것 같지만, 내 경우엔 그렇지 않았어. 여러분도 마찬가지일 거야. 히틀러나 스탈린이나 성격이 워낙 문제적이었던 데다가, 다시 말해 둘 다 별난 사람이었던 데다가, 이 두 사람의 삶을 비평적으로 살피는 커쇼와 서비스의 글재주가 뛰어나거든. 전기라는 것이 대개 그렇듯 《히틀러》와 《스탈린, 강철 권력》도 시간의 흐름에 맞춰 기술하고 있지만, 그 서술이 입체적이야. 그리고 기존의 전기에서 잘못 기술된 부분을 풍부한 사료에 뒷받침 받아 교정하고 있어.

이 책들은 히틀러와 스탈린이라는 문제적 인물의 삶만을 그리고 있는 게 아니라, 이 두 사람이 살았던 시대를 그리고 있어. 그러니까 이 두 책은 기본적으로 평전이기는 하지만, 부분적으로는 1910년대부터 1940년대까지의 유럽사, 더 나아가서는 세계사이기도 해. 그들이 성년으로 살았던 시대는 혁명의 시대이자 전쟁의 시대였어. 핏물이 흥건히 대지를 적시던 시대였지. 혁명과 전쟁이 히틀러와 스탈린을 낳았고, 히틀러와 스탈린이 그 혁명과 전쟁을 이끌었어. 이 두 사람은 그 시기의 대지를 흥건히 적신 핏물의 가장 큰 책임자들이기도 했어. 두 사람은, 때때로 치사한 밀약을 했고, 근본적으로 숙적이었으므로, 《히틀러》에도 스탈린의 삶이 스며들어 있고, 《스탈린, 강철권력》에도 히틀러의 삶이 스며들어 있어. 이 두 책을 읽는 것은, 비슷한 시기의 세계를 서로 다른 처지에서 바라보는 것이기도 해. 아, 모든 평전이 그렇듯이, 이 두 책에는 너무 많은 인명이 등장해. 그 시기의 역사에 대한 지식이 넉넉하지 못한 독자들은 이 고유명사들 때문에 읽기가 조금 짜증스러울 수도 있어. 그러나 이 두 책은 그 고유명사들이라는 장애물을 건너면서 읽어볼 만한 책이야.

혹시 이 두 책을 읽고 나서 파시즘과 공산주의에 대한 흥미가 생겼다면, 두 책을 더 읽어봐도 좋지. 하나는 로버트 팩스턴의 《파시즘》이고, 또 하나는 스탈린 평전을 쓴 로버트 서비스의 《코뮤니스트》야. 이 책들 역시 교양인에서 나왔어. 팩스턴의 책은 다소 이론적이지만, 명민한 고등학생이라면 소화할 수 있는 책이야. 서비스의 책은 실천적 공산주의의 통사라고 할 수 있어. 히틀러와 스탈린, 파시즘과 공산주의는 역사의 뒤꼍으로 물러났지. 그렇지만, 이 두 악은 자본주의의 악을 대체하기 위해 언제라도 되돌아올 채비를 하고 있어.

2016. 3. 3.

책이라는 거푸집

어떤 책은 독자의 삶에 결정적 영향을 끼쳐. 그런 책을 만난 사람이 못 만난 사람보다 더 운이 좋다고는 할 수 없지. 예컨대, 올해 들어서야 독일에서 비판적 주석을 붙여 출간된 히틀러의《나의 투쟁》은 오래전부터 한국에서 해적판으로 나돌았지만, 그 책을 읽고 감명 받아 파시스트가 된 사람을 운이 좋은 사람이라고 할 수는 없을 거야. 물론 삶에 결정적 영향을 끼치는 게 책만은 아니지. 스승, 부모를 비롯한 가족들, 특이한 경험들, 그밖에도 많겠지. 내 경우는 삶이 책이라는 거푸집을 통해 빚어진 것 같아. 책이 사람에 영향을 끼치는 방식은 독자의 사상이나 이념의 수준에서도 가능하고, 직업의 수준에서도 가능해. 그리고 때때로 그 둘은 서로 길항하기도 하지.

내 사상에 결정적 영향을 준 책은 칼 포퍼의《열린 사회와 그 적들》과 존 롤스의 《정의론》이었어. 나는 그 책들을 대학교 1학년 때 읽었어. 영어로! (이건 물론 잘난 척이야!) 이 두 책은 나에 대한 마르크스주의의 영향력을 완전히 차단해버렸어. 내가 그 책들을 읽지 않았으면, 나도 젊은 시절 한 순간 설익은 마르크스주의자 노릇을 했을지도 몰라. 물론 나는 그 이후 마르크스와 엥겔스에서 레닌과 스탈린을 거쳐 심지어 김일성 선집까지 읽었지만, 마르크스주의나 유사 마르크스주의는 내게 아무런 영향력을 끼치지 못했어. 《열린 사회와 그 적들》이랑 《정의론》이라는 백신이 워낙 효능이 좋았던 거지.

가만 있자, 아직도 이빨을 드러내고 있는 국가보안법 때문에 변명을 하자면, 내가 김일성 선집을 읽은 건 서울 광화문 우체국 옆에 있던 통일부 도서관에서였어. 초년 기자 시절이었는데, 편집국장의 허락을 받으면 그곳을 출입하게 해주었어. 이 도서관이 지금도 그 자리에 있는지는 모르겠네. 아무튼 북한에서 나온 책들로 가득한 도서관이었어. 물론 열람만 할 수 있었을 뿐, 대출도 할 수 없었고 복사도 할 수 없었어. 노트에 메모하는 건 가능했지만. 그때 김일성 선집을 읽으며 느낀 건 극도의 허탈함이었어. 레닌이나 심지어 스탈린의 책조차도, 결국은 틀린 말들이지만, 나름대로 이론의 꼴을 갖추고 있었어. 그런데 김일성 선집이라는 건, 연설이나 교시를 모아놓은 건데, 무슨 도덕교과서 같았어. 반은 말도 안 되는 소리고, 나머지 반은 너무나 당연해서 할 필요가 없는 말들이었어. 본디 마르크스주의나 유사 마르크스주의와는 인연이 없던 나지만, 김일성 선집을 읽고는 '아디오스, 마르크스!' 소리가 나오더구먼.

《열린 사회와 그 적들》이랑 《정의론》이 나를 보호해준 것은 마르크스주의로부터만이 아니야. 어쩌면 민족주의에서 나를 보호해준 몫이 더 큰 것 같기도 해. 열아홉 살에 그 두 책을 읽기 전까지 나는 민족주의에 꽤 이끌리고 있었거든. 그리고 나를 민족주의로 이끈 것은 십대 후반 내내 읽은 국어학자 외솔 최현배의 책들이었어. 최현배는 언어학이라는 '과학'에 민족주의라는 '이념'의 베일을 씌울 수 있는 특이한 능력을 지닌 학자였어. 《조선 민족 갱생의 도道》라는, 언어학과 직접적 관련이 없는 민족주의 선동서를 쓰기도 한 그는 언어학 책들에마저 민족주의라는 빛깔의 페인트칠을 했어. 나는 십대 후반에 외솔의 책을 거의 다 읽은 것 같은데, 그 책들이 나를 소박한 민족주의자로 만든 거야. 그리고 그 민족주의를 말끔히 씻어준 것이 포퍼와 롤스의 책들이었고.

앞서 얘기했듯 책이 사람에게 영향을 끼치는 방식은 직업수준에서이기도 해. 십대 후반 내내 외솔의 책들이 내게 주입한 민족주의를 스무 살이 되기 전에 말끔히 씻어버렸지만, 결국 그 책들은 내 삶에 영향을 주었어. 학부에서 법학을 전공했던 내가 대학원에서는 언어학을 전공하게 만들었거든. 일일이 세어보진 않았지만, 나는 지금까지 스물예닐곱 권의 책을 쓴 것 같아. 그런데 그 가운데 적어도 3분의 1은 언어학과 관련된 책이야. 그 가운데는《감염된 언어》처럼 학술서 분위기가 짙게 배어 있는 책도 있지만, 대개는 언어와 관련된 비평적 에세이들이지. 나는 그 책들을 내가 쓴 소설이나 정치평론보다 더 소중히 여겨.

내가 처음 읽은 외솔의 책은《우리말본》이야. 열여섯 살 때인가 열일곱 살 때인가 그랬을 거야. 나는 학교에서 내쳐진 '비행' 청소년이었어. 어디로든지 날아갈 수 있는! 산 건 청계천의 한 헌책방이었어. 지금도 청계천에 그 흔적이 남아 있긴 하지만, 1970년대에는 청계천 4가쯤부터 동쪽으로 헌책방들이 끝없이 들어서 있었어. 그 책방들을 순례하는 것이 학적 없는 비행청소년의 커다란 기쁨이기도 했고. 그 책방들 중 하나에서 이름만 들어본《우리말본》을 발견한 거야. 그 책은 어찌어찌해서 지금까지 지니고 있는데 판권 페이지를 보니 이렇게 써 있네. "1929년 3월 29일 첫째매 펴냄, 1937년 2월 20일 온책 초판 펴냄, 1965년 4월 1일 네 번째 고침 펴냄". 1965년이면 지금으로부터 반세기도 더 전이군. 나는 책을 잘 간직하지 않는 터라, 어쩌면 이 책은 내가 지니고 있는 한국어 책 가운데 가장 오래된 것일지도 몰라.

책을 사온 날 저녁부터 읽기 시작했는데, 어찌나 재미있었는지(십대 비행청소년에게 문법학의 고전이 재미있었다는 게 믿기지 않겠지만 사실이야) 푹 빠져서 채 사흘도 안 돼 다 읽어버렸어. 신기한 건 이 책에서 내가 이해하지 못하는 대목이 거의 없었다는 거야. 《우리말본》은 지금까지도 한국어 문법책 가운데 고전으로 꼽히는 책인데, 십대의 내가 이 책을 완전히 이해했다는 것은 조금 과장일지도 몰라. 아무튼 그때는 그랬어.

《우리말본》은 지금의 학교문법과 체계도 조금 다르고, 무엇보다도 용어가 아주 달라. 견결한 언어민족주의자였던 외솔은 일본에서 수입된 한자어 용어를 거의 다 고유어로 고쳤어. 예컨대 '불구동사'는 '모자란 움직씨'로, '의문문'은 '물음월'로, '서술형'은 '베풂꼴'로, '호격조사'는 '부름자리토'로, '양성모음'은 '밝은홀소리'로 고쳤지. 십대의 나는 이런 소박한 민족주의에 매혹돼버린 거야. 이런 단어 다듬기가 지적 성취와는 아무런 관련이 없다는 것을 알게 된 것은 좀더 나이가 들어서야. 《우리말본》이 내게 그렇게 큰 영향을 줬는데도, 지금의 나는 '이름씨'라는 말보다는 '명사'라는 말을 사용하고, 움직씨라는 말보다는 '동사'는 말을 선호하고, '그림씨'라는 말보다는 '형용사'라는 말이 편안해. 사실 이런 고유어 용어를 만드는 데 외솔이 사용한 방식은 언어학에서 '번역차용loan translation' 또는 '켈크calque'라고 부르는 베끼기일 뿐이야. '누선'을 '눈물샘'이라고 '베껴본들', 거기서 어떤 지적 진전이 이뤄지는 건 아니지. 다만 민족주의적 허영심을 만족시킬 뿐. 그리고 이런 베끼기식으로 만든 고유어 용어들은 언중에게 뿌리내리기도 쉽지 않아.

그러나《우리말본》은 1920년대까지 축적된 한국어 문법학을 집대성한 책이야. 1937년판에 외솔이 적은 서문은 한때 중학교 국어교과서에도 실린 바 있어. 그 머리말은 이렇게 시작해. "한 겨레의 문화 창조의 활동은, 그 말로써 들어가며, 그 말로써 하여 가며, 그 말로써 남기나니: 이제 조선말은, 줄잡아도 반만년 동안 역사의 흐름에서, 조선 사람의 창조적 활동의 말미암던 길이요, 연장이요, 또 그 성과의 축적의 끼침이다." 이 서문의 끝에 외솔은 '감메 한 방우 적음'이라고 썼어. '외솔'이라는 고유어 호도 성에 안 차 이를 '감메'로 바꾸고 '최현배'라는 성명은 '한 방우'로 바꾼 거지. 오늘날 읽으면《우리말본》의 내용이 고졸古拙하다는 느낌을 지울 수는 없겠지. 그러나 우리말에 대한 사랑이 있는 사람이라면, 이 책을 한번 읽어보는 게 좋아.

독자들의 독서의욕을 잃게 할지 모를 사족: 외솔은 이 방대한 책을 쓰면서 한국어문법을 독창적으로 세웠을까? 그렇지 않아. 그 당시 조선은 이식된 일본이었어.《우리말본》도 그 예외가 아니야. 일본의 국수주의 언어학자 야마다 요시오의 그림자가 이 책 곳곳에 드리워져 있어. 슬프게도, 냉정하게 말하자면, 외솔은 야마다의 언어국수주의를 조선의 언어민족주의로 번역한 것일 뿐이야.

2016. 3. 14.

당신이 이 시집을 읽어야 하는 이유

내 한국어 감각이 한쪽으로 치우쳐 있어서 그런지 모르겠지만, 우리가 '독서'라고 말할 때 그 읽는 대상으로 시집을 떠올리는 일은 드문 것 같아. 시집도 분명히 책인데 말이지. 그렇지만 어떤 자연언어의 가장 깊숙한 곳을 움켜쥐는 장르는 소설이나 에세이를 포함한 산문이 아니라, 시야. 그래서 나는 시인들을 모국어의 속살에 다다른 이들이라고 여겨. 오늘은 최근에 읽은 시집 이야기를 하려고 해. 송경동이라는 시인의 《나는 한국인이 아니다》라는 시집이야. 창비에서 나왔어.

제목이 참 도발적이지? "나는 한국인이 아니다"라니? 그 표제시의 마지막 연을 옮겨볼게. "나는 한국인이다/ 아니 나는 한국인이 아니다/ 나는 송경동이다/ 아니 나는 송경동이 아니다/ 나는 피룬이며 파비며 폭이며 세론이며/ 파르빈 악타르다/ 수없

이 많은 이름이며/ 수없이 많은 무지이며 아픔이며 고통이며 절
망이며/ 치욕이며 구경이며 기다림이며 월담이며/ 다시 쓰러짐
이며 다시 일어섬이며/ 국경을 넘어선 폭동이며 연대이며/ 투쟁
이며 항쟁이다."

　　이 연에서 언급되는 '피룬' '파비' '파르빈 악타르' 등은 동남
아시아의 한국계 기업에서 착취에 맞서 투쟁하다 고혼이 된 젊
은 노동자들의 이름이야. 그러니까 이 시는 자본에 맞선 노동의
투쟁은 결국 '국제주의'가 돼야 한다고 노래하고 있어. 그래서
화자는 자신이 한국인이면서 한국인이 아니라고 선언하고 있는
거지. 사실 노동운동이 국제주의에 뒷받침돼야 한다는 것은 마
르크스 이래 대다수 사회주의자들이 견결히 지니고 있던 믿음
이야. 그렇지만 단 한 번도 온전히 실현된 적은 없는 믿음이지.
아무런 대의도 찾을 수 없는 제국주의전쟁이었던 제1차 세계
대전이 터지자, 유럽 나라들의 사회주의자들은 자본가들을 위
해 총알받이가 될 노동자들의 처지를 깨닫고 반전운동에 들어
가. 그렇지만 이내 그 반전운동은 시들어버리고 그 자리를 애국
주의가 차지하지. 당시 세계에서 가장 강력한 사회주의 정당이
었던 독일사회민주당은, 극소수의 원칙주의자들을 빼고는, 빌헬
름2세의 전쟁에 협력하게 돼. '성내평화城內平和, Burgfriede'라는 구
실로 말이지. 프랑스와 영국의 사회주의자들도 마찬가지였어. 그
들이 자랑스레 내세우던 '인터내셔널리즘'에서 '인터'를 지워버

리는 데는 몇 달도 걸리지 않았어. 사실 그건 자연스러운 일이기도 해. 자본에는 국적이 없지만, 자본가에게는 국적이 있고, 노동에는 국적이 없지만 노동자에게는 국적이 있거든. 여기서 '국적'이라는 건 여권에 표시된 나라의 이름이라기보다 어떤 자본가나 어떤 노동자가 강한 소속감을 느끼는 공간이야. 그리고 그 공간이 꼭 나라만은 아니지.

그래서 송경동은 앞서 인용한 표제시에서 이렇게 자문을 하기도 해. "정규직 자녀 우선 채용에 합의하는/ '대공장 민주노조'를 위해/ 비정규직 확산과 우선해고에 눈감는/ '대공장 민주노조'를 위해/ 이젠 해외여행깨나 다니는/ 공공부문 정규직 노동자들 고용안정을 위해/ 한국사회 중산층의 다수를 이루는/ '민주노총 정규직 조합원'들을 위해 힘써 살아온/ 나는 도대체 누구일까?"

자본가들이나 보수언론이 '노동귀족'(사실 이 말의 부정적 뉘앙스는 무려 엥겔스에게서 비롯돼!)이라고 부르는 이들을 위해 싸워온, 그러나 자신은 노동귀족이 아닌 '분열적' 자아에 반성적 현미경을 들이대는 거지. 그리하여 시인이 다다른 결론은 노동운동의 고색창연한 진리인 국제주의야. 그 국제주의는 국경을 넘어서는 것만이 아니라, 노동계급이라고 불리는 사람들 사이의 여러 계층적 경계를 뛰어넘는 사회경제지리학적 국제주의지. 이 급진적 국제주의는 "그리스에서 노점을 하던/ 열다섯 살 알렉산

드로스가/ 경찰이 쏜 탄환에 맞아 숨졌다/ 붉은 꽃이 그리스 전역에서 피어올랐다"에서 시작해 "목과 다리를 다친 채로/ 한국의 감옥에 갇혀 있고/ 아무도 만나지 못하는 독방이지만/ 왠지 혼자만 사는 것 같지 않다"로 마무리 되는 '1%에 맞선 99%들'이나, 미국의 이라크 침공이 낳은 파멸적 연쇄반응을 그린 '나비효과', 서방국가들의 경제적 군사적 제국주의를 적나라하게 그린 '스모키 마운틴'에서도 또렷이 드러나.

그렇다고 《나는 한국인이 아니다》라는 시집이 '메아리 없는' 국제주의에만 바쳐진 것은 아니야. 이 시에는 차광호라는 이에서부터 시작해 이창근, 김진숙, 박점규, 김태환, 하중근, 전용철, 홍덕표, 문기주, 한상균, 복기성, 최병승, 홍종인, 정홍근, 김재주, 김소연, 인봉이 형, 경규 형, 보열이 형, 최강서, 송국현, 박창수, 김경숙, 진기승을 거쳐, 아 그 열다섯 어린 나이에 죽은 문송면에 이르기까지, 내가 그 이름을 알거나 모르는, 지금 살아 있거나 작고한, 수많은 한국인 실명實名이 등장해. 그들은 대부분 노동자고 일부는 농민이며, 자본이 밀어주는 정치권력에 의해 살해되거나 투옥된 사람들이야. 송경동은 자신의 시들에 이 이름들을 배치하며 한국노동운동의, 또는 한국노동운동탄압사의 맥락을 깊은 자의식 위에 포개고 있어.

'국보'라는 시는 "기륭전자 비정규직 김소연이/ 투쟁하는 노동자 대통령 후보로/ 출마했을 때 돕지도 못하고/ 어느 깊은 산속에서 쉬고 있었다"로 시작하는데, 그 선거에서 그녀를 찍지 않고 '오직 박근혜의 당선을 막을 수 있을지도 모른다는 가녀린 희망으로' 문재인 후보를 찍은 3년 전의 내 모습이 초라하게 떠오르더군. 이 시 제목 '국보'는 '국가보안법'을 줄인 말이고, 이 시에는 젊은 시절 내내 국보로만 감옥살이해온 문재훈이라는 사람이 등장해. 그는 이 시의 화자에게 "당신은 당신 앞의 밤만 캄캄하지/ 우리는 정치사상적으로 한치 앞도 보이지 않는 전쟁을 치르고 있다고/ 당신은 그게 문제라고"라며 화자에게 훈계하지. 화자는 너그러운 마음으로 '정치사상적으로 앞뒤가 꽉 막힌' 그에게 긍정의 맞장구를 쳐주지만, 거기엔 비수 같은 경멸이 웅크리고 있어. 송경동 시는 이따금 지식인 티를 내는 '운동가'를 등장시켜서 그를 비웃는데, 그 비웃는 언어는 묘하게도 지식인의 언어야. 이건 찬사도 힐난도 아닌 그냥 내 관찰보고야. 《나는 한국인이 아니다》를 포함해 송경동의 시들은 굳이 '노동시'라는 세부장르명이 조금도 필요 없을 만큼, 문학적으로 단단해.

돌이켜보면 전두환 군부독재 시절에는 노동시, 또는 넓게는 민중시가 하나의 중요한 흐름을 만들어내기도 했어. 베를린장벽이 무너지고 동유럽 사회주의가 역사의 벽장 속으로 들어가기 시작한 1980년대 말 이후에도 얼마동안은 이런 정치시들이 제 나름의 힘을 발휘했지. 그 흐름은 박노해나 박영근, 백무산 같은 뛰어난 시인들을 세상에 내놓았지만, 이제 노동해방이라는 염원을 간절히 담은 시집들은 거의 나오지 않는 것 같아. 띄엄띄엄 나온다 하더라도 송경동 같은 시적 성취에는 이르지 못하는 경우가 대부분이고. 나는 이 글을 읽고 있는 독자들이 송경동의 이 시집만이 아니라 이전 시집들도 찾아 읽기 바라.

사실 송경동의 시들만이 아니라 노동시라고 불리는 시들은 거의 다 넓은 의미의 마르크스주의적 세계관을 공유하고 있어. 그렇지만 나는 학습된 비관주의자인 터라, 이런 노동시들이 그리는 미래는 결코 오지 않을 거라고 생각해. "전세계 부자 85명이/ 세계 인구 절반과 동일한 부를 소유한 이 지구별"('나는 한국인이 아니다')의 상황이 극적으로 개선되리라는 희망이 내게는 없어. 그것은 인류라는 종에 대한 내 불신과도 관련 있을 거야. 그러나 진리라는 게 붙박여 존재하지 않고 그 진리를 찾아가는 여정이 진리라면, 인간해방이라는 것도 붙박여 존재하지 않고 그 해방을 향해 내딛는 한 걸음, 한 걸음이 해방일 거야. 송경동의 시들은 그 인간해방을 위한 한 걸음 한 걸음이야. 이 정도면《나는 한국인이 아니다》를 읽을 이유로 충분치 않을까?

2016. 4. 1.

언어의 둘레를 살피는 풍경화

호모 사피엔스 사피엔스를 다른 동물들과 구별하는 중요한 특징 하나는 언어의 사용이야. 여기서 언어는 좁은 의미의 언어야. 언어라는 말을 느슨하게 사용할 때, 개미의 군락群落이나 화학언어, 벌들의 날갯짓도 언어라고 할 수 있겠지. 또 이런저런 컴퓨터 언어도 마찬가지고. 그렇지만 내가 말하는 언어는 개념과 청각 이미지가 결합된 기호들의 구조적 체계를 가리켜. 이런 언어를 자연언어라고 불러. 한국어, 일본어, 영어 같은 언어 말이야. 생각의 뭉치를 형태소로 나누고, 소리의 뭉치를 음소로 나눈 뒤 이들을 이리저리 배열하고 결합하고 대응시키며 표현과 소통의 길을 뚫는 이 언어가 존재하지 않았다면, 인류는 문명을 건설할 수 없었을 거야.

그렇지만 언어에 대한 학문, 곧 언어학은 과학의 옷을 입은

지 얼마 되지 않았고(현대언어학이 출발한 19세기 이전에도 '문법'은 있었지만, 그걸 전문적 지식으로 여기지는 않았어. 문법이라는 말로 언어과학의 대부분을 지칭한 사람은 20세기의 촘스키야), 거기 관심을 지닌 사람도 드물어. 비인기 학문이고, 주변적 학문이지. 그렇지만 나는 어려서부터 언어에 관심이 많았고, 결국 언어학을 전공으로 삼게 됐어. 언어학은 자연언어의 층위에 따라 음성학, 음운론, 형태론, 통사론, 의미론, 화용론 따위로 범주화돼. 언어학 개론서들도 대개 이 순서에 따라 독자들을 언어의 세계로 안내하고 있고. 이런 영역들이 언어학의 몸통이라면 언어학의 곁다리들도 있어. 지리언어학, 사회언어학, 심리언어학, 역사(-비교)언어학, 언어치료학 같은 분야가 그런데, 이 영역들도 몸통 영역들과 일정 부분 포개지는 경우가 많아. 아무튼 언어학자가 교과서를 쓴다면 이런 체계를 벗어나지 않을 거야. 물론 각 분야에 따라 논문을 쓰는 거라면 체계를 넘나들 수 있겠지. 언어학자의 논문집이 아니더라도 이런 체계들을 마구 가로지를 수 있어. 그렇지만 그런 책은 정통언어학이라기보다는 언어의 둘레를 살피는 풍경화 비슷하게 될 거야.

　　대니얼 헬러 로즌이라는 캐나다 출신의 미국 비교문학자가 쓴《에코랄리아스》도 언어의 둘레에 대한 그런 풍경화야. 부제가 '언어의 망각에 대하여'고, 조효원이라는 사람이 번역했네. 책이 나온 곳은 문학과지성사고. 표제 '에코랄리아스'는 본문에서는

제1장 '극치의 옹알거림'의 마지막 문장에 딱 한번 나오는데, 유아기 때의 음성모방이나 남의 말을 흉내 내는 반향언어라는 뜻이야. 그 장에서 얘기하는 것이 옹알이하는 아이는 음성학적 능력의 한계가 없다가 단일언어를 배우면서, 즉 어른의 말을 '모방'하면서 조음능력이 쇠퇴한다는 거니까 제목을 그럴듯하게 지었어. 그렇지만 책 전체를 두고 본다면 부제인 '언어의 망각에 대하여'가 더 많은 말을 해주고 있어. 《에코랄리아스》는 체계적 저서가 아니라 언어에 관련된 에세이 모음이야. 그런데 그 에세이들 전부는 아닐지라도 태반이 언어의 망각에 대해서 이야기하고 있거든. 망각에 대해 이야기한다는 것은 기억에 대해 이야기한다는 뜻이기도 하지. 그러니까 이 책은 (자연)언어를 이루는 많은 요소들의 사라짐에 대해서, 그리하여 태어남에 대해서 얘기하고 있어. 물론 한 언어 형식 안에서 다른 언어의 메아리를 감지하는 게 이 책 저자의 기본 태도이기도 하니까, '에코랄리아스'라는 제목도 나쁘진 않아. 그렇지만 좀 현학적으로 들리는 건 사실이지.

저자소개를 보니까 1974년생이네. 마흔이 조금 넘은 나이. 학문적으로 전성기이겠군. 원서도 한국어판 번역서도 작년에 나왔으니까, 이 책은 한 비교문학자가 제 학문의 정점에 이르러 쓴 책이라고 할 수 있어. 물론 에세이 모음이니까 이 책에 묶인 글들이 쓰인 시기는 30대 말부터 40대 초 사이일 거야. 수학이나 자연과학은 아주 어릴 때 재능이 드러나고 업적이 쌓이는 경우가 많지. 말하자면 늙은 수학자나 자연과학자는 자기 제자 세대에 견주어 기량이 떨어지기 쉽다는 뜻이야. 인문학도 커다란 차이는 없어. 대부분의 경우, 한 인문학자의 가장 뛰어난 저서들은 30대 후반에서 40대에 나오게 마련이야. 물론 예외적인 이들도 많지. 아무튼 그런데도 나는 《에코랄리아스》를 읽으며 계속 저자의 나이에 신경이 쓰였어. 그것은 이 책이 그야말로 박학의 전시장이기 때문이었어. '아, 나보다 열다섯 살이나 젊은 저자가 이렇게 박학하구나' 하는 못난 자의식이 내 머리를 맴돌았던 거지. 물론 박학이 깊이를 뜻하지는 않아. 내가 앞에서 이 책을 풍경이라고 말한 것은 그런 의미였어. 《에코랄리아스》를 언어학의 몸통 위에 올려놓으면, 대체로 음성학 음운론 역사언어학 정도가 부분적으로 겹칠 거야. 그렇지만 이 책은 언어학의 그런 분야에서 축적된 소위 '이론'과는 거의 아무런 관계가 없는 지식의 모음이야. 그 지식을 모아서 그려낸 풍경화가 색채의 미묘함도, 원근법의 능숙함도 모자라 걸작이라고는 할 수 없어. 그게 이 책의 첫 번째 단점이야. 게다가 이 풍경화를 충분히 감상하는 건 일반 관람객에게 쉽지 않을 거야. 《에코랄리아스》를 읽으며 재미를 느끼려면 서남아시아와 유럽의 많은 언어를 수박 겉핥기식으로라도 이미 익힌 뒤여야 해. 그렇지만 독자들 가운데 그런 사람이 얼마나 많을까?

제3장 '알레프'를 읽으며 배움의 기쁨을 느끼려면, 히브리어나 아랍어를 알진 못하더라도 히브리문자나 아랍문자를 읽을 수는 있어야 하고, 제4장 '멸종 위기의 음소들'이나 제9장 '지층'을 즐기려면 서유럽어 대부분과 라틴어를 조금은 알고 있어야 해. 제17장 '언어분열증'과 제20장 '천국의 시인들'을 읽으며 흥미를 느끼려 해도 마찬가지야. 제5장 'H와 그 친구들'은 서유럽어(의 역사)에 대해 조금만 알고 있으면(예컨대 라틴어 f가 현대스페인어에서 h로 계승되고 있다거나, 독일어 이름 '하인리히'가 불어에서는 '앙리'라는 걸 안다면) 〈딴지일보〉 기사만큼이나 재미있는 글인데, 그런 지식이 없는 독자에게는 전화번호부나 인명사전에 견주어야 겨우 참아내며 읽어낼 글이 되기 십상일 듯해. 저자소개를 보니 대니얼 헬러 로즌은 이탈리아어, 프랑스어, 독일어, 스페인어, 프로방스어 같은 현대 언어들만이 아니라 그리스어, 히브리어, 라틴어, 아랍어 같은 고전어에도 능한 '언어천재'인 모양인데, 그는 자신이 알고 있는 언어들에 대해 약간이라도 알지 못하면 읽는 데 큰 재미를 느끼지 못할 책을 쓰고 말았어. 그게 《에코랄리아스》라는 책의 두 번째 단점이야. 그러나 그런 단점을 벌충하고 남을 장점이 있으니, 그게 내가 앞서 말한 저자의 예외적 박식이지. 틀린 말도 하기는 해. 예컨대 저자는 '유대스페인어(주데스모)'와 '라디노'를 같은 것으로 알고 있는데, 그 둘은 다른 언어거든.

　　내가 이 책의 번역자라면 거의 모든 페이지에 주를 달아서라도, 이 책이 현대 서유럽어나 고전 서남아시아어를 전혀 모르는 여느 독자들에게 쉽게 다가가도록 만들었을 거야. 그럴 정성이 없다면, 이 책을 아무리 재미있게 읽었다 할지라도 번역을 포기했을 거야. 이건 번역자를 탓하는 말이야. 그러나 번역 문장 자체는 깔끔하고 투명해. 이건 번역자를 추어주는 말이야.

나는 《에코랄리아스》를 매우 재미있게 읽었고(이건 의도된 잘난 척이야), 이 책에서 적지 않은 것을 배웠어(이건 겸손이 아니라 솔직한 고백이야). 그렇지만 이 책이 모든 사람에게 재미있거나 유익하지는 않을 거야. 요즘의 여느 한국인들에게 익숙한 외국어는 영어를 빼놓으면 일본어나 중국어니까. 그렇지만 우리가 어떤 책을 읽으며, 저자가 거기 벌여놓은 지식을 남김없이 흡수할 필요는 없어. 《에코랄리아스》처럼, 담긴 지식들이 비체계적이고 잡다한 책은 더욱 그래. 이 책의 각 장은 서로 유기적 관련이 없어. 그래서 눈을 끄는 제목을 단 장을 먼저 읽어도 돼. 이 책의 독자들은 실용성과 무관한, 그러나 매우 흥미로운 지식을 얻게 될 거야.

2016. 4. 20.

유럽 예술을 원근법으로 보다

지난 번 이 자리에서 《에코랄리아스》에 대해 얘기하며, 저자의 박학이 놀라웠다고 했지? 확실히 어떤 책들은 단순한 박학만으로도 독자들에게 깊은 인상을 남겨. 《에코랄리아스》가 그런 책이야. 그러나 《에코랄리아스》처럼 잡다하게 나열된 지식들에 맥락이 부여되지 않고 입체성이 부족하면, 백과사전을 훑어본 느낌이 들어서 뭔가 좀 허전해. 앎이 기쁨으로 이어지려면, 넓이만이 아니라 깊이도 필요하거든. 그렇지만 그 둘 다에 이르는 게 쉬운 일은 아니지. 《에코랄리아스》의 저자는 뛰어난 연구자이자 비평가일지 몰라도, 그 책 자체는 박이부정博而不精의 예를 보여주고 있어. 그런 책은 고전이 되기 힘들어. 고전이 되려면 지식들에 맥락을 부여하는 원근법이 필요해. 그런 고전 가운데 하나가 아르놀트 하우저의 《문학과 예술의 사회사》라는 책이야.

이 책의 독일어판 원서가 몇 권으로 나왔는지 모르지만, 한국어판은 창작과비평사, 아니 지금은 창비사라고 불러야겠지, 창비사에서 네 권으로 번역돼 나왔어. 이 한국어판은 개정판이 나오면서 역자들의 변동이 있었는데, 그냥 백낙청, 염무웅 두 분 이름만 적을 게. 염무웅 선생이야 독문학자시니 이 책의 번역자로 어색하지 않지만, 영문학자인 백낙청 선생도 끼었어. 사실이 책의 번역을 기획하고 주도한 이는 백낙청 선생으로 알고 있어. 백 선생은 흔히 영문학자로만 알려져 있지만 하이데거를 중심으로 한 20세기 독일 지성사에도 친숙한 분이지. 얼핏 듣기로는 브라운 대학에서 영문학과 독문학을 복수전공하셨다고 그러대. 게다가 시기적으로는 가장 뒤이지만 한국어판으로는 맨먼저 나온 '현대편'의 해설에서 백 선생은 번역대본으로 독일어판을 주로 쓰면서 영역본과 일역본도 참조했다고 밝히고 있어. 청년 백낙청은 이 책을 번역할 충분한 자격을 갖추고 있었던 셈이지.

어떤 한 분야 예술의 통사를 쓰는 것만도 쉬운 일은 아니야. 한국문학사를 전공하는 젊은이들의 필독서라 할 조동일 선생의 《한국문학통사》는 그 자체로 저자의 대표작이라고 할 수 있어. 그런데 문학을 비롯해서 조형예술, 연극, 음악, 그리고 영화까지를 망라해 통사를 쓴다는 야심을 하우저는 어떻게 품었을까? 영화는 역사가 그리 오래 되지 않으니 그렇다고 하더라도(이 책의 내용 가운데 한국에 가장 먼저 소개된 부분이 이 책의 마지막 장 '영화의 시대'야. 계간지 《창작과 비평》 1966년 가을호에서지), 예술의 거의 모든 분야를 가로지르며 선사시대부터 20세기 중반까지의 역사를 쓰겠다는 기획 자체가 평범한 연구자로서는 꿈도 꾸지 못할 일이지. 더구나 한 나라의 예술이 아니라 유럽 예술 전체를 대상으로 말이지. (《문학과 예술의 사회사》라는 제목 앞에 유럽이나 서양이라는 말이 붙지 않은 것은 하우저의 유럽중심주의를 드러낸다고 해석할 수밖에 없어. 고대편에서 이집트를 포함한 오리엔트 예술이 조금 다뤄지고, 영화를 기술하는 데서 미국 얘기가 조금 나오지만, 이 책은 유럽 이야기일 뿐, 전세계 얘기는 아니야.) 그러나 비범한 연구자인 하우저는 그 일을 비교적 성공적으로 이뤄냈어. 책 제목에서도 드러나듯, 《문학과 예술의 사회사》는 '사회사'라는 틀로 예술의 진화와 흥망성쇠를 그려내고 있어. 세상의 모든 일이 그렇듯, 문학과 예술도 사회적 진공상태에서는 존재할 수 없다는 것이 하우저의 확고한 믿음이었으니까. 그러니까 이 책은 문학사이자 예술사이면서 동시에 사회사이기도 해. 그래서 혁명이나 반동 같은 당대의 급격한 사회변동이나 예술가의 사회적 지위, 예술 향수자들의 확산 같은 데도 많은 지면을 할애하면서 그것을 예술작품들(에 대한 평가)과 연결시키지. 저널리즘과 문학의 관계를 따져보는 것도 그런 노력의 일환이고.

독일어 원서야 시간순으로 나왔겠지만, 한국어판은 앞에서 말했듯, '현대편'이 제일 먼저 나왔고, '고대 중세편' '근세편 상' '근세편 하'가 그 뒤를 이었어. 근세편 두 권은 르네상스부터 19세기 중반까지를 다루고 있는데, 근세라 불리는 이 500년 가까운 시절이 인류 예술사가 가장 활발했던 시기였다는 뜻일 수도 있고, 그와 무관하게 그 시절이 어떤 알 수 없는 계기로 하우저의 눈길을 가장 세심히 받았다는 뜻이기도 하겠지.

나도 처음에는 이 책을 한국어 번역판이 나온 순서대로 읽을 수밖에 없었어. 네 권으로 완간된 게 1981년인데, 그 뒤 이번에는 시대 순으로 다시 읽어봤어. 그런데 이 글을 쓰기 위해 책 네 권을 다시 펼쳐보니 내가 밑줄 친 본문조차, 그리고 악필로써 갈겨놓은 메모조차 처음 보는 듯 낯설더군. 그런 한편 내가 이 책을 읽을 때의 벅찬 감정은 거의 고스란히 되살아났어. 나는 이 책에서 트레첸토, 콰트로첸토, 친퀘첸토라는 이탈리아어 단어를 처음 접했고, 매너리즘의 예술사적 의미를 알게 됐고, '부르주아'라는 말의 새로운 이미지를 얻었어. 그때까지 몰랐던 많은 예술가들의 이름도 알게 됐지.

그러나 2000년이 넘은 세월 동안 인류가 축적한 예술의 역사를 사회적 관점에서 만족스럽게 기술한다는 것이 네 권의 책으로 가능할까? 아마 거의 불가능할 거야. 그런 불가능한 일을 억지로 가능하게 만든 탓에《문학과 예술의 사회사》의 가독성이 아주 높지는 않아. 적은 텍스트에 많은 내용을 담으려다 보면 문장들이 바짝 조여들 수밖에 없는데,《문학과 예술의 사회사》의 문장들이 바로 그래.《문학과 예술의 사회사》는 난삽한 철학과는 전혀 무관한 책인데도, 술술 읽히지 않아. 번역자들을 탓하는 게 결코 아니야. 이 책의 번역자들은 당대 최고 수준이었으니까. 나무랄 데 없이 깔끔한 한국어 문장인데도 술술 읽히지 않고 빽빽한 이유 하나는 이 책의 저자가 예술사에 대한 기본적 지식을 지니고 있는 사람들을 독자로 상정해서 그런 것 아닌가 싶어. 사실 예술사의 문외한이 이 책을 읽는다면, 읽은 문장을 또 읽고 또 읽고 하는 일이 잦을 거야. 바로 내가 이 책을 처음 읽었을 때처럼. 문장들 자체가 긴장돼 있고, 한 문장과 그 다음 문장 사이에는 미리 습득된 역사적 교양으로만 메울 수 있는 공백들도 보여. 그렇다는 것은 예술사의 문외한이 이 책을 읽기 위해서는 상당한 지적 허영심이 필요하다는 뜻이기도 해.

또 한정된 지면에 그 장구한 시간을 담다 보니 어쩔 수 없이 소략한 기술들이 여러 군데서 보여. 나는 신문사의 문화부 기자로 일하면서 더러 이 책을 참고서로 사용하곤 했는데, 만족스러운 적이 거의 없었어. 예컨대 바로크 예술에 대해서나 매너리즘에 대해서, 또는 르네상스 시기의 천재 개념에 대해서 좀 긴 기사를 쓰려고 이 책을 훑어보면 거의 도움이 되지 않았어. 그것들에 대한 기술이 너무 소략했기 때문이야. 이 책이 문학과 예술의 백과사전이 결코 아니라는 뜻이지.

아무튼 이 책은 유럽 문학과 예술사의 고전이라 할 만한 책이야. 내 경험에 비춰보면, 꼭 시대순으로 읽을 필요는 없을 듯해. 외려 '1830년 세대'가 첫 장인 '현대편'부터 읽는 게 덜 낯설 것 같아. 지지난주 총선 결과에 만족한 사람, 불만인 사람, 절망적이 된 사람 모두에게 이 책의 일독을 권해. 독서는 상한 마음을 달래주고, 경박한 기쁨을 줄여주니까.

2016. 5. 7.

읽을 때마다 느낌이 다른 두 권의 책

학교 교과서나 참고서를 비롯한 학습서를 빼놓으면 한번 읽은 책을 다시 읽는 사람은 드문 것 같아. 물론 '고전'이라 불리는 책들은 되풀이해서 읽는 사람들이 있지만, 나는 그런 버릇을 들이지 못했어. 문학작품이든 인문학 사회과학 서적이든 그것들이 아무리 공인된 고전이라 하더라도 되풀이해서 읽은 적은 많지 않아. 물론 글을 쓰다가 인용하기 위해 확인하려고 책의 한두 대목을 다시 펼쳐보는 일은 흔히 있지만.

시집은 다르지. 고전이든 아니든, 내가 좋아하는 시집을 나는 거듭 읽어. 그건 그 시집들에 묶인 시들을 다 외지 못해서이기도 하고, 좋은 시를 읽을 때는 마치 그 시를 이루는 언어랑 섹스를 하는 느낌이어서, 일종의 '성욕' 때문에 시를 다시 읽게 되는 것 같아.

세월이 쌓이면 입맛이 변하듯(나는 젊은 시절 한때 설렁탕을 아주 좋아했는데 지금은 그 음식이 그리 당기지 않아. 반면에 젊은 시절엔 시큰둥했던 생선초밥과 생선회를 요즘엔 아주 좋아해), 독서 취향도 변하는 듯해. 젊어선 시보다 소설을 더 즐겨 읽었는데, 요즘은 소설을 거의 읽지 않거든. 사실 젊어서 좋아했던 소설도 '고전'으로 꼽히는 순문학 작품이 아니라 장르소설들이었어. 애거서 크리스티의 추리소설이라든가, 아서 클라크, 로버트 하인라인, 아이작 아시모프 같은 작가들의 과학소설들 말이야. 그런데 장르소설 가운데도 환상소설에는 별로 손이 가지 않았어. 내 이성이 납득할 만하게 결말이 이뤄지지 않는 소설들을 좋아하지 않았다는 뜻이야.

추리소설과 과학소설에 빠져 있던 시절이 20대 중반부터 30대 말까지였는데, 묘하게도 이 소설들 중에서는 여러 차례 읽은 작품이 많아. 가령 나는 애거서 크리스티의 소설을, 중단편들을 제외하고는 거의 다 읽은 것 같은데, 꽤 여러 편을 되풀이해서 읽곤 했어. 그런데 그 이유가 그 작품이 유난히 재미있어서가 아니었어. 어떤 뛰어난 소설가도 새로 쓰는 소설마다 완전히 새로운 플롯을 만들어내지는 못해. 애거서 크리스티의 작품 역시 한 열댓 권 정도 읽고 나면, 그 다음부터는 작가와 머리싸움을 하면서 범인이 누구인지 알아맞힐 수 있는 경우가 많아. 사실 그 재미로 추리소설을 읽는 거기도 하고. 그런데 크리스티의 소설을 스무 권 너머 읽다 보면, 이제 그의 어떤 소설을 읽었는지 안 읽었는지가 기억나지 않을 때가 있는 거야. 여하튼 내 경우는 그랬어. 이미 읽은 소설이라면 다시 읽지는 않았을 텐데, 읽었는지 안 읽었는지가 가물가물하니까 안 읽은 소설로 여기고 읽는 거지. 그러다가 중간쯤 읽었을 때, 아, 이거 내가 이전에 읽은 작품이구나, 하고 깨닫게 되지. 그럴 때쯤이면 책을 집어던지는 게 아니라, 그냥 끝까지 읽게 돼. 나처럼 기억력이 그리 좋지 않은 사람에게 이로운 점 하나는 소설 한 권을 여러 번 즐길 수 있다는 거지. 크리스티의 작품들을 비롯한 추리소설들만이 아니라, 과학소설들 가운데도 기억력이 모자라서 '내 뜻과 달리' 여러 번 읽은 책들이 있어.

그런데 '다시 읽고 싶어서' 여러 번 읽는 책이 내게는 두 권 있어. 오늘은 그 책들 얘기를 하려고 해. 첫째는 1981년에 민음사에서 1쇄가 나온 《김수영 전집2: 산문》이야. 나는 김수영의 시도 좋아해서 전집1로 묶인 그의 시들도 더러 펼쳐보지만, 산문전집만큼 되풀이해서 읽지는 않았어. 이 책을 처음 읽은 게 35년 전인데, 그 35년 동안 이 책을 몇 번이나 읽었는지 가늠도 되지 않아. 물론 처음 두세 번까지는 처음부터 끝까지 순서대로 읽어나갔으니 몇 번 읽었네, 하고 짐작할 수 있지만, 그다음부터는 빈 시간에, 특히 잠자리에서 아무 페이지나 펼쳐가며 읽었으니 이 책을 정확히 몇 번 읽었다고 말하는 건 불가능하지. 모든 책이 그렇지만, 처음 읽을 때와 두 번째 읽을 때와 수십 번째 읽을 때의 느낌이 똑같지 않아.

다른 책의 예를 든다면 나는 조지 오웰의 《1984》를 십대에 처음 읽었고, 나중에 어른이 돼서 다시 읽었어. 두 번째 읽은 것은 그 소설에 대해 단평을 쓰기 위해 의무적으로 읽은 거였어. 그런데 십대 때 읽은 《1984》의 충격이 감시사회의 무서움이었다면, 나중에 어른이 돼 다시 읽은 《1984》의 충격은 어떤 사랑도 자신의 육체적 고통을 대수롭지 않게 여길 만큼 강하지는 못하다는 깨달음의 씁쓸함이었어. 나는 지금도 조지 오웰이 이 소설을 통해 독자들에게 전하려 한 메시지가 전자 못지않게 후자인 것이 아닌가 생각해.

김수영의 산문들도 읽을 때마다 느낌이 달라. 그것은, 모든 좋은 텍스트는 여러 겹의 의미를 지녀서 해석의 지평을 크게 열어놓는다는 뜻이기도 하고, 똑같은 텍스트일지라도 독자들이 거기서 얻어내는 메시지는 저마다 다르다는 뜻이기도 할 거야. 김수영 산문전집을 처음 읽은 게 스물세 살 때인데, 읽을 때마다 이 텍스트가 내게 조금씩 다르게 다가온다는 것은 20대의 나와 30대, 40대, 50대의 내가 그 정체성의 연속에도 불구하고 아주 같은 사람은 아니라는 뜻이겠지. 내가 변함에 따라 김수영 산문의 메시지도 달라진다는 거지. 처음 읽었을 때는 김수영 산문에서 드물지 않게 발견되는 오문이 마음에 무척 걸렸어. 그런데 되풀이해 읽어나가면서 이 책에 묶인 글들이 쓰인 시기에 일반적이었을 울퉁불퉁한 한국어문체를 생각하게 되고, 김수영이라는 사람이 한국어 문장보다는 일본어 문장에 더 익숙했을 것이라는 데에 생각이 미치게 되고, 무엇보다도 그 산문들이 나왔을 때의 한국문화의 가난함을 고려하게 되더군. 그러다 보니 이 책에 묶인 글들이 점점 좋아졌어. '시여, 침을 뱉어라'처럼 잘 알려진 산문만이 아니라, 이 책에 실린 글 모두가 잘났으면 잘난 대로, 못났으면 못난 대로, 정이 가는 거야. 그것은 김수영 산문이 지닌 극도의 정직성 때문일 거야. 이 산문집에서 드러나는 김수영은 절대 겸손한 사람이 아니야. 자기가 잘난 것을 아는 사람이고, 저보다 못난 사람에게 면박을 줄 줄 아는 사람이지. 확실한 것은 김수영이 당대의 한국문화를 훨씬 뛰어넘은 혜안을 가진 산문가였다는 사실이야.

내가 기꺼이 되풀이해서 읽는 또 한 책은 문학비평가 김현 전집의 제15권에 묶인 《행복한 책읽기》 부분이야. 1992년에 문학과지성사에서 나왔지. 이 《행복한 책읽기》는 그 부분만 따로 떼어내서 《행복한 책 읽기: 김현 일기 1986~1989》라는 표제로 지난해 말에 개정판이 나왔어. 개정판이라고는 하지만, 판형이 달라진 것일 뿐 내용은 그대로야. 김현이 작고한 해가 1990년이니까 《행복한 책읽기》는 김현 만년의 독서일기라고 할 수 있지. 그렇지만 순수한 독서일기는 아니야. 김현은 이 책 안에다가 그 시절 독서 체험만이 아니라 자신의 일상을 촘촘히 박아놓았어. 그래서 이 책은 김현을 연구하는 사람에게는 일종의 전기적 자료 역할도 할 수 있을 거야. 사실 그건 김수영 산문 전집도 마찬가지인 것이, 그 책 역시 텍스트에 대한 평가와 자기 일상을 버무려 놓았거든.

김수영 산문 전집과《행복한 책 읽기》를 견줘 읽다보면, 처음에 들어오는 게 문체의 다름이야. 김현 산문의 문체가 김수영의 그것보다 훨씬 더 세련됐다는 게 한눈에 들어와. 그러나 그것은 개인 김수영과 개인 김현의 차이를 반영하는 것 이상으로 김수영 세대와 김현 세대의 차이를 반영하는 걸 거야. 김수영과 김현의 나이 차는 스물하나. 김수영이 1921년생이고, 김현이 1942년생이지. 한국어 문체가 변한 속도는 그리도 빨랐던 거야. 김현의《행복한 책읽기》를 읽다보면 김현 역시 김수영처럼 당대의 한국문화를 뛰어넘은 사람임을 알 수 있어. 언어랑 섹스를 하는 느낌은 주로 시를 읽을 때 생기는 법인데, 나는 김현의《행복한 책읽기》를 읽을 때도 그래. 이리 말하고 보니 또 슬며시 '성욕'이 치밀어오르네그려.

2016. 5. 25.

'영국 문학'이 된《채식주의자》

너무 호들갑 떨면 작가 자신도 민망할 테지만, 얼마 전 한국 문단에 경사가 하나 있었어. 짐작들 하시겠지만, 소설가 한강 씨가《채식주의자》로 맨부커상 국제 부문 수상자가 된 거 말이야. 어쩌면 한강 씨의 수상으로 맨부커상이라는 걸 처음 들어본 이들도 있을지 몰라. 그냥 부커상이라고 하면, 아, 그 상, 이름은 들어봤지, 할 사람들이 많을 것 같아. 금융기업 맨 그룹Man Group이 상금을 후원하면서 2002년에 맨부커상이라고 이름을 바꾼 부커상은 영어권에서 가장 권위 있는 문학상들 가운데 하나야. '문학상들 가운데 하나'라고 약간 뒤로 물러선 것은 상의 권위에 순위를 매기는 게 과연 옳은지 몰라서 그랬어. 예컨대 퓰리처상과 맨부커상 중 어느 것이 더 권위 있는지 판단하기는 쉽지 않아. 아무튼 1968년 유통기업 부커그룹Booker Group이 제정한 부커상(부커매코넬상이라고도 해)을 지금은 맨부커상이라고 불러. 사실 지금 도 그냥 줄여서 부커상이라고 부르기도 해. 부커상은 당초 영연 방국가들과 아일랜드, 짐바브웨 출신 작가들이 영국에서 출판한 영어 소설들만을 대상으로 시상하다가 2013년 작가의 국적 제한을 없앴어. 아, 그리고 그 전인 2005년에 국제 부문을 추가했어. 이 맨부커국제상은 원래 영국 바깥의 영어권에서 영어로 출간된 소설까지를 수상 대상으로 삼았는데(예컨대 이스마일 카다레 같은 알바니아 작가만이 아니라 필립 로스나 리디아 데이비스 같은 미국 작가들도 이 상을 받았어), 올해부터는 원작이 영어로 되지 않은 작품들 가운데 영어로 번역돼 영국에서 출판된 소설들만을 대상으로 삼고 있어. 설명이 좀 복잡한가? 되풀이하자면 맨부커 국제상은 원래 영어로 '집필된' 소설의 작가에게도 주었는데, 올해부터는 영어로 '번역된' 소설의 원작자에게만 준다는 거야. 이렇게 새로 개편된 맨부커 국제상의 첫 번째 수상자가 바로 한강 씨고. 영어로 '번역된' 작품만을 대상으로 한다는 것은 당연히 '번역자'의 역할을 두드러지게 만들지. 그래서 개편된 맨부커 국제상은 원작자와 영어번역자가 공동수상해. 그래서 요번에도 한강 씨 혼자 이 상을 받은 게 아니라, 《채식주의자》를 번역한 데버러 스미스가 함께 상을 받았어. 속되게 말하면 상금을 반으로 나눈 거야.

　이상한가? 작품을 '창작'한 작가와 그 텍스트를 '번역'했을 뿐인 번역자의 공로를 똑같이 인정하는 게 말이야. 사실 전혀 이상하지 않아. 한강 씨의 소설《채식주의자》는 데버러 스미스의 번역을 통해 영국 독자들에게 읽히는 순간, 영국 문학의 일부가 되었기 때문이야. 물론 그 기원은 한국 문학이지만. 이 말이 너무 과격하게 들릴지 모르겠네. 우리가 고등학교 국어 시간에 배운《두시언해》는 중국 문학에 속할까 아니면 한국 문학에 속할까? 두 나라 문학에 다 속해. 그러나 나는 한국 문학에 '더' 속한다고 생각해. 중세 한국어로 번역된 두보의 시는 중국어 사용자들보다 한국어 사용자들에게 더 큰 의미를 지니거든.

한강 씨의 맨부커상 수상으로 이야기를 꺼낸 것은 오늘 번역과 그에 관련된 책에 대해 얘기하기 위해서였어. 인류문화사, 문명사의 전개에서 번역이 맡아온 역할은 말로 형용하기 힘들 만큼 중요했어. 그렇지만 번역 행위라는 것 자체에 대한 지적 탐색에 사람들은 인색했지. 그나마 서양에서는 '번역이란 무엇인가?'에 대한 성찰이 때때로 시도됐지만, 동아시아에서는 도쿠가와 바쿠후 시대의 란가쿠蘭學(네덜란드 언어와 문명에 대한 연구)와 메이지 유신 이후의 요가쿠洋學(영어를 비롯한 서양언어와 서양 문명에 대한 연구) 이전에는 지식인들도 번역이라는 작업에 무심했어. 물론 중국 고전을 어떻게 이해하느냐에 따른 논쟁의 결과로 '해석학'이라 부름직한 지적 담론은 활발했지만, 그건 '번역학'과는 꽤 거리가 있는 학문이야.

자, 얼마 전 맨부커국제상을 탄 텍스트는 《채식주의자》일까? 그렇지 않아. 그 상을 수상한 텍스트는 《The Vegetarian》이야. 거기까지는 납득하시겠지? 그렇다면 《The Vegetarian》이라는 영어텍스트의 '저자'는 한강 씨일까, 아니면 29세의 영국 여성 데버러 스미스일까? 나는 데버러 스미스라고 생각해. 다만, 데버러 스미스의 《The Vegetarian》은 한강 씨의 《채식주의자》를 표절한 작품이야. 의도적으로, 섬세하게, 철저히 표절한 작품이지. 내가 지금 하고 있는 말이 기이하게 들릴지도 몰라. 번역학을 연구하는 이들 가운데서도 이 의견에 공감하는 이들이 거의 없을 거야. 그러나 나는 다음 명제에 굳은 믿음이 있어. "모든 번역 텍스트의 저자는 번역자인데, 그 번역자는 원저자를 표절한 것이다. 그리고 원문을 잘 표절한 번역 텍스트일수록 '공식적으로는' 잘된 번역이라고, 좋은 번역이라고 평가된다!"

나는 한강 씨의 《채식주의자》는 읽어봤지만, 데버러 스미스의 《The Vegetarian》은 읽어보지 못했어. 그렇지만 《The Vegetarian》이 《채식주의자》를 매우 섬세하고 꼼꼼하게 표절했으리라는 확신은 있어. 그러지 않았다면 한강 씨가 맨부커국제상의 수상자가 되지 못했을 테니까. 그렇게 섬세하고 꼼꼼하게 표절해 영어 텍스트를 짜낸 데버러 스미스에게 상금의 반이 돌아가는 것은 너무나 당연한 거야.

번역에 대한 내 생각만으로 이 난을 채울 수는 없지. 역사적으로 번역이라는 중요한 문화행위에 대한 탐구가 없던 것에 한 풀이라도 하듯, 지금 한국에는 번역을 주제로 한 책들이 수십 종은 쏟아져 나와 있을 거야. 한국인이 한국어로 쓴 책이든, 외서를 번역한 책이든. 그렇지만 내 독서범위 안에서 그 책들 가운데 읽을 만한 것은 매우 드물어. 대개는 번역이라는 행위 자체에 대한 지적 탐구가 아니라, 외국어(사실상 영어)를 번역하는 기술에 관한 책들이야. 그렇지만 그런 기술적 수준의 지식을 전달하는 책들 가운데서도 뛰어난 책이 있는데, 전문번역가 이희재 씨가 쓴《번역의 탄생》(교양인)이라는 책이 그래. 어떤 분야든 오래, 깊이 파고들면 미립을 얻게 마련이지.《번역의 탄생》은 자신의 번역 경험을 바탕으로 삼아 좋은 번역과 나쁜 번역의 예를 들며, 굳이 내 식으로 얘기하자면 '섬세하고 꼼꼼한 표절'이 뭔지를 알려줘. 이 책을 읽다 보면 저자가 한국어 감각에 거의 맞먹는 영어 감각을 지니고 있다는 걸 알 수 있어.

그러나《번역의 탄생》은 '번역학'에 대한 책은 아니야. 번역에 대한 이론적 탐구를 엿볼 수 있는 책으로는 데이비드 벨로스의《내 귀에 바벨 피시》(정해영, 이은경 옮김, 메멘토)와 고려대 조재룡 교수의《번역하는 문장들》(문학과지성사)을 읽었으면 해. 데이비스 벨로스나 조재룡이나 그 학문의 바탕은 불문학인데, 이 책들을 보면 그들을 번역학자라고 불러도 좋을 것 같아. 번역이란 무엇인가, 온전한 번역이라는 게 가능한가, 중역重譯은 반드시 나쁜 것인가, 운문의 번역은 가능한가, 하는 이론적 쟁점들을 다루고 있는 책들이야. 두 책 다 술렁술렁 읽히는 책은 아니야. 그렇지만 문장들을 곱씹는 맛도 나쁘지 않아. 조재룡의 《번역하는 문장들》들에 대해선 한마디 찬사를 하고 싶은데, 이 책을 통해 한국에 《번역학》이 탄생했다고 말해도 과언이 아니야.

찜찜하지만, 남 험담으로 이 글을 마무리해야겠네. 한강 씨의 맨부커국제상 수상 소식이 전해진 이튿날 한 조간신문에는 이 경사의 의미를 되새기는, 잘 알려진 문학비평가의 글이 실렸어. 그 글 앞부분에 이런 대목이 있어. "해방 이후 한국 문학은 한글의 우수성에 힘입어 독자적으로 생장할 수 있었다. 그러나 또한 한글의 고립성 때문에 유통에 심각한 곤란을 겪어 왔다." 무슨 말인지들 혹시 이해가 되셔? 나는 도통 무슨 말인지 모르겠어. 여기서 필자가 말하는 '한글'이란 도대체 뭘까? 그리고 그 '우수성'이란 또 뭘까? 더 나아가 그 '고립성'이란 또 뭘까? 앞의 '한글'이랑 뒤의 '한글'은 같은 뜻일까 다른 뜻일까? 이런 문장은, 과장하자면, 한국어에 대한 테러야. 이런 테러가 다른 사람들도 아닌 문인들의 손을 통해 매일 저질러지고 있어. 김수영 이후 반세기가 지났는데도, 우리는 아직 문학 이전에 있어. 아니면 문학을 누락한 채 문학 너머로 날아와버렸는지도 몰라.

2016. 6. 9.

고전이란 어떤 책들일까

고전을 읽으라는 말을 우리는 자주 들어. 그런데 여기서 고전이
란 어떤 책들일까? 얼른 떠오르는 게 서양의 경우엔 플라톤과
아리스토텔레스의 저서들이고 동양의 경우엔 공자와 맹자의 저
서들이네. 플라톤과 아리스토텔레스, 공자와 맹자는 확실히 지
적으로 비범한 사람들이었어. 그런데 이 사람들의 '앎'이 평균적
현대인의 '앎'보다 넓거나 깊을까? 그럴 수는 없어. 이들은 우리
보다 2000~3000년 전 사람들이고, 그 2000~3000년간 우리 인
류는 많은 '앎'을 축적해왔으니까. 화이트헤드라는 영국 철학자
는 서양철학사를 '플라톤의 각주'에 불과하다고 말한 적이 있어.
플라톤에 대해 최고의 찬사를 한 거지. 그렇지만 이건 그저 수사
에 불과해. 나는 화이트헤드 자신도 제 말을 곧이곧대로는 믿지
않았을 거라고 생각해.

플라톤은 여덟 개의 행성이 스스로 돌면서 항성 하나의 주위를 도는 태양계에 대해 아무것도 몰랐고, 사람의 마음이 뇌의 신경전달물질이나 호르몬에 따라 달라진다는 것도 몰랐고, 소형 컴퓨터라 할 스마트폰은커녕 자동차나 비행기나 잠수함에 대해 아무것도 몰랐어. 그가 지닌 지식은 오래전의 낡은 지식이거나 틀린 지식이어서, 오늘날 플라톤이 나타난다면 그는 지식인 축에 끼이지도 못할 거야. 과학소설가이자 영화평론가인 듀나라는 이는 이 점을 강조하며, 옛 사람들이 어른이고 지금 우리가 어린이인 것이 아니라, 그 반대로 옛사람들이 어린이고 우리가 어른이라고 말했어. 생각해보면 당연하지. 우리는 플라톤에 견주어 더 성장했고, 그 성장 과정에서 많은 지식을 습득하고 축적했으니까.

고대 지식인들의 책들이 허접하다는 얘기는 아니야. 그들은 옳은 말도 했고, 틀린 말도 했지만, 그들에게서 우리가 배울 지식은 거의 없다는 얘기야. 비유하자면 우리는 대학원생이고 플라톤은 유치원생인 격인데, 대학원생이 유치원생에게 배울 것은, 설령 있다 해도, 거의 없을 거야. 그래서 나는 '고전을 읽자'는 구호 아래 고대인들의 책을 읽는 캠페인을 벌이는 사람들을 보면 좀 딱해. 물론 그 책들을 읽어서는 안 되는 것도 아니고, 반드시 읽어야 할 사람들이 있는 것도 사실이야. 지식의 역사, 곧 지성사는 인간의 지식 가운데 중요한 영역이니까, 그걸 전공하는 사람들은 고대인들의 책을 읽을 필요가 있지. 또 아무런 실용적 목적 없이 고대인들은 세상을 어떻게 바라보았을까 궁금한 사람들은 플라톤이나 맹자를 뒤적일 수 있어. 그렇지만 그런 '고전 중의 고전'들은 현대를 사는 우리가 반드시 읽어야 할 책들은 아니야. 고대의 어느 누가 어떤 틀린 말을 했는지 확인하느라고 그 사람의 책을 읽는 것은 그렇게 보람찬 일이 아니지.

물론 우리가 고전이라고 부르는 책들이 고대인들의 저술만은 아니야. 그리고 고전은 말 그대로 전범이 되는 책이니 그 가운데 읽어야 할 책들이 많아. 그렇지만 나는, 문학 작품을 제외하고는, 근대 이전의 고전이 반드시 읽어야 할 책들은 아니라고 생각해. 우리가 교양인이 되기 위해 고대인들의 책을 반드시 읽어야 하는 것은 아니라는 뜻이야. 문학 작품들을 제외하면, 우리가 읽어야 할 것은 흔히 근대라고 부르는 시대 이후의 고전들이야. 근대 이후의 고전들에도 낡은 지식들이 적잖이 포함돼 있는건 사실이지만, 그 고전들의 대부분은, 자연과학 고전들이 아니라면, 지금도 우리에게 지적 자극을 주고 있지. 근대라고 말하니까 좀 막연한데, 나는 유럽 르네상스 이전의 고전들은 거의 읽을 필요가 없고 그로부터 한두 세기쯤 지난 뒤의 고전부터가 우리가 읽어야 할 고전들이라고 생각해. 그리고 그 고전들은 '철학'이라는 막연한 이름으로 묶여져 있던 개별 학문들이 독립선언을 하는 데 이바지한 책들이기도 하지. 내가 읽어본 그런 '근대 이후의' 고전 가운데 얼른 떠오르는 책들을 조금 나열한다면, 마키아벨리의 《군주론》, 애덤 스미스의 《국부론》, 존 스튜어트 밀의 《자유론》, 에드먼드 버크의 《프랑스혁명에 대한 성찰》, 르네 데카르트의 《제1철학에 관한 성찰들》, 찰스 다윈의 《종의 기원》, 프리드리히 니체의 《도덕의 계보》, 존 롤스의 《정의론》, 카를 포퍼의 《열린 사회와 그 적들》, 그리고 페르디낭 드 소쉬르의 《언어학 강의》 같은 책들이 그래. 나는 여기서 일부러 마르크스주의를 포함한 좌파의 고전을 하나도 넣지 않았어. 그러니까 내가 떠올린 고전 열 권은 내가 반마르크스 자유주의자로서, 어쩌면 보수주의자로서 편파적으로 떠올린 책들이야. 한 사람의 기대수명을 보수적으로 70살 정도라고 본다면, 근대 이후의 고전을 적어도 백 권은 넘게 읽어야 평균적 교양인이 될 수 있다고 나는 생각해. 그 백 권 가운덴 당연히 좌파적이라고 불리는 고전들이 포함돼야 하겠지. 또 문학작품도 포함돼야 하겠고. 내가 그 '근대적' 고전을 백 권 넘게 읽었는지는 나도 모르겠어. 사실 나는 읽어야할 '근대 이후의 고전 목록'을 작성해본 적도 없으니까.

오늘 얘기할 책은 내가 맨 마지막에 끼워 넣은 페르디낭 드 소쉬르라는 사람의 《일반언어학강의》야. 언어학이 워낙 주변적인 학문이다 보니, 이 책의 제목을 처음 들어보는 사람도 있을 거야. 그렇지만 《일반언어학강의》는 20세기 언어학만이 아니라, 문학연구 철학 인류학 정신분석학 사회학 등 인문학과 사회과학에 아주 커다란 영향을 끼친 책이야. 그것은 소쉬르가 이 책에서 언어가 '구조'라는 걸 발견했기 때문이야. 구조가 뭐냐고? 글쎄, 짧게 말하면 '유기적 관계들의 더미'라고나 할까? 사실 소쉬르는 '구조'라는 말 대신에 '체계'라는 말을 썼어. 그런데 그 후학들이 소쉬르의 '체계' 개념을 '구조'라고 바꿔 부르며, 구조주의라는 사조 또는 방법론으로 20세기 지성사를 뒤흔들어놓았지. 그들은 언어만이 아니라 친족관계나 인간의 무의식이나 문학 텍스트들도 '체계'라고, 다시 말해 '구조'라고 생각했거든. 소쉬르는 언어를 하나의 '체계'로, 곧 '구조'로 파악하면서 자신이 지적 혁명을 수행하고 있다는 사실을 아마 몰랐을 거야. 그래서 후배 언어학자인 조르주 무냉은 소쉬르를 '자신이 구조주의자인 줄 몰랐던 구조주의자'라고 평하기도 했어.

《일반언어학강의》가 처음 출간된 해는 1916년이고, 소쉬르의 몰년은 1913년이야. 어떻게 이런 일이 생겨났을까?《일반언어학강의》는 소쉬르의 유작일까? 넓게 보면 그렇다고도 할 수 있지만 사실은 그 이상이야. 소쉬르는 생전에《일반언어학강의》라는 책을 내지도 않았고, 원고 형태로 남기지도 않았어. 소쉬르는 다만 자신의 모교인 제네바대학에서 세 학기에 걸쳐 일반언어학을 강의했을 뿐이야. 일반언어학이 뭐냐고? 한국어학, 일본어학, 영어학 같은 개별언어에 대한 연구가 아닌, 언어 일반에 대한 연구를 일반언어학이라고 불러.《일반언어학강의》는, 세 학기에 걸친 소쉬르의 일반언어학강의를 들은 학생들의 노트를 밑절미 삼아 그의 제자인 샤를 발리와 알베르 세슈에가 편집한 책이야. 이 두 사람은 스승의 강의를 버려두기가 너무 아까워 책으로 되살린 거지. 그렇지만 수강생들의 강의 노트를 기반으로 책을 만들었으니, 그 책이 과연 소쉬르의 '진짜 생각'을 고스란히 담고 있는지는 아무도 모르지. 실제로 이 책을 읽다보면, 앞에서 한 주장이 뒤에서 부정되는 등 일관성이 모자라다는 게 보여. 그래서 《일반언어학강의》와 다른 자료를 통해 '진짜 소쉬르'를 찾기 위한 후배 언어학자들의 여정은 지금도 계속되고 있어.

그렇지만 그 '진짜 소쉬르'가 이 책에서 확립한 이분법은 그 뒤 언어학만이 아니라 많은 인접학문에도 차용돼. 예컨대 랑그langue와 파롤parole, 시니피앙과 시니피에, 형식과 실체, 연합관계와 통합관계, 공시적共時的과 통시적通時的 따위의 개념들이 그래. 이런 말들은 언어학 책에서가 아니더라도 어디에선가 들어보았을 거고, 그래서 귀에 그리 설지 않을 거야. 《일반언어학강의》를 읽는 것은 이런 개념들을 또렷이 이해하면서, 클로드 레비스트로스의 인류학이나 자크 라캉의 정신분석학에 노크를 하는 일이기도 해.

2016. 6. 24.

'수포자'에게 추천하는 수학책

'수포자'라는 말 들어보셨는지? '수학 포기자'의 준말. 내가 수포자가 된 건 중학교 3학년 때였던 것 같아. 어쩌면 중학교 2학년 때일지도 몰라. 2차함수를 배우면서 '아 이건 무슨 소린지 하나도 모르겠다' 싶더라고. 그렇다고 단번에 수학을 포기할 수는 없었지. 수학은 워낙 중요한 과목이니까. 수학이 얼마나 중요한 학문인지를 알았다는 게 아니라, 상급학교 진학에 수학성적이 얼마나 결정적인지를 알았다는 거야. 그래서 나도 나름대로 수포자의 길에서 벗어나려고 애는 써봤어. 그러나 소용이 없었어. 수학은 내게 매정했어. 고등학교 때 수열, 미적분은 나에게 외계 언어였어. 확률 통계만 겨우 따라갈 수 있었지. 수포자가 된 얼마 뒤, 불길한 예감이 들기 시작했어. 아, 수학이 내 인생을 뒤바꿔놓을 수도 있겠구나, 아주 나쁜 방향으로 돌려놓을 수 있겠구나.

그 예감은 이내 현실이 되었지. 내가 수학을 잘했다고 해서 반드시 자연과학이나 공학 분야의 직업을 선택하게 되지는 않았겠지만, 적어도 바라던 대학에 들어가기는 했겠지. 심지어 대학에서 이공계 학문을 전공하게 됐을지도 모르고. 그랬다면 내 가정경제는 지금보다 훨씬 더 안정적이었을 거야. 그게 아니더라도 지금처럼 컴맹 노릇을 하는 게 아니라 IT 기기들을 젊은이들만큼, 어쩌면 그들보다 더 자유롭게 다룰 수 있었을지도 모르고. 그러나 '현시창'은 내게도 어김없이 적용돼 나는 시시한 기자로 젊은 시절을 보냈고, 지금은 IT 기기를 겁내는 중늙은이가 되었어.

이따금, 내가 같은 조건에서 한 세대 늦게 태어났으면 내 삶이 얼마나 비참했을까를 상상하며 가슴을 쓸어내리곤 해. 나는 기자로 일할 때 원고지에 글을 쓰는 세대였고, 1990년대부터 컴퓨터로 글을 쓰는 게 대세가 됐을 때도 한글 문서 작성만 하면 됐거든. 그러니까 컴퓨터는 내게 워드프로세서 기능만을 했을 뿐이야. 그런데 요즘 기자들을 보면 랩톱과 각종 IT 기기를 들고 다니며 자유자재로 사용하더군. 아니, 2000년이 되기 전부터도 대학에선 수강신청을 인터넷으로만 받았다고 들은 것 같아. 수학이 인터넷과 직접적 관련은 없을지라도, 내가 'IT맹'이 된 것은 일찍이 수포자가 된 것과 무관치 않은 게 확실해. 다시 말해 내가 한 세대 늦게 태어났다면, 나는 경제적 사정과 상관없이 대학에 진학하지 못했을 수도 있고, 운이 좋아 대학졸업장을 손에

쥐었다 하더라도 무직자로 살았을 거야. 나는 액셀이 뭔지도 모르고, 매킨토시 컴퓨터는 아예 사용해보지도 못했으니까. 그러니까 하늘이 내게서 모든 것을 빼앗아간 건 아니야. 수포자도 살아갈 수 있는, 다소 헐렁한 시대에 나를 떨어뜨려놓았으니까.

그런데 묘하게, 성인이 된 뒤 내 독서목록에서 수학에 관련된 책들이 완전히 사라지진 않았어. 수학이 얼마나 재미있는 학문인지를 선전하는 책들이 많이 나와 있잖아. 내가 수포자였기 때문에, 외려 나는 그 책들을 꼬박꼬박 읽어봤어. 그렇지만 대개 처음 20~30페이지만 넘어가면, 그러니까 수식이 등장하기 시작하면 머리가 멍해지는 거야. 그래서 끝까지 꼼꼼히 읽은 책은 거의 없는 것 같아. 내가 전공한 언어학의 중요한 분야가 의미론이라는 건 언젠가 이 자리에서 말했지? 의미론자들 가운데는 수학적 모델을 채택해 자연언어를 탐구하는 사람들이 많아서, 그런 의미론은 결국 논리학이나 분석철학과 많은 부분 포개지게 돼. 그래서 나는 의미론을 공부할 때도 그런 접근법의 책들은 그냥 수박 겉핥기식으로 읽고 말았어. 다시 한 번 나를 헐렁한 시대에 떨어뜨린 하늘에 감사할 수밖에 없는 게, 내가 살아온 시절은 미분방정식을 못 풀어도 '먹물' 행세를 할 수 있는 거의 마지막 시내였어. 그렇지만 앞으로는 달라질 거야. 사회과학이나 인문학을 공부하더라도 수학적 교양이 반드시 필요할 거야. 수학을 피해갈 방법이 점점 없어진다는 거지. 미국이나 유럽의 연구소들이 예측한 바에 따르면 기자는 곧 소멸할 직업이고, 수학자가 가장 인기 있는 직업이 된다는군.

그러나 그런 시대가 온다 하더라도 수포자가 사라지지는 않겠지. 수학은 다른 학문에 견주어 노력보다는 재능이 훨씬 요구되는 학문이니까. 그런 불행한 미래의 수포자를 위해서, 그나마 덜 불행한 현재의 수포자가 추천하고 싶은 책이 하나 있어. 에릭 템플 벨이라는 스코틀랜드 출신의 미국 수학자 겸 과학소설 작가가 쓴 《수학을 만든 사람들Men of Mathematics》이야. 이 책은 안재구라는 이가 번역해 미래사라는 출판사에서 1993년에 처음 한국어판이 나왔는데, 서점에선 구하기 어려울 거야. 20년 이상 품절되지 않고 팔려나가는 책은 한국에 매우 드무니까. 도서관에서 빌려보는 수밖에 없을 거야. 영어에 좀 자신이 있는 사람이면 아마존에서 원서를 사볼 수도 있을 거고. 《수학을 만든 사람들》은 내가 읽은 수학 관련 책 중에서 가장 재미있는 책이고, 가끔은 바로 그 재미 때문에 다시 들춰보는 책이기도 해. 제목에서 드러나듯, 이 책은 고대에서 현대까지의 위대한 수학자들에 대한 짧은 전기적 에세이와 그들의 가장 큰 업적을 버무려놓고 있어. 사실 나 같은 수포자도, 미적분이 두려울 뿐 그걸 독일의 라이프니츠와 영국의 뉴턴이 거의 비슷한 시기에 발견했다는 것 정도는 이 책을 읽기 전에 알고 있었어. 그 사실을 놓고 독일인들과 영국인들은 자존심 대결을 벌이느라 17세기 유럽을 떠들썩하게 만들었지. 이 책에서 수포자들이 가장 재미있어할 부분은 수학사의 에피소드들일 거야. 수학자들은, 음악가들이 그렇듯, 특별한 재능을 지닌 사람들이야. 그 특별한 재능 때문에 그들은 별난 사람으로 취급되기도 해. 아무튼 《수학을 만든 사람들》은 고대 그리스의 제논에서부터 게오르크 칸토르(1845~1918)에 이르기까지 수학을 만든 사람들의 삶을 재구성하고 있어. 칸토르에서 아쉽게 끝난 것은 이 책의 원본이 1937년에 출간됐기 때문이야. 그 두 별 사이에, 또는 둘레에 데카르트, 페르마, 파스칼, 오일러, 라그랑주, 라플라스, 가우스, 코시, 로바체프스키, 아벨, 야코비, 갈루아, 불, 크로네커, 리만, 푸앵카레 같은 별들이 점점이 박혀서, 수학사의 눈부신 성좌를 이루고 있지.

어찌 보면 이 책은 천재들의 이야기야. 수학사에 굵은 글씨로 이름을 남기려면 천재일 수밖에 없어. 프랑스의 에바리스트 갈루아와 노르웨이의 닐스 헨리크 아벨은 20대에 죽었으면서도 수학사에 불멸의 업적을 남겼지. 그렇지만 그들도 우리 수포자들과 비슷하게 질투하고 시기하고 사랑하고 싸우고 화해하고 속이고 그랬어. 정치적으로 보수주의자들도 있고 자유주의자들도 있고 진보주의자들도 있지. 이 책의 수학자들 가운데 내게 가장 깊은 인상을 준 이는 군群이론에 커다란 공헌을 한 에바리스트 갈루아야. 저자는 그를 다룬 장에 '천재와 광기'라는 제목을 붙이고 있는데, 사실 광기라는 말은 좀 심한 것 같아. '격정' 정도가 좋지 않을까 싶어. 갈루아의 짧고 파란만장한 삶을 여기서 요약하지는 않을게. 다만, 그의 삶은 시험관보다 뛰어난 수험생은 반드시 불행해진다는 것을 알려줘. 그는 너무 뛰어난 탓에 대학에 진학하질 못했어. 대학의 입학시험관들이 그의 답안지를 이해하지 못했으니까. 그는 또 19세기 프랑스의 정치적 요동에 휘말려 체제와 심하게 불화해. 견결한 공화주의자 갈루아는 (아마 프랑스 경찰의 계략에 휘말려) 정치적 적과 권총 결투를 벌이다 총알이 배에 관통해 21세로 삶을 마감하지. 죽은 뒤 어딘가에 묻혔지만, 오늘날 그의 무덤은 흔적도 없어. 그의 영원한 묘비는 그의 전집이지. 고작 60페이지에 불과한, 그러나 수학사가 결코 누락할 수 없는 위대한 전집.

수포자들은 수식을 싫어하지. 그런데 이 책에도 수식은 나와. 수학자들의 핵심 업적을 간단하게라도 설명해야 하니까. 이 책은 그 수식까지도 눈길을 끌 만큼 매혹적이야. 그렇지만 수포자들의 전통대로 수식을 뛰어넘고 읽어도 얻을 것이 많은 책이야.

2016. 7. 7.

50년 망국사를 쓰고 자결한 남자

어쩌면 들어봤을지 모르고 못 들어봤을지도 모를 한시漢詩 네 수로 오늘 이야기를 시작할게. 좀 지루할지 모르겠는데, 망국의 설움을 추체험하게 하는 시들이야. 원문은 나도 이해할 수 없으니, 국문으로 번역된 걸 인용할게.

"어지러운 세상에 떠밀려 백두의 나이에 이르도록/ 목숨 버리려다 그만둔 것이 몇 번이던고./ 오늘에야 참으로 어쩔 수 없는 지경에 이르렀으니/ 바람 앞의 촛불 번쩍번쩍 창천에 비추누나."

"요기가 하늘을 가려 제성帝星이 옮기니/ 대궐은 침침한데 시각이 더디구나./ 조칙은 이제부터 다시 내리지 않으리니/ 임랑의 종이 한 장 눈물 하염없네."

"조수도 슬피 울고 강산도 찡그리오./ 무궁화 이 세계는 망하고 말았구려./ 등불 아래 책을 덮고 지난 역사 헤아리니./ 세상에 글 아는 사람 되기 어렵기도 합니다."

"내 일찍이 큰집을 지탱함에 서까래 반조각의 공도 없었으니,/ 충은 아니요 다만 인을 이루려 함이로다./ 겨우 윤곡尹穀을 따르는 데 그쳤을 뿐이니,/ 그 당시 진동陳東의 행동을 밟지 못함이 부끄러워라."

이 시들의 작자가 혹시 떠오르나? 셋째 시의 마지막 연 '세상에 글 아는 사람 되기 어렵기도 합니다難作人間識字人'가 너무 유명해서 얼른 떠올릴 수도 있을 거야. 그래, 흔히 절명시絶命詩라고 알려져 있는 이 시의 작자는 호가 매천梅泉이었던 황현黃玹(1855~1910)이야. 황현은 융희 4년(1910년) 음력 8월 3일, 한일합방령이 군아軍衙에서 민간으로 유포되자, 바로 그날 밤 이 네 편의 시를 쓴 뒤 아편을 먹고 자살했지.

사실 국역시를 읽어도 동아시아 고전문화에 익숙지 않은 사람들에겐(물론 나를 포함해서) 뜻이 또렷하게 들어오지 않을 거야. 넷째 시에 나오는 윤곡이란 사람과 진동이란 사람에 대해서만 짧게 얘기할게. 윤곡은 남송南宋 때 사람으로 진사에 급제해서 조정에 진출했는데, 몽고 군대에게 나라가 망하자, 자기가 거처하던 집에 스스로 불을 지르고 죽었대. 또 진동은 북송北宋 말기 사람으로 흠종欽宗이 즉위하자 여러 차례 상소를 올려 나라를 바로잡을 것을 간하다가 결국 죽임을 당했대. 그러니까 황현이 이 시에서 윤곽을 따르는 데 그쳤을 뿐 진동의 행동을 밟지 못했다고 말한 건, 나라가 망하게 되자 자결로 슬픔과 분함을 드러내는 데 그칠 뿐 국난의 시기를 당해서 나라에 글을 올리는 등 적극적 활동을 하지 못했다는 걸 자책하고 있는 거지. 사실 매천은 20대 청년으로 상경해 10여 년을 서울에서 보낸 뒤 나라가 어지러워지자 서울 걸음을 뚝 끊고 농촌에 칩거해버렸거든. 어떤 서울 친구가 그의 칩거를 원망하자 "그대는 나를 보고 도깨비 나라의 미치광이들 속으로 들어가서 함께 도깨비 미치광이 짓을 하란 말이냐?"고 공박했다고 해.

보기에 따라 매천의 칩거와 자살의 '소극성'을 비판할 수도 있겠지. 나라가 어지러우면 '글 아는 사람', 다시 말해 지식인으로서 망국을 막기 위해 적극적 행동을 했어야 하는 것 아니냐고 말이지. 그렇지만 매천은 그런 유형의 인간은 못 됐던 것 같아. 그는 칩거해 농사를 생업으로 삼아 근검을 몸으로 실천하면서 독서와 저작에 몰두했고, 나라가 망하자 '글 아는 사람'의 도리로 자결을 택하고 말았지. 매천은 시詩로 일가를 이룬 이지만, 산문도 거기 못지않은 '글쟁이'였어. 그 산문 가운데 가장 유명한 것이 《매천야록》이야. 《매천야록》은 1864년부터 1910년에 이르기까지의 조선 '역사'야. 그런데 그것이 국가권력이 관찬官撰한 정사가 아니라 한 개인이 보고 들은 바를 기록한 것이어서 '야사' 곧 '야록'이 된 거지. 따지고 보면 30대 이후 서울 출입을 끊고 농촌에 칩거한 개인의 역사 기록이 엄밀하다고는 할 수 없겠지. 그렇지만 시골에 사는 황현을 찾아 나라 돌아가는 소식을 전해주는 지인이 많았고, 무엇보다도 그때는 조선 땅에 근대적 의미의 신문이라는 게 나타난 시기야. 그 당시 쏟아져 나온 중국, 한국의 계몽서들도 황현에게 도움이 되었겠지만, 신문이야말로 시골 구석의 황현과 세계를 연결해주는 인터넷이었어. 쌍방향은 아니었지만. 황현은 주로 신문들에 의거해서 망국 이전의 역사적 사건 사실, 공적 문건에서부터 단편적 일화와 해외 소식까지를 기록하고 있어. 실제로 신문을 그대로 옮겨놓은 듯한 대목도 적지 않아. 《매천야록》이라는 것 자체가 그 시기의 역사이자 신문이었던 거야. 그런데 황현은 요즘 식으로 말하자면 스트레이트 기사, 곧 보도 기사만 쓰진 않았어. 그는 드물지 않게 '논설위원'이나 '칼럼니스트'가 되어 어떤 사건의 의미를 분석하고 해석하곤 했지. '논설위원'으로서의 황현이 신분적으로 사대부였으므로, 《매천야록》이 전근대적 왕조사관에서 크게 벗어나지 못한 것은 사실이야. 그래서 오늘날 우리의 관점으로 《매천야록》을 읽으면 신분적 계급적 그리고 당파적 편견에서 자유롭지 못하다는 느낌을 갖게 되지. 예컨대 1894년에 '난'을 일으킨 전봉준이나 최시형 같은 동학교도들은 매천에게 당연히 '동비東匪'이자 '적당'이었어. 그러나 매천은 한편으로 비판정신이 투철했던 사람이어서 글이 그의 편견 때문에 크게 휘어지지는 않았어.

《매천야록》에서 가장 큰 비판의 대상이 되고 있는 인물은 고종과 민비, 나중에 명성황후라고 추서되는 그 민비야. 매천은 자신의 사대부 신분에도 불구하고 군왕과 그 비妃를 비판하고 꾸짖는 데 조금도 머뭇거리지 않았어. 《매천야록》이 그리고 있는 고종과 민비의 이미지는 외세에 늘 허리를 굽히면서도, 백성들에겐 모질기 짝이 없는 폭군이자 매관매직의 두목이었어. 매천은 조선이라는 나라가 망하게 되는 가장 큰 책임을 고종과 민비에게 돌리고 있는 거지. 그것은 이 책을 읽기 전부터 나 역시 공감해왔던 관점이야. 국사학계 일각에서는 고종과 민비의 '복권' 움직임이 오래전부터 있는 것 같기도 하지만.

비록 정사가 아니라고는 하지만, 《매천야록》은 망국 이전 반세기의 역사를 시시콜콜히 기록하고 있어. 심지어 동시대 지구 반대편 나라들의 정세나 날씨나 사건 사고 같은 것까지 기록하고 있지. 이런 쇄말적 기록은 《매천야록》의 뒤로 갈수록 더해지는데, 그것은 황현의 글이 점점 신문에 더 깊이 기대고 있다는 것을 뜻하기도 해. 그리고 망국이 임박해지면서, 매천의 슬픔과 분노와 절망은 점점 심해지고, 그의 정서가 독자에게 감염돼 《매천야록》을 읽는 것이 고통스럽게 느껴지기도 해. 어쩌면 이 느낌은 《매천야록》 이후의 역사를 알고 있는 한국인 독자로서의 느낌이기도 할 거야.

글이 쓰인 지 한 세기가 훨씬 더 지난 오늘날의 독자에게

《매천야록》의 어떤 부분은 치우쳐 보이고, 심지어 허황해 보이기도 할 거야. 그러나 매천은 당대의 지식인으로서 자신이 접할 수 있는 모든 뉴스를 이 책에 담아놓았고, 그 뉴스에 대한 논평을 게을리하지 않았어. 그는 다른 유생들처럼 벼슬길로 들어서지도 않았고, 상소문을 올리지도 않았고, 의병활동을 하지도 않았지만, 그 시대를 관찰하고 사색하고 기록해놓았어. 그 덕분에 우리는 한 지식인의 눈에 비친 19세기 말~20세기 초의 조선 상황을 알 수 있게 되었지. 세상이 어지러울 때 누군가는 싸워야 하지만, 누군가는 기록해야 해. 황현은 기(록)자의 역할을 자청해서 맡았고, 나라가 망하자 '글 아는 자'의 의무로 삶을 마감했어. 그가 선택한 죽음의 방식을 찬양할 필요는 없겠지만, 그 죽음 앞에서 숙연해지는 것도 사실이야. 내가 읽은 국문본《매천야록》은 문학과지성사에서 2005년에 두 권으로 나온《역주 매천야록》이야. 임형택 교수를 비롯한 여러 한문학자들이 함께 번역했지. 번역자들이 믿을 만한 분들인 만큼, 번역도 술술 읽혀.

2016. 7. 22.

낯설지만 아름다운 순우리말 4,793개

사전도 책은 책이지만, 사전을 '읽는' 사람은 거의 없을 거야. 특히 어휘사전을 읽는 사람은 더더욱 드물 거야. 어휘사전은 읽는 책이 아니라, 찾아보는 책이지. 사실 요즘은 어휘사전이 다 인터넷에 올라와 있어서, 종이책 사전을 찾아보는 일도 점점 줄어들고 있는 것 같아. 그런데 나는 십대 후반 한 시절 국어사전을 읽은 적이 있어. 그냥 읽은 게 아니라, 고유어를 중심으로 밑줄을 쳐가며 그 낱말을 익히려고 애썼어. 말하자면 그냥 헐렁한 독서를 한 게 아니라 열심히 공부를 한 셈이지. 그 시절 나는 외솔 최현배 선생의 영향을 짙게 받은 언어민족주의자였고, 그래서 되도록 많은 우리 고유어를 알고 싶었어. 그 시간이 길었다면 내 어휘는 굉장히 불었을 텐데, 몇 달 못 가서 흥미를 잃고 흐지부지돼버렸어. 그래도 그 몇 달이 내 한국어 어휘를, 특히 고유어 어휘를 늘리는 데 조금은 도움이 됐을 거야.

뒷날 나는 나 말고도 국어사전을 '읽은' 사람들이 있다는 것을 알게 됐어. 한 사람은 시인 고은 선생이야. 고은 선생은 1980년대 초에 이른바 (조작된) 김대중 내란음모 사건에 연루돼 감옥 생활을 하실 때, 국어사전을 통째로 읽으셨대. 십대 후반의 나처럼 고유어 중심으로 읽으신 게 아니라, 고유어든 한자어든 한국어 어휘 전체를 당신 것으로 만들고 싶으셨던 모양이야. 출옥 뒤에 고은 선생이 젊은 시절보다 더 열정적으로 발표한 시들에는 감옥에서 익히신 말이 꽤 들어 있으리라고 생각해. 또 한 사람은 작고한 소설가 김소진 씨야. 김소진 씨의 사전 읽기 스타일은 고은 선생보다는 나와 비슷했어. 고유어를 중심으로 공부하듯이 국어사전을 읽어나갔다고 들었으니까. 요절한 탓에 많은 소설을 쓰지는 못했지만, 그의 소설 속에는 아름답고 섬세한 고유어들이 점점이 박혀 있어. 그런데 사실 그 고유어들 때문에 그 소설이 쉽게 읽히지 않기도 해. 모르는 단어들이 숱하게 박혀 있는 소설이 쉽게 읽힐 수 있겠어? 아무튼 김소진 씨는 국어사전 한 귀퉁이에 처박혀 사멸할 운명이었던 고유어들을 되살려 내 자기 소설을 풍부하게 만들고, 독자들을 계몽한 셈이 됐지.

우리 시대의 소설가 가운데 이렇게 고유어들로 독특한 문체를 만들어낸 이가 김소진 씨 말고 또 있어. 돌아가신 이문구 선생이 그렇고, 김성동 선생이 그래. 두 분은 다 호서지방이 고향인데, 그분들 소설에서는 호서지방에서 쓰는 고유어들이 많이 발견돼. 그렇지만 김소진 씨의 고유어들과 이문구·김성동 선생의 고유어들은 성격이 달라. 두 사람이 소설에 쓴 고유어들은 당신들이 아주 어려서부터 자연스레 익힌, 그야말로 살에 배어 있는 고유어들이지만, 김소진 씨 소설의 고유어들은 작가가 장성한 뒤 의식적으로 국어사전에서 익힌 고유어들이지. 물론 독자들에게는 양쪽 다 낯설기가 비슷할 테지만.

나는 최현배 선생에게 배운 언어민족주의를 이내 버렸기 때문에, 한국어 어휘 가운데 고유어가 한자어보다 더 귀하다는 생각을 하지 않아. 물론 똑같은 뜻의 한자어 단어와 고유어 단어가 있을 경우엔 고유어를 쓰는 게 더 좋겠지. 그렇지만 어떤 언어에서도, 똑같은 뜻을 지닌 말들은 없어. 예컨대 '피'와 '혈액'이라는 말을 보자고. '피 검사'라는 말을 '혈액검사'라고 바꿀 수 있으니 이 말들은 언뜻 보기엔 동의어 같아. 그렇지만 서로 맞바꿀 수 없는 경우가 많아. "머리에 피도 안 마른 놈이!"라는 말을 "머리에 혈액도 안 마른 놈이!"라고 고쳐 말할 수는 없어. 개그 프로그램에서라면 몰라도. 마찬가지로 "피 끓는 청춘"을 "혈액 끓는 청춘"이라고 말할 수도 없고. '목숨'과 '생명'도 그래. "이 생명 다 바쳐 조국을 지키겠습니다"를 "이 목숨 다 바쳐 조국을 지키겠습니다"라고는 바꿀 수 있어. 그렇지만 "이 작품은 생명이 오래갈 거야"라는 말을 "이 작품은 목숨이 오래갈 거야"라고 바꿔

말할 수는 없어. 또 "꽃도 생명을 지니고 있어"라는 말을 "꽃도 목숨을 지니고 있어"라고 말하지는 않아.

물론 거의 동의어라고 할 수 있는 말도 많지. 여름옷과 하복, 폐와 허파, 양잠과 누에치기 같은 말들이 그래. 그래도 어떤 맥락에서는 '폐'가 더 어울리고 어떤 맥락에서는 '허파'가 더 어울리는 뉘앙스의 차이는 있어. 그래서 원칙적으로 한 언어 안에 완전한 동의어는 없다고 말하는 게 안전해. 유의어들이 있을 뿐이지. 그래서 나는 글을 쓸 때 유의어들 가운데 꼭 고유어를 고집하지 않아. 한자어가 더 어울린다 싶으면 한자어를 쓰고, 고유어가 더 어울린다 싶으면 고유어를 쓰지. 게다가 이미 굳어진 말들도 있어. 예컨대 나는 베르디의 〈사계〉를 〈네 철〉로 바꾸지는 않을 거야.

그렇지만 우리말에서 고유어가 점점 잊혀지면서 한자어나 외래어로 대체되는 추세가 서운하기는 해. 그것은 민족주의자든 아니든 마찬가지일 거야. 그 잊혀져가는 고유어를 익히고 싶은 사람들에게 추천하고 싶은 책이 있어. 장승욱이라는 사람이 쓴 《재미나는 우리말 도사리》라는 책이야. 하늘연못이라는 출판사에서 나왔어. 우선 '도사리'라는 말부터 귀에 설지? 나도 이 책에서 처음 접한 말이야. 저자 설명에 따르면 '도사리'는 "익는 도중에 바람이나 병 때문에 떨어진 열매, 또는 못자리에 난 어린 잡풀을 가리키는 순우리말"이래. 저자는 다섯 해 넘게 이른

새벽 과원果園에 나가 이들 도사리들을 줍는 심정으로 순우리말 4,793개의 어휘를 모아 이 책을 썼대. 이 책은 그러니까 우리 고유어를 공부하는 책이야.

10여 년 전 이 책을 처음 대했을 때, 나는 내 한국어가 이리도 빈약하구나, 하고 한탄했어. 저자가 이 책에서 본뜻과 속뜻 그리고 그것들의 용례를 설명해준 우리 고유어 가운데 모르는 말이 아는 말보다 훨씬 많았거든. 한국어 어휘는 나도 꽤나 알고 있다고 자부하던 터였는데, 이 책을 읽으며 그 자만심을 완전히 버렸어. 아는 단어가 하나 나오면 모르는 단어가 대여섯은 나왔으니까. 이 글을 쓰기 위해 책을 다시 펼쳐 봤는데, 이 책을 읽으며 내 어휘가 크게 늘어난 것 같지는 않아. 40대 중반은 이런 책을 읽기에는 너무 나이든 나이였던 것 같아. 그래서 이 책을 되도록 젊은 독자들이 읽었으면 해. 머리가 말랑말랑해서 뭐든지 흡수할 수 있는, 그러니까 기억력이 좋은 나이의 독자들 말이야. 물론 나처럼 마흔을 넘겨서 읽을 수도 있겠고, 심지어 70대, 80대 어르신들이 읽어도 좋겠지. 외려 70대, 80대 어르신들은《재미나는 우리말 도사리》가 소개하고 있는 낱말들을 나보다 더 많이 알고 있을 수도 있어. 이 말들은 어쨌든 한때는 쓰였던 말일 테니까.

그런데 이 책 흉도 좀 보고 싶네. 저자는 아마 이 책에 수록한 말들을 자연스럽게 익힌 게 아니라 국어사전에서 끄집어내왔을 거야. 그것은 '우리말 사랑'이라는 좋은 뜻에서 한 일이겠지만, 그것이 그렇게 의미 있는 일일까? 언어는 변하게 마련이야. 그 과정에서 어떤 말들은 사라지고 어떤 말들은 새로 태어나지. 그 자연스러운 변화를 막기 위해 사라져가는 고유어들을 붙들고 우리가 반드시 익혀야 할까? 물론 이 책에 모인 우리 고유어들은 자주 그 아름다움과 섬세함으로 독자들을 감탄시켜. 꽃맺이, 꽃무덤, 꽃잠, 낮꽃이라는 말의 뜻을 알았을 때 나는 감탄했어. 그런데 독자들 대부분이 모를 저런 말을 내가 글에다 쓸 것 같지는 않아.

아, 또 하나. 저자는 책 내용을 기름지고 재미있게 하기 위해서 진담인지 농담인지 모르게, 낱말들의 어원들에 대해 얘길 하곤 해. 그런데 그것은 대개가 민간어원이어서 믿을 바가 못 돼. 민간어원이 뭐냐고? 학술적으로 증명되지 않은, 사람들이 상상해서 짐작하는 어원을 뜻해. 그런 걸 염두에 두고 이 책을 읽으면, 그냥 읽는 게 아니라 줄을 쳐가며 외운다면, 한국어 어휘가 부쩍 늘어나긴 할 거야. 그 말들을 써먹을 기회가 자주 있을지는 모르겠지만.

2016. 8. 10.

낯선 과학책으로 이끄는 훌륭한 길잡이

어려서 읽은 어린이 문고들을 빼면, 내가 처음 읽은 과학책은 다윈의 《종의 기원》이었던 것 같아. 지적 허영심으로 끝까지 읽어 냈지만, 아주 지루한 책이라는 느낌을 지울 수 없었어. 번역도 형편없었던 것 같아. 20대에 그 책을 처음 읽었을 때는, 다윈의 지적 자식들이 쓴 책들을 나중에 내가 얼마나 좋아하게 되고, 그래서 그 지겨웠던 《종의 기원》을 다시, 이번에는 감동적으로 읽게 되리라고 생각하지 못했어. 《종의 기원》 다음에 읽은 과학책은 뉴턴의 《자연철학의 수학적 원리》야. 이 책은 제목을 그냥 《프린키피아》('원리'라는 뜻이야)라고 줄여서 부르는 게 예사인데, 1998년에 교유사라는 출판사에서 세 권으로 번역돼 나온 한국어판 제목도 《프린키피아》야. 《프린키피아》는 그야말로 근대 물리학(뉴턴 시대에는 '자연철학'이라고 불렸지)의 고전이라고 할 수 있어. 그런데 고등학교 물리까지를 공부한 독자들에게는 그리 어려운 책이 아니야. 나도 대학입시 물리를 다시 복습하는 기분으로 술렁술렁 읽었어. 물론 나는 《프린키피아》를 완전히 이해할 수 없었어. 물리는 수학과 더불어 내가 학창시절에 가장 싫어하던 과목이었으니까. 나는 그냥, 고전을 한번 읽어보자는 허세로 《프린키피아》를 읽었을 뿐이야. 《종의 기원》을 처음 펼쳐들 때와 비슷한 동기가 있었던 거지. 사실 《프린키피아》는 내가 읽으려고 산 게 아니라 그즈음에 고등학생이었던 큰아이에게 읽히려고 산 책이기도 했고. 수학과 물리를 좋아하던 그 아이는 그 책을 아주 쉽고 재미있게 읽어냈다더군.

그 뒤 오래도록, 내 독서가 그리 게으르지는 않았는데도, 자연과학 책은 거의 안 읽다시피 하고 살았어. 《종의 기원》이나 《프린키피아》에 맞먹는 고전들만이 아니라, 대중을 상대로 쓰인 책들도 마찬가지였어. 물론 칼 세이건의 《코스모스》나 《창백한 푸른 점》, 에드워드 윌슨의 《사회생물학》 같은 베스트셀러들은 이따금 들춰봤지만.

내가 과학책을 본격적으로 읽기 시작한 건 40대가 거의 끝나가면서야. 리처드 도킨스의 《만들어진 신》을 읽은 뒤부터였어. 알다시피 《만들어진 신》 자체는 딱히 과학책이라고 할 수 없지. 그냥 자신의 과학 지식에 바탕을 두고 무신론을 주장한 책이지. 그렇지만, 나는 그 책을 읽으며, 좀 거만하다 싶긴 해도 명민하고 글 잘 쓰는 도킨스라는 사람에게 반했어. 그래서 그 뒤 한 국어로 번역된 도킨스의 책을 찾아 닥치는 대로 읽기 시작했어. 《눈먼 시계공》《지상 최대의 쇼》《무지개를 풀며》《이기적 유전 자》《확장된 표현형》《악마의 사도》《리처드 도킨스의 진화론 강 의》《조상이야기》같은 책들이 그즈음의 나를 홀렸어. 도킨스가 물리학자나 화학자라면 나는 아마 그의 책을 읽지 않았을 거야. 아무리 지적 허영심이 크다고 하더라도, 내가 거의 이해할 수 없 는 책들을 찾아 읽지는 않았을 테니까. 그러니까 내 과학책 읽기 는 생물학에서 시작했고, 지금까지도 거의 생물학의 범위를 넘 어서진 않았어. 제임스 왓슨의 《이중나선》처럼, 이론과 에피소 드가 버무려진 책도 읽었지. 생물학자들의 자서전이나 평전에도 눈을 돌렸고.

간간《파인만 씨, 농담도 잘 하시네!》나 한스 그라스만이 쓴 《쿼크로 이루어진 세상》같은 물리학 대중서를 읽기도 했지만, 아무튼 내게 가장 재미있는 과학책은 생물학 분야의 책들이야. 아마 수학이 거의 개입되지 않아서 그럴 거야. 그런데 도킨스는 자기 책 여러 곳에서, 약간의 경쟁심과 존중심과 심통을 섞어가 면서, 동갑내기 생물학자 스티븐 제이 굴드를 언급해. 학문적 동 조나 비판을 할 때도 있지만, 예컨대 "쟤는 왜 생물학 책에서 미 국 프로야구 얘기를 하는 거야? 미국놈 티 되게 내네." 하는 식 으로 사적 감정까지 드러내. 그래서 나는 자연스럽게 스티븐 제

이 굴드로 넘어가게 됐어.《판다의 엄지》에서 시작된 내 굴드 여행은《다윈 이후》《클론 AND 클론》《생명, 그 경이로움에 대하여》《레오나르도가 조개화석을 주운 날》《풀하우스》《인간에 대한 오해》 같은 책으로 이어졌어. 개중에는 품절된 책도 있어서 도서관에서 빌려보기도 했지. 나는 물리학이나 화학 같은 단단한 과학hard sciences에 영 젬병이었지만, 그래도, 아니 어쩌면 그렇기 때문에, 그 학문들이 생물학보다 우위에 있다는 경외심을 지니고 있었어. 이해하기 어려운 대상에 대한 존경심 같은 거였지. 그런데 도킨스와 굴드의 책을 읽다 보니, 그리고 그들의 책에 촉발돼 다시 다윈의《종의 기원》을 읽다 보니, 생물학이야말로 과학 중의 과학 아닌가 하는 생각이 들었어. 물론 그중에서도 진화생물학 얘기지만. 수식이 들어가지 않은 과학책이라니! 나 같은 수포자에게 얼마나 매력적이었겠어? 도킨스와 굴드의 생물학 책들은 그 인접학문들로 나를 이끌었고, 그래서 나는 올리버 색스를 비롯한 의사들의 책을 읽었지. 올리버 색스의 가장 유명한 책일《아내를 모자로 착각한 남자》를 읽은 것 역시, 부끄럽게도, 최근에 들어서야.

서양말에서도 그런지 모르겠지만, 한국어의 '인문학'이나 '인문주의' 같은 말에는 어떤 아우라가 드리워져 있어. 그래서 마치 제대로 된 교양인이나 지식인이 되려면 인문학 서적을 많이 읽어야 하는 것처럼 돼 있어. 그렇지만 나는 어느 편이냐 하면, 지식의 중요도에서 훨씬 앞서는 것은 인문학이 아니라 자연과학이라고 생각해. 사실 역사적으로 인간의 세계관을 바꿔온 것은 인문학이 아니라 자연과학이었어. 자연과학자들이 발견한 지식들이 보편화하면 거기에 바탕을 두고 인문학자들이나 사회과학자들이 이론을 새로 정립하곤 했지. 우리가 플라톤이나 공자보다 더 똑똑하다면, 그것은 지금 인문학이라고 불리는 영역에서 그들보다 더 생각이 깊어서라기보다는 자연과학 분야에서 그들보다 아는 것이 훨씬 많기 때문이야.

그래서 나는 독자들의 독서 목록에 지금보다 더 많은 과학책들이 들어갔으면 해. 나는 이 글에서 꽤 많은 과학책을 언급했어. 그런데 그런 과학책들을 본격적으로 읽기 전에 독자들이 읽어줬으면 하는 책이 있어. 최성일이라는 사람이 쓴《어느 인문주의자의 과학책 읽기》라는 책이야. 연암서가라는 출판사에서 나왔어. 최성일 씨(1967~2011)는 이제 고인이 된 사람인데, 생전에 《출판저널》 기자로 출판계에 입문한 뒤 여러 지면에 출판 시평과 북 리뷰를 활발히 기고한, 말하자면 책 평론가 또는 출판 평론가야. '책의 사람'이라고 할 수 있지. 다섯 권으로 이뤄진《책으로 만나는 사상가들》을 비롯해, 최성일 씨가 쓴 책들은 거의 다 책과 관련된 책이야.

《어느 인문주의자의 과학책 읽기》는 코페르니쿠스의《천체의 회전에 관하여》, 스티븐 제이 굴드의《다윈 이후》, 베르너 하이젠베르크의 《부분과 전체》, 김형자의 《과학에 둘러싸인 하루》, 필립 키처의 《과학적 사기》, 올리버 색스의 《뮤지코필리아》 등 40여 권의 과학책에 대한 촌평 내지 감상문을 모은 책이야. 저자 스스로가 서문에서 "나는 과학책 애호가일 따름"이라고 밝히고 있듯, 최성일 씨는 과학전문가가 아니었어. 그래서 이 책 역시 과학책들에 대한 본격적 서평이라기보다 내용 소개와 자신의 감상이 주를 이뤄. 그런데 나는 외려 그것이 이 책의 장점이라고 생각해. 내용이 난삽하지 않기 때문에, 《어느 인문주의자의 과학책 읽기》는 독자들을 과학책 읽기로 인도하는 훌륭한 길잡이가 될 수 있거든. 최성일 씨는 매우 단정한 문장을 쓰는 사람이었는데, 그것은 《어느 인문주의자의 과학책 읽기》에서도 예외가 아니야. 그러니 이 책을 읽기 어려워하는 독자는 거의 없을 거야.

문득 최성일 씨가 작고한 날 그의 빈소를 찾았던 일이 생각나네. 비가 억수같이 쏟아지던 여름밤이었어. 너무 젊어서 죽은 이 '책쟁이'의 명복을 나와 함께 빌어주었으면 좋겠어.

2016. 8. 19.

미래학 서적을 읽는 법

21세기도 시나브로 16년째야. 그 16년 동안 세상은 어떻게 변했을까? 내가 지녔던 피처폰이 스마트폰으로 바뀌었고, 그와 함께 소셜네트워크서비스SNS 이용이 매우 활발하게 되었어. 그래서 지하철에서 종이신문이나 책을 보는 사람은 거의 사라지고 IT 기기를 들여다보고 있는 사람이 굉장히 늘어났어. 국제정세를 보면 중국이 전문가들의 예측보다 훨씬 일찍 세계 제2의 경제대국이 되었고, 서방국가들과 나머지 나라들 사이에 냉전이 재현될 조짐이 보이고, 중동지역에서만 목격되던 극단주의 이슬람테러가 전 세계로 번지고 있어. 과거를 되돌아보는 건 그리 어렵지 않지만, 미래를 헤아려보는 건 힘든 일이야. 꾀바른 사람이라면 미래를 예측할 때 되도록 먼 미래를, 되도록 추상적으로 할 거야. 가까운 미래에 대한 예측은 우려먹을 수 있는 시간이 너무 짧아서 '예언자'에게 불리하지. 그래서 그는 일러도 자기 생애가 끝난 뒤의 시점에 대한 예측을 할 거야. 죽은 다음에 조롱당하는 건 살아 있을 때 조롱당하는 것보다 견딜 만할 테니까. 또 너무 구체적인 예측은 엇비슷하게 맞추었다고 하더라도 꼬투리를 잡히기 쉽지.

세기말이 가까워오면 다음 세기에 대한 '예언자들'이 생기게 마련이야. 그런 사람들을 흔히 '미래학자'라고 부르지. 20세기 말에도 마찬가지였어. 21세기의 상황을 예측하는 책들이 여럿 나왔지. 그 가운데 제법 널리 읽힌 책이 자크 아탈리라는 프랑스 사람이 쓴 《21세기 사전》이야. 이 책은 프랑스에서 1998년에 나왔고, 바로 그해에 중앙 M&B에서 한국어판이 나왔어. 자크 아탈리는 이런 예언서를 쓰기에 적합한 경력을 지닌 사람이야. 자크 쥘리아르와 미셸 위노크가 책임편집한 《프랑스 지식인 사전: 인물, 장소, 사건》(1996)에 따르면, 아탈리는 1943년 알제리의 알제에서 태어났어. 역시 그 '사전'에 따르면 아탈리가 받은 교육과 학위들은 프랑스 지식인 사회에서도 우뚝하게 뛰어나. 프랑수아 미테랑 프랑스 대통령의 보좌관을 오래 한 바 있는 그는 토목공학에서 정치경제학을 거쳐 행정학에 이르기까지 최고수준의 교육을 받았고, 소르본 대학 교수, 유럽부흥개발은행 초대 총재를 비롯해 실무경험도 풍부한 사람이거든. 미래학자로 행세하기에 좋은 스펙을 가졌다는 뜻이야. 말하자면 아탈리는 서재에 갇혀 있는 지식인이라기보다는 참여하는 지식인이자, 반쯤은 테크노크라트라고 할 수 있은 사람이지.

《21세기 사전》은 '사전'인 만큼 표제어들을 프랑스어 로마자 알파벳순서로 배열해놨고, 한국어 번역판은 그 표제어들을 다시 가나다순으로 재배열해 편집했어. 그러나 이런 유형의 사전은 어휘사전과는 달리, 찾아보는 사전이 아니라 읽는 사전이라고 할 수 있지. 아직 21세기가 5분의 1도 지나지 않았지만, 지난 16년을 되돌아보며 현재 생존 저자의《21세기 사전》을 읽는 것은 흥미로운 일이야. 독자들은 이 책을 읽으면서, 한 시대의 가장 박학한 사람도 통찰력과 상상력이 충분치는 않다는 것에 낄낄거릴 수도 있고, 과연 한 시대의 석학답게 미래를 바라보는 눈이 있다는 것을 깨닫고 그에게 경의를 표할 수도 있어. '정경문사철'과 자연과학, 공학을 종횡으로 누비는 저자의 박학을 증명하듯, 이 사전의 표제어들도 아주 다양해. 그것은 인류문화 전체를 포괄하고 있다고 할 만하지. 아무튼 막상 21세기를 살아가는 우리들이 보기에, 이 세기가 아탈리의 예측 그대로 흘러가지는 않을 거라는 걸 쉽게 넘겨짚을 수 있는 대목이 많아. 물론 아탈리에게 동의하느냐 여부는 예측과 예언을 즐기는 독자들 견해에 따라 다를 수도 있겠지.

예컨대 아탈리는 '영어'라는 표제어를 이렇게 설명하고 있어. "21세기 첫 삼분기까지 무역, 문화, 외교, 인터넷과 미디어에서 사용되는 제1언어; 사용자 수로는 두 번째 언어; 모국어 화자 수로는 네 번째 언어. 영어는 그것이 사용되는 대륙에 따라 자립적인 방언들로 다양화할 것이다. 그 이후에는 중국어의 다양한 형태들이 무역 언어로서 영어와 경쟁하게 될 것이다. 시간이 조금 더 흐르면 트랜슬레이터, 곧 자동번역기계가 개발되어 미디어와 문화영역에서 영어의 역할을 축소시킬 것이다."

다시 말해 아탈리는 영어의 미래에 대해 보수적이고 조심스러운 입장을 취하고 있어. 영어가 궁극적으로 보편어가 될 것이라는 일부 사람들의 예측에 동조하지 않고 있는 거지. 그 일부 사람들에는 나도 포함돼. 내게는 이 대목에서 프랑스인으로서 아탈리가 영어에 대해 느끼는 질투심이 슬며시 읽혀. 아탈리는 '언어'라는 표제어를 설명하면서는 "어떤 언어도 보편어로 자리 잡지 못하고, 모든 언어들이 다양한 방언으로 잘게 나뉠 것"이라고 예측하고 있는데, 내 생각은 달라. 중국어나 스페인어나 프랑스어 같이 모국어 사용자 수가 많거나 문학적 전통이 깊은 언어들의 저항에도 불구하고, 21세기 끝 무렵이 되면 영어가 보편어로서 전 세계를 평정할 거라는 게 내 예측이야. 물론 나는 그 시대를 볼 수 없을 테고, 지금 이 글을 읽는 독자들 가운데도 많은 사람이 그 시대까지 살 수는 없겠지. 그러나 지금 아주 젊은 독자들은 영어가 보편 언어로 자리 잡은 세상을 목격하게 되리라는 게 내 생각이야.

아탈리의 예측이 가장 과격한 것은 21세기의 '가족'을 그리고 있는 대목이야. 아탈리는 "사람들은 사는 동안 순차적으로 여러 가정에 소속될 것이고, 따라서 아이들은 여러 사람의 아버지, 여러 사람의 어머니를 한꺼번에 갖게 될 것이다. 그러니, 각 가정은 각자에게 여러 가정 중의 하나를 의미하게 될 것이다. 뒤이어서 천천히 그리고 은밀하게 훨씬 더 중요한 혁명이 일어날 것이다. 사람들은 한 가정에 이어 다른 가정을 갖는 것에 만족하지 않고 동시에 여러 가정을 원하게 될 것이다. 관계의 복수성複數性이 낮은 기대 수명과 유아 사망 그리고 일손 부족으로 정당화되던 시절처럼, 일부다처제와 일처다부제가 다시 돌아올 것이다. (…) 남자든 여자든 동시에 여러 배우자를 가질 수 있게 될 것이다. 다시 말해 다른 사람과 살기 위해서 어떤 사람을 떠날 필요가 없게 될 것이다"라고 말하고 있어.

나는 장기적으로 아탈리가 예측한 일부다처제와 일처다부제가 출현할 가능성이 있기는 하다고 여겨. 그렇지만 그것이 21세기 안에 이뤄질 것이라고는 생각하지 않아. 다만 지금의 추세를 훨씬 뛰어넘어 이혼율이 급격히 는다면 21세기 안에도 이런 형태의 가족이 세계의 일부 지역에서는 합법화될 수도 있겠지. 아무튼 아탈리의 예측에 따르면 21세기에는 인류가 붙박이에서 떠돌이로 변할 개연성이 아주 높아. 그래서 아탈리는《21세기 사전》에서 '유목'과 '유목민'에 대해 길게 설명하고 있어. 그 설명은 아마도 들뢰즈와 가타리한테서 힌트를 얻었을 것 같은데, 견해가 그리 참신하지는 않아. 요약하자면 "1만 년 전에 완전히 정착된 문명들은 곧 유목을 중심으로 하나하나 다시 건설될 것"이라는 것. 유목이라는 존재양식에 상대되는 존재양식은 정착이지. 그래서 아탈리는 '정착성'이라는 표제어의 설명을 "지난 문명들의 기반; 미래의 문명들에 적응하는 어려움의 척도"라는 말로 시작해.

아탈리가 《21세기 사전》에서 예측한 지금 이 세기를 곧이곧대로 믿을 필요도 없고, 마냥 부정할 필요도 없어. 우리의 경험이나 상상력에 기반해서 어떤 것은 받아들이고 어떤 것은 버리면 그만이야. 아무튼 과거(불과 20년도 안 된 과거이지만)에 씌어진 '현재에 대한 예언서'를 읽는 것은 즐거운 일이야. 특히 그 책이 아탈리처럼 명민하고 박학한 사람의 손에서 씌어졌다면. 다만 우리가 잊지 말아야 할 것은, 미래라는 것이 '역사의 법칙'에 따라 빚어진다기보다는 우리의 '의지'에 따라 빚어진다는 거지.

2016. 9. 2.

화장실에서, 지하철에서, 잠자리에서

이 글이 마지막 글이네. 그래서 오늘은 그야말로 독서에 대한 극히 사적인 한담을 늘어놓을까 해. 언젠가 얘기했듯, 나는 《시사 IN》에 〈독서일기〉를 연재하고 있는 장정일 시인이나 몇몇 알려진 서평가들처럼 탐욕적인 독서가가 아니야. 그저 내 또래의 평균적 독서가라고 할 수 있지. 어쩌면 평균은 좀더 될 수도 있어. 그건 내 지적 갈증 덕분이라기보다는 내가 신문기자로서, 더 나아가 글쟁이로서 살아온 덕분일 거야. 책을 많이 읽는 사람이 덜 읽는 사람보다 꼭 더 지적이거나 현명한 건 아니야. 그러나 책은 우리가 직접 겪을 수 있는 세상보다 훨씬 더 넓은 세상을 간접적으로나마 체험하게 해주지. 그리고 삶에 재미를 주지. 재미! 사실 이것만큼 중요한 독서 목표는 없을 거야. 아무리 평판이 좋아도, 재미없는 책이라면 굳이 읽을 필요가 없어. 입시생들이 읽는 교과서나 참고서는 빼고 하는 말이야.

　어떤 사람들은 너무 바빠 책 읽을 시간이 없다고 말하지. 그건 아마 사실이겠지만, 궁리를 하면 아주 짬을 낼 수 없는 건 아니야. 예컨대 나는 화장실에다가 책 몇 권을 비치해놓고, 변기에 앉을 때마다 책을 읽곤 해. 또 지하철에서는 꼭 책을 읽지. 지하철에서의 독서는 승용차를 운전한다거나 IT 게임에 빠져 있는 사람들은 누릴 수 없는 호사야. 나는 운 좋게 또는 운 나쁘게, 승용차를 몰지도 않고 IT 게임에도 취미가 없어서 지하철을 독서실로 사용하고 있어. 버스에서 책을 읽는 건 피하는 게 좋아. 버스는 지하철과 달리 흔들림이 심해서 독서가 시력을 해치니까. 또 나는 잠자리에서 책을 읽는 버릇이 있어. 이건 반드시 추천할 일인지는 모르겠어. 책을 읽다가 스르르 잠이 들면 좋은데, 책이 너무 재미있으면 밤을 꼬박 샐 수도 있거든. 나처럼 출근을 안 하는 사람이라면 상관없지만, 아침에 출근해야 할 사람들에겐 잠자리 독서가 꼭 좋은 것만은 아니지. 물론 어떤 책들은 화장실이나 지하철이나 잠자리에서 찔끔찔끔 읽기엔 좀 무거울 수도 있어. 책상 앞에 앉아 정색을 하고 읽어야 할 책도 있다는 뜻이야. 하긴 진짜 독서가라면 책의 종류에 따라 책 읽는 장소를 달리 하지도 않겠지만, 나는 책에 따라 장소를 좀 가리는 편이야.

　그러면 나는 화장실에서, 지하철에서, 잠자리에서, 책상 앞에서 어떤 책들을 읽었을까? 그리고 어떤 책들이 가장 재미있었고, 어떤 책들에 가장 큰 감명을 받았을까? 요새 유행하는 말로 내 인생의 책은 뭘까? 장르에 따라 내게 가장 큰 재미나 감동을 준 책이나 저자를 나열하는 것으로 이 연재를 마치려고 해. 지금부터 나열하는 책은 반드시 고전도 아니고, 필독서도 아니야. 이 책들은 그냥 나와 관련해서만 의미가 있는 책들이야. 그러나 한 사람에게 깊은 재미나 감동을 준 책이라면, 다른 사람에게도 어느 정도 재미와 감동을 줄 수 있을 거야.

언젠가부터 나는 과학소설을 제외하곤 소설을 거의 읽지 않아. 그렇지만 이즈음에도 읽는 소설이 있는데 프랑스 작가 파스칼 키냐르가 쓴 소설들이야. 《세상의 모든 아침》부터 《신비한 결속》에 이르기까지 키냐르의 책들은 내게 재미와 감동을 동시에 줘. 그와는 좀 다른 방향에서 내게 재미와 감동을 준 소설들은 조지 오웰과 최인훈의 작품들이야. 그렇지만 넋이 빠지도록 재미있었던 건 이런 본격소설들이 아니라, 에릭 시걸과 존 그리섬의 대중소설들이었어. 그 소설들은 밥 먹으면서도 읽을 정도로 나를 홀렸어. 본격 소설가 세 사람, 대중소설가 두 사람, 이 다섯 사람이 내 인생의 소설가들이야.

독서라고 할 때는 보통 시를 제외하는 것 같은데, 시집을 읽는 것도 독서지. 내가 좋아하는 시인은 한국인으로는 서정주, 이용악, 백석 같은 이들이고 외국인으로는 아르튀르 랭보, 베르톨트 브레히트, 페데리코 가르시아 로르카 같은 이들이야. 소설과 달리, 아니 소설도 마찬가지겠지만, 시는 되풀이해서 읽을수록 거기서 새로운 맛이 느껴져. 그래서 좋아하는 시집은 여러 차례 거듭 읽게 되지. 사실 지하철을 타고 먼 길을 갈 때, 시집만 한 친구도 따로 없어. 지하철에서 읽고, 또 읽고, 또 읽으면서 그 시 텍스트에서 새로운 맛과 의미를 발견해내는 것은 서민에게만 허락된 행복이야. 소설도 마찬가지지만 시는 원어로 읽으면 느낌이 사뭇 다른데, 그렇다고 랭보를 읽기 위해 프랑스어를, 브레히트를 읽기 위해 독일어를, 가르시아 로르카를 읽기 위해 스페인어를 배울 수는 없는 노릇이지. 다행인 것은, 위대한 시 작품은, 좋은 번역가를 만난다면, 언어의 장벽을 통쾌하게 무너뜨리고 제 광휘를 뽐내.

희곡을 읽는 사람은 드문 것 같아. 사실 본디부터 레제드라마(읽는 희곡)로 쓰인 게 아닌 이상, 무대 위에 오른 연극을 볼 뿐 그 희곡을 찾아 읽게 되지는 않지. 연극배우나 연출가가 아니라면 말이야. 그렇지만 꼭 레제드라마가 아니더라도, 독서의 기쁨을 주는 희곡이 많이 있어. 나 같은 경우엔 윌리엄 셰익스피어나 알베르 카뮈의 희곡이 그랬어. 문학사에서 차지하는 비중으로 카뮈를 감히 셰익스피어에 비할 수는 없겠지만,《정의로운 사람들》이나《오해》같은 카뮈의 희곡은 젊은 날의 내 영혼을 떨게 했어.

이제 문학 바깥 세계로 나아가 볼까? 자연과학 책 얘기는 한

달 전 이 자리에서 했으니, 인문학이나 사회과학 분야의 에세이들 얘기만 할게. 20대 초반에 내 정신을 주조한 책은 카를 포퍼의 《열린 사회와 그 적들》과 존 롤스의 《정의론》이야. 나는 이 백신 덕분에 내 세대 사람 대부분이 한 번씩 앓았던 마르크스주의 열병을 앓지 않을 수 있었어. 마르크스주의는 한 세기 이상 인류의 거의 3분의 1에 커다란 영향을 끼친 사상이지만, 이제 경험적으로나 이론적으로 논파된 사상이야. 물론 여기에 동의하지 않을 사람이 많을 줄은 알아. 그러나 이거 내 사적 한담이니, 나는 마르크스주의를 틀린 사상이라고 주장할 거야. 내 소견엔 마르크스주의가 그 화사함과 정교함에도 불구하고 틀릴 수밖에 없었던 것은 마르크스를 비롯한 그 선지자들에게 '심리학'에 대한 관심이 옅어서였던 것 같아. 그들은 역사를 거시적으로 관찰하는데 너무 바빠서 사람의 본성에 관심을 기울이지 못했어. 그렇지만 마르크스와 그 동료들이 틀린 말만 한 건 아니야. 《공산당 선언》이나 《프랑스 내전》 같은 책에서 마르크스가 한 예언은 모조리 이뤄지지 않았지만, 그 팜플렛들은 역사적 문서로서 가치가 있어. 그리고 그 팜플렛들에 반쪽의 진실이 담긴 것도 사실이야. 그것들은 나를 변화시키지 못했지만 읽어볼 가치는 있어.

서양에서 에세이라는 건 각주가 덕지덕지 붙은 짧은 논문들을 제외한 비문학 작품 일반을 가리켜. 그래서 우리가 철학서라고 부르는 책들도 거의가 에세이에 포함되지. 전공자들이라면 언어철학자 또는 분석철학자라고 부르는 앵글로색슨과 오스트리아 저자들의 책이나, 흔히 포스트모더니스트라고 부르는 프랑스 저자들의 책을 마땅히 읽어야겠지만, 그 '에세이들'은 술술 읽히지 않아. 나는 직업적 필요로 그 책들을 읽었는데, 그 유파에 속한 저자들 가운데 내게 재미와 지적 자극을 동시에 준 사람은 미국의 존 설과 프랑스의 미셸 푸코밖에 없었어. 이 사람들의 텍스트마저 아주 쉽지는 않아서 읽기를 권하는 게 조금 망설여지네.

마지막으로, 다시 문학으로 돌아가자면, 우리가 흔히 문학비평이라고 부르는 책도 에세이에 속하지. 문학비평은 그 비평의 대상이 된 작품을 먼저 읽고 나서 읽는 것이 바람직하겠지만, 어떤 문학비평은 그 자체로 하나의 아름다운 세계를 구축하지. 내게 영향을 준 한국 문학비평가들은 김우창, 김현, 황현산 같은 분들이야.

이제 작별의 시간이 됐네. 이 난에서 나는, 돌아가신 이오덕 선생의 가르침에 따라, 구어체의 글쓰기를 시도해봤어. 내 말투, 곧 글투가 불편했던 독자들도 있었을 거야. 이 구어체 글쓰기가 성공했는지 실패했는지를 판단하는 건 독자들의 몫이지. 지난여름이 유독 뜨거웠으니, 이 가을은 풍성한 결실의 철이 됐으면 좋겠어. 모두들 강건하시길!

2016. 9. 12.

편지

〈경향신문〉, 2015. 8. 17. ~ 2016. 2. 15.

IS 전사가 되고자 하는 젊은이들에게

여러분은 어디에나 있습니다. 이슬람국가IS가 '성전聖戰'의 터전을 마련한 시리아와 이라크에만이 아니라, 런던과 코펜하겐과 스톡홀름 교외에도, 뉴욕의 브루클린과 파리의 벨빌과 로테르담의 에라스무스 다리 위에도, 마닐라와 도쿄와 서울의 뒷골목에도 있습니다. 그런 큰 도시들이 아니더라도, 여러분은 행성의 이 구석 저 모퉁이에 웅크리고 있습니다.

여러분의 손에는 스마트폰이나 태블릿PC가 쥐어져 있고, 여러분의 골방에는 랩톱이나 데스크톱이 널브러져 있습니다. 여러분은 서방 자본이 만들어 내다판 그 상품들을 통해 세상을 읽습니다. SNS는 여러분을 세상에 묶습니다. 세상의 비참을 여러분에게 보여줍니다. 여러분의 양식良識은 그 비참 앞에서 전율합니다. 때로는 먼 곳의 비참이 여러분의 비참과 포개집니다.

여러분의 살갗이 무슨 빛깔이든, 여러분은 무슬림이거나 무슬림에 연대감을 지닌 사람입니다. 여러분이 사는 곳에서 무슬림은 대체로 소수파의 징표입니다. 여러분은 젊습니다. 그 젊음 속에서 주류 사회에 대한 원망이 피어납니다. 그 정당한 원망은 좌절감으로 이어집니다. 여러분의 젊은 피와 좌절감은 정의에 대한 목마름을 낳고, 그 정의감이 IS에 문을 두드리라고 여러분을 유혹합니다. 총과 폭탄을 든 지하드 전사戰士가 되라고 귀엣말을 합니다.

젊음은 신체적 정신적 뛰어남을 보듬습니다. 젊음은 무엇보다도 열정을 뜻합니다. 열정은 가장 인간적인 것입니다. 열정 없이는 인간의 삶도, 역사도, 예술도 이뤄지지 않습니다. 나는 여러분의 그런 열정이 부럽습니다. 그런 한편, 그 열정이 걱정스럽기도 합니다. 눈먼 열정은 흔히 파멸로 가는 지름길이기 때문입니다. 역사의 모든 좋은 일이 열정 덕에 이뤄졌듯, 역사의 모든 나쁜 일도 열정 탓에 일어났습니다.

국제질서는 정의롭지 않습니다. 미국을 비롯한 서방세계는 무슬림에게 적대적입니다. 그 적대감은 중세 십자군전쟁 시기에 기독교도가 무슬림에게 보인 적대감을 판에 박은 듯합니다. 게다가 서방세계 정치인들의 심보는 자주 이해의 영역을 넘어섭니다. 그들은 시오니스트들이 팔레스타인에서 저지르는 학살과 압제를 모르는 척합니다. 그들은 여러분의 신성한 종교를 경시하거나 악용하는 군주와 독재자들의 뒷배를 봐줍니다. 그들은 입으로 전쟁을 반대한다면서도, 뒤로는 전쟁을 부추깁니다. 서방의 자본가들은 전장戰場에서 떼돈을 법니다. 그들에게 전장은 곧 시장입니다. 전쟁이 수지맞는 장사인 것입니다. 서방 언론은 표현의 자유라는 이름으로 여러분의 예언자를 모욕하고 조롱합니다.

여러분은 이런 이해할 수 없는 적의敵意 앞에서 당황하다가, 마침내 분노합니다. 여러분의 반서방주의, 여러분의 반유대주의에는 이해할 만한 점이 있습니다. 여러분은 정의를 이루려 이를 악뭅니다. 여러분은 선善에 이르고자 결기의 칼날을 벼립니다. 여러분은 마침내 행동에 나서고자 합니다. 대의를 위해 고향과 가족을 떠나고자 합니다.

그렇지만 차분히 생각해 봅시다. 정의를 향한 열정이나 선에 대한 집착은 드물지 않게 순수와 청결을 향한 강박을 뜻합니다. 그 강박은 이내 종교적 정치적 근본주의로 이어집니다. 여러분을 유혹하는 IS가 바로 그런 근본주의의 소굴입니다. 근본주의자들은 선을 독점합니다. 자기들을 신神의 사도라 여깁니다. 그들은 천사증天使症이라 부를 만한 질병을 앓고 있습니다. 천사증은 극도로 파괴적인 순수주의, 청결주의입니다.

지난 세기에 이런 순수-청결주의는 파시스트 사회와 공산주의 사회에 널리 퍼져 있었습니다. 독일 제3제국이 저지른 집시

유대인 장애인 동성애자 학살, 다하우 수용소와 아우슈비츠 수용소, 스탈린 정권의 모스크바 재판과 그 뒤 소련의 수용소 군도, 중국의 문화대혁명과 크메르루주의 킬링필드 같은 것이 이런 천사증의 소산입니다. 그 참혹한 피의 제전에는 순수와 청결을 향한 열정이 깊숙이 개입했습니다. 이런 천사증이 한반도 북쪽에는 지금도 유행하고 있습니다.

여러분을 호리는 IS는, 가장 너그럽게 봐줘도, 이런 천사증 환자들 무리입니다. 순수-청결 강박증 환자들이 종교의 이름으로 세속 도시들에 침입해 국가를 참칭하고 있는 것입니다. 말할 나위 없이, 서방은 도덕적으로 타락했습니다. 그러나 서방의 타락이 IS의 그 모든 악행을 정당화할 수는 없습니다. IS는 무고한 민간인들을 가장 잔인한 방식으로 살해하며 자랑스러워합니다. 그들은 어린 여성을 성性노리개나 노예로 삼으며 낄낄댑니다. 그들은 죽임과 죽음을 일상화합니다. 그리고 그 범죄들을 순수한 선에 이르려는 열정으로 포장합니다. 그들은 그 무시무시한 열정으로 지상에 천국을 만들겠다고 합니다.

그러나 역사는, 사람들이 순수와 청결과 선에 집착할수록 세상이 지옥에 가까워진다는 것을 얄궂게 증명해왔습니다. 악을 뿌리뽑겠다는 강박증이 더 큰 악을 낳습니다. 천사가 되고자 하는 강박증이 괴물을 낳습니다. IS는 천사증 환자일 뿐, 천사가 아닙니다. 따라서 여러분이 IS 전사가 된다 하더라도 천사가 될 수는 없습니다. 설령 된다 한들, 그 천사는 타락천사일 뿐입니다. 여러분의 종교에서도 인정하는 어느 유대인 선지자의 유창한 언변에 따르면, 번개처럼 하늘에서 떨어지는 사탄 말입니다.

여러분은 서방과 이스라엘 국가를 사탄으로 여길 것입니다. 미상불 그들은 사탄이 할 만한 짓을 끊임없이 저질러왔고 이 순간에도 저지르고 있습니다. 그들은 비판받아야 마땅합니다. 그렇지만 반유대주의와 반미주의를 얽어서 서방을 사탄으로 만들고, 그 의제된 사탄을 여러분이 일용할 양식으로 삼는다 해서, 세상이 지금보다 더 나아지지는 않습니다. 여러분은 다른 길을 골라야 합니다.

여러분이 꿈꾸는 혁명은, 그것이 이슬람 혁명이라 불릴지라도, 완전히 새로운 기획의 뒷받침을 받아야 합니다. 그 기획은 지루하고 점진적이어야 합니다. 여러분은 유토피아적 기획에 저항해야 합니다. 그런 이뤄질 수 없는 기획은 무책임한 광기를 뿜어내며 가뭇없이 휘발하거나, 실천의 욕망을 지며리 지탱하지 못해 결국 또다른 좌절로 이어질 것이기 때문입니다. 기획이 책임 있는 실천으로 이어지려면, 목표들이 제한적이어야 합니다. 상대적으로 겸손한 것이어야 합니다. 그래야 기획의 지평선이 멀어지지 않습니다.

가미카제식 순교는 기획의 지평선을 뒤로 까마득히 미룰 뿐입니다. 그 지평선을 현재에 가까이 가져오려면, 순수나 청결에 대한 집착과 선에 대한 독점욕을 버려야 합니다. 서방이 악의 한 부분이듯, IS는 더 큰 악의 한 부분이고, 심지어 여러분 역시 악의 한 부분임을 인정해야 합니다. 나 역시 스스로 악의 한 부분임을 선뜻 인정합니다. 우리는 불순함을, 불결함을 두려워하지 말아야 합니다.

지금, 혁명에 대한 여러분의 욕망은 반동에 이바지하고 있습니다. 여러분은 유토피아적입니다. 동시에 여러분은 가장 반동적입니다. 여러분이 꿈꾸는 이슬람 신정체제가 전체주의이기 때문입니다. 지난 세기의 나치즘이나 스탈린주의와 다를 바 없는 전체주의 말입니다. 여러분은 순수에 대한 강박을 지난 세기의 전체주의자들과 공유하고 있습니다. 청결에 대한 집착을 그들과 공유하고 있습니다. 선의 독점 욕망을 그들과 공유하고 있습니다.

어쩌면 여러분은 스스로 이성적이라고 생각할지도 모르겠습니다. 그러나 가미카제 지하디스트가 이성적이 될 수는 없습니다. 설령 가미카제가 이성을 지녔다 하더라도, 그것은 고작 자살적 이성일 따름입니다. 그 자살적 이성의 논리에 따라, 전쟁은 순교로 치장됩니다. IS의 근본주의자들에게 폭력은 성스러운 역사의 원동기일 뿐입니다. 그런 청결-순수주의는 데카르트 명제의 참혹한 변형으로 마무리됩니다. 나는 (나를) 죽인다, 고로 나는 (성화되어 순수하고 청결하게) 존재한다는 거지요. 게다가 그 자살적 이성은 그보다 더 섬뜩한 타살적 이성의 폭탄을 장착하고 있습니다.

인간의 도시가, 세속도시가 순수하게 성스러웠던 적은 한 번도 없었습니다. 세속은 거룩함을 배반하게 마련입니다. 속세는 무균실이 아닙니다. 세속도시는 본디 불순하고 불결합니다. 그러나 그 불순함과 불결함이 우리를 살아 있게 합니다. 위생처리된 공간은 사실 죽음의 공간입니다. 순수와 청결을 향한 집착은 죽음을 향해 뻗어 있는 레일입니다. 히틀러도 스탈린도 위생처리 전문가였습니다. 그래서 불순함과 불결함을 참아내지 못하고 학살과 억압을 자행했습니다. 그리고 제 딴엔 그런 '살균작업'을 선이라 여겼습니다. 지선至善에 이르려는 적극적 도덕 말고 악을 줄이려는 소극적 도덕을 실천 강령으로 삼읍시다. 불순한 것이 싱그럽습니다. 불결한 것이 아름답습니다.

2015. 8. 17.

캐럴라인 케네디 주일 미국 대사께

어떤 사람들은 아주 어린 나이에 유명인이 됩니다. 영화배우 셜리 템플이나 다코타 패닝 같은 꼬마 시절 이래의 스타들도 그렇지만, 당신처럼 유명한 부모를 둔 사람도 그렇습니다. 당신이 존케네디 대통령과 재클린 부비에 여사의 딸이 아니었다면, 내가당신의 존재를 그리 일찍 알게 되지는 않았을 것입니다. 내가 당신의 얼굴을 처음 본 것은 초등학교 3학년 때였습니다. 한국의한 어린이 잡지에 당신의 사진이 실렸습니다. 초등학생이었던 당신의 사진입니다. 사진 속 당신의 어여쁨은 동아시아의 후진국에 사는 사내아이의 가슴을 설레게 했습니다. 어린 당신은 샤를페로나 그림형제의 동화 속에서 막 튀어나온 공주 같았습니다.당신의 가족이 그 몇 해 전 겪은 비극조차 당신의 얼굴에 어떤신비감을 드리웠습니다. 그 뒤로 오랫동안 나는 당신을 잊고 있었습니다.

　지지난해, 당신이 주일본 미국 대사로 임명됐다는 소식을 듣고 나는 오랜만에 당신을 떠올렸습니다. 보스턴이나 워싱턴이나 뉴욕은 서울에서 너무나 먼 곳이지만, 도쿄는 비행기로 한 시간이면 갈 수 있는 곳입니다. 지구 반대편에 살고 있던 당신이 지척으로 이사왔다는 것이 조금 신기합니다.

　이 편지를 쓰기 전 당신의 트위터에 들어가봤습니다. 아키히토 천황에게 신임장을 제정하고 아베 신조 총리와 만나는 사진부터 며칠 전 트윗까지를 훑어봤습니다. 일본어와 영어를 동시에 쓰는 계정인 것이 좀 별나 보였습니다. 당신은 더러 일본어로만 트윗을 올리기도 했더군요. 일본어를 모르는 나는 당신의 그런 트윗들을 읽을 수 없었지만, 일본에 대한 당신의 애정을 읽을 수 있었습니다. 지난해 3월 여성의 달에 올린 피겨 스타 아사다 마오 씨의 사진 위에 당신이 'a true champion'이라고 써놓은 것을 보고, 나는 당연히 'the truest champion'인 내 동포 김연아 씨를 떠올렸습니다. 그렇습니다. 나는 지금 한국인으로서 당신에게 이 편지를 쓰고 있는 것입니다.

　당신은 미국 외교정책의 입안자가 아닙니다. 그러니 내가 한국과 일본, 미국의 관계를 되짚어보는 이 편지의 수신인으로 당신을 불러낸 것은 적절한 일이 아닐지도 모르겠습니다. 그러나 당신은 미국 대통령을 대신해 도쿄에 주재하고 있는 사람인 만큼, 이 편지의 수신자가 될 만도 합니다. 게다가 당신의 트위터에서 나는 미국 리버럴 지식인의 실루엣을 엿볼 수 있었습니다. 인종적 소수파와의 연대, 페미니즘, 평화 지향 같은 것 말입니다. 주일본 미국대사 캐럴라인 케네디는 리버럴 작가이자 법률가 캐럴라인 케네디이기도 합니다. 그렇다는 것은, 비슷한 이념을 나누고 있는 비슷한 연배 한국인의 투정을 당신이 받아줄 수도 있다는 뜻입니다.

당신은 축복받은 사람입니다. 당신의 트위터에서 당신의 어머니와 아버지, 당신의 남편과 아이들과 친구들의 사진을 봤을 때, 그리고 당신의 설명에 힘입어 그들이 죄다 모범적 가족이자 깨어 있는 시민이라는 것을 깨달았을 때, 당신이 문득 부럽기도 했습니다. 그러나 신칸센 열차에서 아베 총리와 나란히 앉아 이야기를 나누는 당신을 봤을 때, 여성인권 신장에 자기가 이바지했다고 자랑하는 아베 총리에게 당신이 감사를 표했을 때, 내 마음은 어쩔 수 없이 울가망했습니다. 그것은 물론 내가 한국인이기 때문입니다.

지난 15일은 제2차 세계대전 종전 70주년이 되는 날이었습니다. 한국인에게는 해방 70주년이었지요. 70년 전 한국인들에게 그 해방을 가져다 준 것은, 무엇보다도, 미국이었습니다. 그보다 40년 전 가쓰라-태프트 밀약이라는 것을 통해, 한반도를 보호령으로 삼겠다는 일본의 의지를 용인한 것이 미국이었듯 말입니다. 패전 70주년 하루 전날인 지난 14일 아베 총리가 발표한 담화를 당신도 들었을 것입니다. 당신은 어떤 느낌을 받았습니까? 백악관의 발표대로 당신도 그 담화를 환영하며 일본이 모든 국가의 모델이라고 생각했습니까?

나는 아베 담화를 미사여구로 치장된 책임회피이자 책임 떠넘기기로 이해했습니다. 일견 아베 총리는 미국과 주변 국가 시민들에게 사과를 한 듯 보입니다. 그러나 그 사과에는 아무런 구체성이 없었습니다. 일본의 우익인사들이 부정하고 있는 난징 대학살이나, 주로 한국인과 중국인들을 대상으로 한 생체실험(이 두 사건은 나치독일의 제노사이드나 생체실험과 나란합니다)이 거기서는 은유적으로도 거론되지 않습니다. 동아시아 역사의 상처이자 근대 여성사의 깊은 상처인 제2차 세계대전 시기의 일본군 위안부 여성들에 대해서 아베 총리는 "전장의 그늘에서 명예와 존엄에 상당한 상처를 입은 여성들이 있었다"고 우아하게 넘어 갔습니다. 반면에 그 담화는 자화자찬과 피해자 시늉으로 범벅 돼 있습니다.

아베 총리는 "러일전쟁이 식민지 지배 아래서 고통받는 많은 아시아 아프리카 사람들에게 용기를 북돋웠다"고 으스댔습니다. 그 러일전쟁을 빌미로 일본이 미국과 공모해 한국의 외교 주권을 빼앗고 식민지 지배를 시작했다는 말은 하지 않았습니다. 아베 총리는 또 히로시마·나가사키의 원폭 투하, 도쿄 공습,

오키나와 지상전으로 많은 사람이 희생됐음을 강조했습니다. 아베 총리가 가리킨 그 희생자들이 미군 병사들이나 한국인을 뜻하는 것은 아닐 것입니다. 그러고 나서는, 전후에 태어난 세대가 일본인의 8할이 넘는다며, 이들에게는 사과 의무가 없다고 못박았습니다. 요컨대 전후에 태어난 자기도 사과할 의무가 없다는 겁니다.

그런데 일본 정부가 언제 제대로 된 사과(예컨대 독일 수준의 사과)를 했는지 나는 기억할 수 없습니다. 1급 전범들이 합사된 야스쿠니 신사를 악착같이 참배해온 이들이 일본 정치인들입니다. "다시는 전쟁의 참화를 반복해서는 안 될 것"이라고 말하는 아베 총리는 소위 해석개헌과 그에 따른 군사 관련 법률들의 개악을 통해 일본을 전쟁국가로 만들고 있는 그 총리이기도 합니다. 성노예의 존재를 인정한 1993년의 고노 담화나, 식민지 지배와 침략전쟁을 명시한 1995년의 무라야마 담화는 아베 총리에게 잘못된 선례이거나 편리한 알리바이일 뿐입니다.

종전 70주년은 아베 총리가 그토록 유감스러워하는 히로시마 70주년이기도 합니다. 히로시마 70주년을 맞아 국제언론은 떠들썩했습니다. 여느 8월에 견줘서도 도드라지게 일본에 대한 동정론이 물결쳤습니다. 신문을 보니, 당신도 8월 6일 히로시마 평화공원에서 열린 위령식에 참석했더군요. 혹시 당신은 히로시마의 리틀보이와 나가사키의 팻맨, 이 두 원자폭탄의 희생자 열

사람 가운데 적어도 한 사람이, 많게는 두 사람 가까이가 한국인이라는 사실을 아는지요?

원자폭탄 투하는 정녕 끔찍한 일이었습니다. 그러나 이 두 차례의 원폭공격이 일본국가를 전범국가에서 희생자로 만들고 있는 상황까지 흔쾌히 받아들여야 할지는 모르겠습니다. 당신을 포함한 서방 지식인들은 히로시마라는 말에서 죄의식을 느끼는 듯합니다. 그런데 그 죄의식은 인류에 대한 죄의식도 아니고 희생자들 전체에 대한 죄의식도 아니고, 묘하게도 오로지 일본인들에 대한 죄의식인 듯합니다.

올해도, 히로시마 50주년이었던 1995년 8월처럼, 국제 언론은 소설가 오에 겐자부로 선생을 평화의 사도로 소환했습니다. 노벨 문학상 수상과는 무관하게, 오에 선생은 훌륭한 작가이고 견결한 평화주의자입니다. 그러나 어쩔 수 없는 일본인이기도 한 것 같습니다. 20년 전이나 지금이나, 히로시마를 얘기할 때 오에 선생의 마음에 전범국가 일본은 쉬이 떠오르지 않는 것 같습니다.

오에 선생의 《히로시마 노트》라는 책을 읽어보셨는지요? 그 책에는 저자가 《히로시마의 증언》이라는 책에서 읽었다는 한국인 피폭자 두 사람 얘기가 나오긴 합니다. 그렇지만 나는 이 위대한 작가가 한국인들이야말로 무고한 원폭 희생자라는 점을 어슴푸레라도 느꼈는지 모르겠고, 원폭투하가 일본의 침략 행위에 대한 응징이었다는 사실을 자각했는지도 모르겠습니다.《히로시마 노트》는 자기연민의 전시장입니다. 1963년 여름, 히로시마를 처음 찾은 오에 선생은 원폭병원 앞에서 승려들이 벌이는 '아우슈비츠-히로시마 평화행진'이라는 것을 목격하고는 거기 깊이 공감합니다. 히로시마를 아우슈비츠에 병렬시키는 역사의식이란, 그리고 거기 공감하는 작가의식이란 도대체 어떤 것일까요?

미국 처지에서 일본이 한국보다 더 중요한 우방이라는 것을 나는 압니다. 한국인들 대부분이 압니다. 그러나 일본이 재무장하는 데에 동의하는 것을 넘어서 그것을 독려하는 미국정부의 행태는 한국인들을 불안하게 합니다. 주일본 미국 대사인 당신에게 한국에 대한 고려를 요청하는 것은 지나친 일일 것입니다. 그러나 외교관 캐럴라인 케네디가 아니라 지식인 캐럴라인 케네디에게라면 그런 고려가 필요하다고 생각합니다.

건강하십시오.

2015. 8. 24.

프란치스코 교황 성하께

제가 사는 동아시아의 어떤 사람들은 이름이 운명을 결정한다고 믿습니다. 만약에 그 믿음이 옳다면, 교황님은 스스로 운명을 결정하신 분입니다. 아니, 교황님의 믿음에 따르면, 그것조차 교황님과 저의 운명을, 이 세상의 섭리를 주재하시는 하느님의 뜻이겠지요. 지지난해 프란치스코라는 이름으로 즉위하신 뒤 교황님은 12세기 이탈리아 아시시에서 태어난, 같은 이름의 성인이 21세기에 살았다면 했음직한 수많은 언행으로 사람들의 마음을 사로잡으셨습니다. 물론 그 언행들로 적을 만들기도 하셨지요. 그렇지만 그 적들의 수는 교황님이 교회의 새 친구로 맞아들인 사람의 수에 견주면 아주 작을 것입니다.

가톨릭교회의 수장으로서 사람들 앞에 처음 서게 되셨을 때, 교황님은 자신을 위해 특별히 마련된 연단을 마다하시고

"나는 여기 아래에 서겠다"며 군중과 함께 서셨습니다. 낮은 자리에 임하셨습니다. 성 프란치스코의 겸손과 소박을 고스란히 보여주셨습니다. "종교를 믿기 싫으면 각자의 양심에 따라 살면 된다"는 교황님의 말씀은, 저처럼 겸손할 줄 몰라서 불가지론을 추종하는 자에게 얼마나 큰 위안이 되었던지요.

즉위하시자마자 교황님은 "불평등이 사회악의 뿌리"이고 "규제 없는 자본주의는 새로운 독재"라며, 이 행성을 뒤덮고 있는 신자유주의 바람에 우뚝 맞서셨습니다. 돈이라는 우상을 허물며 가난한 이들을 위해 기도하셨습니다. "가난한 사람들과 이 행성의 허약함 사이에는 깊은 관련이 있다"고도 말씀하셨습니다. 그러자 교황님을 마르크스주의자라 비판하는 이들도 생겨났지요. 그래도 교황님은 꿋꿋하셨습니다. 아시시의 성 프란치스코가 그랬듯, 교황님은 스스로 가난하셨고 가난한 이들 편에 서셨습니다. 교황님은 "나이 들고 집 없는 사람이 노숙하다 죽은 것은 뉴스가 되지 않으면서 주가지수가 2포인트 떨어진 건 뉴스가 된다"고 개탄하셨습니다.

교황님이 사랑과 연대의 눈길을 건네신 것이 가난한 이들에게만은 아니었습니다. 모든 약한 자들, 핍박받는 이들이 교황님의 눈길을 받았습니다. 교황님은 성폭행을 비롯한 갖가지 인권 유린 상황에 목소리를 높이셨습니다. 더 나아가 교황님은 기후 변화와 물 부족을 비롯한 환경 문제에도 관심을 보이셨습니다.

지구의 북과 남 사이에는, 다시 말해 선진국과 후진국 사이에는 진정한 '생태적 빚'이 존재한다고도 말씀하셨습니다. 물론 북이 남에게 진 부채를 말씀하신 겁니다. 그리고 북은 그 채무를 이행할 생각이 없는 듯합니다.

인구가 늘어나는 게 문제가 아니라 일부 사람들의 극단적 소비주의가 문제라고도 말씀하셨습니다. 교황님의 그런 생태주의적 관심은, 교황님의 두 대 앞 전임자셨던 요한 바오로2세가 지난 세기 79년에 아시시의 프란치스코를 생태주의자들의 수호성인으로 선포한 것을 떠올리게 합니다. 교황님은 또 늘 세계평화를 위해 기도하셨습니다.

지난해 4박5일간 제가 사는 한국을 방문하셨을 때도, 교황님은 가톨릭신자들만이 아니라 선한 의지를 지닌 사람이면 누구나 공감할 말씀을 많이 하셨습니다. 교황님은 세월호 희생자들과 그 유족들에게 축복을 내리고 따뜻이 안으셨습니다. 교황님은 한국 주교들에게 "교회는 가난한 이들을 위해 존재한다"고 강조하셨습니다. 성모 승천 대축일 미사에서는 "물질주의의 유혹과 무한 경쟁의 물결에 맞서 싸우자"고 채근하셨습니다. 한국 수도자들과의 만남에서도 청빈한 삶을 거듭 역설하셨습니다. 프란치스코라는 이름의 위광을 재현하셨습니다. 평신도들과 만나셨을 땐 "모든 사람이 저마다 품위 있게 일용할 양식을 얻기 바란다"고 말씀하셨습니다. 교황님의 이 말씀을, 저는 감히, 제가 소속된 한국녹색당의 중요 정책인 기본소득과 연결시켜 봅니다.

교황님은 다른 사람의 삶을 인정하고 너그러워지라고 하셨습니다. 다른 종교 신자들을 개종시키려 하지 말고 그들의 믿음을 존중하라고까지 말씀하셨습니다. 그리하여 교황님은 기독교 신자들만이 아니라 모든 종교 신자들의 교사가 되셨습니다.

스스로 문을 닫아 병든 교회보다는 거리에서 상처받는 교회가 더 좋다고 교황님은 말씀하셨습니다. 교황님은 늘 인간의 존엄을 강조하셨습니다. 교황님은 그 존엄이 빵과 관련된다는 것을 아셨습니다. 교황님 말씀대로, 빵을 벌지 않으면 존엄을 잃게 됩니다. 그런데 이 비극이 오늘날 특히 젊은이들에게 해당된다며 새 세대의 불운함을 한탄하셨습니다.

교황님은 이라크를 비롯한 분쟁 지역의 난민들 때문에 가슴 아파하셨습니다. 개발도상국에서 선진국으로 흘러드는 이민자들에게도 다사로운 눈길을 건네셨습니다. 교황님은 기독교의 오랜 금기였던 동성애까지 품으려고 애쓰셨습니다. 국제정치에 대한 교황님의 개입은 교황님을 진정한 지도자로 만들었습니다. 교황님의 목소리는 교회의 울타리를 넘어서 세속의 그늘 후미진 곳까지 울려 퍼졌습니다.

교황님을 마르크스주의자라 비판하는 이들도 있지만, 어찌 보면 교황님은 재림 예수에 가까운 듯합니다. 가난한 이들의 친구이셨던 예수, 핍박받는 이들의 친구이셨던 예수 말입니다. 전통적 기독교 교리에 소홀하지 않으면서도, 교황님은 그 교리의 자구에 얽매이지 않고 기독교적 사랑의 보편성이 무엇인지 보여주셨습니다. 교황님은 기독교도이시면서 사회주의자이십니다. 동시에 평화주의자이시면서 생태주의자이시기도 합니다. 교황님은 적색 교황님이시면서 녹색 교황님이십니다. 아니, 무지갯빛 교황님이십니다.

지난해 12월 13일, 교황님은 그 날이 자신의 사제서품 기념일이라는 것을 알리시며 신도들에게 자신과 모든 사제들을 위해 기도해달라고 말씀하셨습니다. 그 말씀을 듣고 제게 문득 물음 하나가 떠올랐습니다. 왜 여성은 사제로 서품돼서는 안 될까 하는 의문이었습니다. 즉위하자마자 제일성으로 사람의 평등을 거론하신 분이 교황님이어서 더욱 그랬습니다.

교황님은 즉위하신 해 7월 브라질을 방문하고 바티칸으로 돌아가는 비행기 안에서 기자들에게(비행기 안에서의 즉석 기자회견이라니요? 교황님은 진정한 리버럴이십니다!) 여성 사제 서품은 안 된다고 못박아 저를 포함한 많은 사람을 실망시키셨습니다. 교황님은 "여성 사제 서품의 문은 닫혀 있다"고 말씀하신 뒤 "요한 바오로2세도 그렇게 말했다"며 그분에게 책임을 떠넘기셨습니다. 그러면서도 "성모 마리아가 사도들보다 중요하듯 오늘날의 교회 여성들도 주교나 신부보다 더 중요하므로, 더 많은 여성이 교회에서 지도력을 발휘하기 바란다"고 여성들을 허전하게 위로하셨습니다.

요한 바오로2세의 발언은 제가 기억하고 있습니다. 1999년 11월이었습니다. 당시 요한 바오로2세는 신도들을 접견하는 자리에서 여성은 남성의 도우미가 아니라 짝이라며, 양성兩性 사이의 '완전한 평등'을 촉구하셨습니다. 그러나 그분은 그 말씀을 하시기 바로 며칠 전, 여성에게 성직을 서품하지 않는다는 교회의 입장을 다시 확인하고 그것이 '하느님의 뜻'이라고 말씀하셨습니다. 여성은 남성과 '완전히' 평등하지만, 성직에 종사해서는 안 된다니오? 요한 바오로2세는 그때 '완전하다'라는 형용사를 보통 사람들과 다른 의미로 쓰신 것 같습니다. 요한 바오로2세의 그 말씀은 하느님이 여성과 남성을 달리 대하신다는 뜻이었을까요?

확실한 것은, 가톨릭 성직자들이 다 그렇듯 그 성직자들의 수장인 교황도 예나 지금이나 남성이라는 점입니다. 그리고 하느님의 대리자인 그 남성이, 요한 바오로2세가, 주후主後 세 번째 천년을 바로 앞둔 시점에, 여성과 남성의 완전한 평등이 아득히 멀다는 것을 야릇한 말장난으로 확인해주셨다는 겁니다. 교황님은 요한 바오로2세의 그 말씀을 추인하셨습니다.

요한 바오로2세의 언어유희는 공산주의 사회를 풍자한 조지 오웰의 소설《동물농장》의 한 대목을 떠올리게 합니다. "동물은 모두 평등하다. 그러나 어떤 동물은 다른 동물보다 더 평등하다"는 대목 말입니다. 그 말을 받아 우리는 "사람은 모두 평등하다. 그러나 어떤 성性의 사람들은 다른 성의 사람들보다 더 평등하다"라고 말해야 하는 걸까요?

성모 마리아와 같은 성性의 사람이 성직을 맡지 못하는 것을 저는 이해할 수 없습니다. 가톨릭은 '보편적'이라는 뜻인 것으로 압니다. 교황님도 "상대주의 문화는 한 사람이 다른 사람을 객체로 취급해 이용해먹게 만든다"라며 상대주의의 위험을 경고하셨습니다. 교황님의 보편주의에서 '여성 사제'가 누락돼야 하는 이유를 저는 모르겠습니다. 주교나 신부보다 더 중요한 교회 여성이 사제가 되는 것만은 안 되는 이유를 알고 싶습니다. 존경하는 프란치스코 교황님! 중세 이래 유럽을 떠돌던 여성 교황 요한나의 전설은 가톨릭교회의 추문이 결코 아닙니다. 그것은 거룩한 신탁이자, 교황님 품에 안긴 교회 여성의 간절한 희망입니다!

2015. 8. 31.

여운형 선생님께

서울 혜화동 큰길가에 엘빈이라는 커피숍이 있습니다. 선생님은 커피숍이라는 말이 귀에 설지도 모르겠습니다. 말 그대로 커피를 파는 곳입니다. 그곳에서 커피를 마시며 창밖을 내다보면, 혜화동 로터리가 한눈에 들어옵니다. 그럴 때면, 어쩔 수 없이, 거의 70년 전 바로 그곳에서 흉탄에 맞아 돌아가신 선생님을 생각하게 됩니다. 때로는 선생님에 대한 그리움이 추체험의 형태로나마 가슴에 사무칩니다. 해방된 조국에서 어찌 그리 허무하게 가셨는지요.

중국과 러시아와 일본을 오가며 그곳 정계의 거물들과 조선의 앞날을 의논했던 경륜에서, 독립운동 내부나 일본과의 관계에서 원칙을 지키되 타협을 무턱대고 거부하지 않는 전술적 유연함에서, 대중을 사로잡은 사자후에서, 국내에서의 거듭된

옥살이에서, 선생님은 한국 독립운동의 큰 어른이시자 헌걸찬 혁명가셨습니다. 선생님은 일본의 적들로부터까지 존경받는 분이셨습니다. 선생님의 막내 후배라 할 김대중 대통령이 정치인의 자질로 거론한 '서생의 문제의식과 상인의 현실감각'을 고스란히 체현하셨다는 점에서, 선생님은 또한 우뚝한 정치인이시기도 했습니다.

67년 전 오늘(1948년 9월 22일)은 반민족행위처벌법이 국회를 통과한 날입니다. 선생님께서 서거하신 지 한 해가 조금 지나서였습니다. 이 법에 따라 만들어진 반민족행위특별조사위원회가 이승만 초대 대통령과 일제하 반민족행위자들의 악의에 휘둘려 결국 흐지부지되고 만 전말을 이 자리에서 씁쓸히 되돌아보고 싶지는 않습니다. 아무튼 대한민국은 일제 강점기의 부역자들을 제대로 처리하지 못한 채 지금까지 이어오고 있습니다. 외려 민족반역자들 대부분은 해방되고 독립된 조국에서 일제시기처럼 안온한 삶을 누려왔습니다. '대일본제국 천황폐하'에 대한 그들의 충성심을 '반공'이라는 새 지배이데올로기로 바꿔치기한 채 말입니다. 그들의 배부른 후손들과 독립운동가들의 영락한 후손들의 대조적 삶을 견줘 보면, 세상에 정의라는 것이 있는지 의문이 들기도 합니다.

이런 삭막한 풍경을 바라보다가, 문득 계급(돈)과 신분(피)은 엄밀히 분리되는 범주가 아니라는 생각을 해봅니다. 돈과 피는 서로 섞이고 스미며, 서로를 강화하는 것 같습니다. 그 사실을 인식하는 것은, 우리가 혁명이나 해방이라고 부르는 것이 기존 사회질서를, 사회구성원들의 처지를 근본적으로 바꾸지는 못한다는 의구심으로 이어집니다. 사람들은 흔히 유럽의 시민혁명이 귀족을 역사의 전면에서 몰아내고 그 자리를 부르주아지로 채웠다고 말합니다. 그렇지만 진상에 더 가까운 것은, 귀족계급이 몰락하고 부르주아지가 득세하게 된 것이 아니라, 귀족이 부르주아지로 변하고 농노가 프롤레타리아로 변했다는 것이 아닐는지요.

시민혁명 이후 지배계급이 사회를 관리하는 양상은 바뀌었을지라도, 인적 연속성에서 과거와 단절된 새로운 지배계급이 들어선 것은 아닙니다. 물론 개개인의 운명에 돋보기를 들이대면 혁명의 물살에 휩쓸려 목숨을 잃거나 몰락한 귀족도 있겠고, 신분제 철폐 덕분에 부르주아지로 치솟은 해방 농노도 있겠지만, 큰 틀에서는 결혼과 교우관계를 비롯한 갖가지 인적망을 통해서 지배계급은 여전히 자기동일성을 지켜낸 것 아닐까요? 그것은 물론 기득권층이, 이 경우엔 귀족들이, 시민혁명 이전부터 지니고 있던 물적 토대 덕분에 가능한 일이었을 겁니다.

1989년을 기점으로 현실사회주의 체제가 무너지고 동유럽 국가들이 재자본주의화했을 때도 비슷한 일이 벌어졌습니다. 새로운 자본주의 사회에서 자본가가 된 것은 현실사회주의 사회의 반혁명분자들이 아니라 그 시절의 실질적 지배계급이었던 노멘클라투라였습니다. 한번 지배계급이면 영원히 지배계급이고, 한번 피지배계급이면 영원히 피지배계급이 아닌가 하는 슬픈 상념이 가슴을 에어냅니다. 그러니, 일제 강점하의 민족반역자들이 해방된 조국에서도 여전히 상층계급을 이루고 있는 것이 별난 일도 아닐지 모르겠습니다. 이내 망한다, 망한다 하면서도 욱일승천하고 있는 오늘날의 자본주의 세계에서 이 계급 고착화는 더욱 견고해진 것 같습니다. 프랑스 사회학자 피에르 부르디외가《재생산》이란 책에서 관찰했듯 말입니다.

이따금, 제가 일제 강점기에 살았다고 상상해봅니다. 저는 과연 선생님을 비롯한 독립운동가들처럼 민족에 떳떳한 길을 갈 수 있었을까요? 그것은 제 신분이나 계급에 따라 달라졌을 것입니다. 일제가 조선을 강점한 시기에 제가 해방노비였을 경우와, 명문가 자제였을 경우와, 평범한 양인이었을 경우에 선택이 달랐을 수 있다고 생각합니다. 제 신분, 또는 계급에 따라 몰락한 대한제국에 대한 충성심이 달랐을 테니까요. 민족은 때로 그런 신분이나 계급을 초월한 맹목의 고귀한 열정을 만들어내기도 하지만, 개개인의 일상에서 신분이나 계급이 민족에 대한 합일감에 적잖은 영향을 끼치기도 합니다.

그렇다 하더라도 선생님이 살아계셨을 때나 지금이나 세계는 국민국가 체제로 이뤄져 있고, 이상주의자들이 꿈꾸는 세계

정부라는 것은 아득하게 멀기만 하니, 애국심이나 순국은 아직도 그 의로움과 힘을 잃지 않았습니다. 게다가 대한민국이라는 국가의 법적 기반이 일본 제국주의의 부정인 만큼, 일제하의 반민족행위('친일'이라고 짧게 부르겠습니다. 여기서 친일은 적극적 친일을 말합니다. 우리가 친일이라고 부르는 것의 양태는 너무나 다양하니까요. 적극적 친일과 소극적 친일이 있을 수 있고, 확신을 지닌 친일과 강요된 친일이 있을 수 있고, 탐욕스러운 친일과 생계형 친일이 있을 수 있으니까요) 자체는 절대 자랑이 될 수 없습니다.

해방 뒤 오래도록 친일이 부끄러운 것으로 여겨졌던 것은 그래서 당연합니다. 친일 행위자들도 스스로 친일을 부끄럽게 여겼습니다. 그들은 제 과거를 숨기고 민족의 독립을 위해 무슨 일이라도 한 양 거드름을 피웠습니다. 선대의 친일행적을 민족해방운동으로 바꿔치는 일이 예사였습니다. 그런데 어느 순간, 이제 친일은 부끄러운 일이 아니게 됐습니다. 심지어는 외려 자랑스러운 일이 됐습니다. 식민지근대화론이라는 것이 퍼지면서 생겨난 현상입니다. 이 주장을 지지하는 사람들은, 일본 식민주의자들의 논리를 따라, 일제 강점기가 한국의 근대화 과정이었다고 말합니다. 일제가 한반도에 사회적 인프라를 깔고 산업을 진작시켰다는 겁니다. 그리고 현란한 통계수치를 들이대며 사람들을 얼떨떨하게 합니다. 이런 사람들 눈에는 일본제국주의자들의 섬뜩한 반인도 범죄와 조선인의 민족정체성 말살정책이 보이지 않는 듯합니다.

　민족반역자들 대부분은 한번도 과오를 뉘우친 적이 없습니다. 그들은 처음에는 제 친일을 숨겼습니다. 그리고 이제는 제 친일이 정당했다고 주장합니다. 대동아공영권은 어쩌면 그들이 지금도 꿈꾸는 위대한 아시아일지도 모릅니다. 그 결과는 대한민국의 분열증입니다. 공화국의 겉살은 과거 일본제국주의를 부정하지만, 그 속살은 일본제국주의의 자양분으로 채워져 있습니다. 일본에서도 비판받는 식민주의적 근현대사 교과서에 대해서, 일본 우익 정치인들의 거듭된 망언에 대해서, 일본 총리의 야스쿠니 신사 참배에 대해서 우리가 내지르는 항의가 공허하게 들리는 것은 그래서일 것입니다.

　친일을 옹호하는 사람들의 주장대로, 어쩌면 조선인들이 정치적 관심을 거두고 독립을 꿈꾸지만 않았다면, 식민지 조선은 그런 대로 살아갈 만한 세상이었을지도 모릅니다. 아니 지금 이 순간에도 그 정치적 관심만 거둔다면, 우리는 훨씬 더 행복해질지도 모릅니다. 그러나 정치적 관심을 거둔 인간을 온전한 인간이라고 할 수 있겠습니까? 정치를 누락시킨 삶이 온전한 삶이겠습니까?

　아마 저는, 일제가 조선을 강점했을 때 제 신분이나 계급이 어떠했든, 선생님처럼 한 생애 전체를 항일 독립운동에 바치지는 못했을 것입니다. 제가 조선중앙일보 책임자였다면 과연 선생님처럼 손기정 선수의 가슴에서 일장기를 지울 용기가 있었을지요. 부끄럽습니다, 선생님!

그러고 보니 어제가 선생님께서 주도하신 조선인민공화국 선포 70주년이었군요. 반反사실 추론을 통해 대체역사를 상상하는 것은 허튼 짓입니다. 그러나 그것은 때로 심심파적을 넘어서, 어떤 사건들의 의미를 또렷이 하는 데 보탬이 되기도 합니다. 미군정이 선생님께 우호적이어서 조선인민공화국을 인정했다면, 우리가 성급한 민족주의를 자제하고 신탁통치를 받아들였다면, 견고한 좌우합작을 통해 중립을 지향했다면, 선생님께서 불의에 돌아가시지 않았다면, 우리는 약간의 우여곡절을 겪었더라도 통일된 민주국가를 세울 수 있지 않았을까 하는 생각을 해봅니다. 운이 좋았다면 오스트리아의 길로, 운이 조금 나빴다 해도 핀란드의 길로 나아갈 수 있었겠지요. 그런 생각을 할수록 선생님이 더욱 그립습니다. 그것은 원망스러운 그리움입니다. 며칠 새 혜화동 로터리의 주막에서 술을 한잔 해야겠습니다.

2015. 9. 22.

고향에 묻힌 세 살배기 난민 아일란 쿠르디에게

무슨 말로 시작해야 할지 모르겠구나. 이 편지는 아저씨가 평생 써본 편지 가운데 가장 힘들고 슬픈 편지가 될 것 같아. 이 세상에서 결코 이 편지를 읽을 수 없는 너를 불러내는 것이 과연 옳은지 고민도 했단다. 너와 네 형, 그리고 엄마에 대해 무슨 말을 한다는 것이 도리가 아닌 것 같았어. 그러나 한편으론 아무 말도 하지 않는 것도 도리가 아닌 것 같았단다. 결국 마음이 뒤쪽으로 기울어져, 용기를 내 네게 이 편지를 쓴다. 세상의 모든 어른들을 대신해서.

죽음을 비롯한 끔찍한 비극을 통해서만 세상에 이름을 알리는 이들이 있단다. 그것도 범상한 죽음이 아니라 참혹한 죽음을 통해서만. 세 살배기 꼬마 아일란 쿠르디! 너도 그런 불행한 사람이 되었구나. 다섯 살배기 네 형 갈립과 사랑하는 엄마 레한과 말이지. 네 이름과 모습은 9월 내내 아저씨의 마음을 극도로 우울하게 했어.

네 가족들이 터키를 통해 무사히 그리스에까지 갔다면, 터키 보드룸 해안에 떠밀려온 네 어린 시신을 도안 통신 기자 닐류페르 데미르 아줌마가 찍어 전세계에 알리지 않았다면, 네 이름을 아는 사람은 거의 없겠지. 그런데 너는 닐류페르 아줌마를 통해 네 이름을 널리 알림으로써 네 조국 시리아 내전의 비참함을 전세계 사람들에게 다시 한 번 일깨웠고, 여러 나라 정부로 하여금 난민 정책을 새롭게 짜게 만들었구나. 난민을 받아들이지 않겠다던 영국의 고집불통 총리 데이비드 캐머런 아저씨까지, 네 사진을 보고 분노한 사람들의 여론에 굴복해 시리아 난민 수천 명을 받아들이겠다고 결정했단다. 네 죽음은 그로써 역사적 죽음이 되었지.

SNS에서 네 사진과 사연을 처음 접했을 때, 나는 되도록 네 사진이 널리 퍼지지 않길 바랐단다. 프랑스의 〈르몽드〉나 영국의 〈인디펜던트〉 같은 훌륭한 신문들이 네 참혹한 사진을 1면에 실었을 때도, 젊은 시절 기자였던 아저씨는 잠깐 저널리즘의 윤리에 대해 고민했어. 그러나 이내 네 사진이 널리 알려지는 게 좋겠다는 생각이 들었지. 변명을 하자면, 네 사진의 참혹함은 깊숙하되 노골적이진 않았어. 그곳이 바닷가의 차가운 모래사장이 아니라 안온한 침대였다면, 네 사진은 사랑스럽기만 했겠지.

네 사진을 찍은 닐류페르 아줌마는 "네 시신을 보는 순간 겁에 질렸다"며 그럼에도 "네 사진을 찍는 것이 '쿠르디의 침묵하는 몸이 지르는 비명'을 표현할 유일한 방법"이었다고 말했어. 그래, 닐류페르 아줌마의 말처럼 네 침묵하는 몸은 그 자체로 커다란 비명이었고, 그 비명을 전세계 사람들이 들었지. 그리하여 네 문제는 우리 모두의 문제가 되었고.

그러나 가족 중 혼자 살아남은 네 아빠에게 너와 형, 엄마의 죽음은 견딜 수 없는 비극이었어. 아빠는 사고 직후 "이젠 유럽으로 가고 싶지 않다"며 "어린 아들들과 아내의 주검을 고향 코바니로 데려가 묻어주고, 무덤가에서 앉아 있고만 싶다"고 말했지. 아빠의 바람대로 너는 네 조국 시리아의 코바니로 돌아가 형과 엄마와 함께 묻혔구나.

아일란! 네 조국의 내전은 네가 태어나기 두 해 전에 이미 시작됐단다. 독재자 알아사드 대통령을 따르는 정부군과 서방의 지원을 받는 반정부군, 그리고 신정국가 건설을 꿈꾸는 이슬람국가IS까지 얽히고설켜 네 조국의 땅덩어리는 사분오열되었고, 매일 수많은 사람이 죽어나가거나 유럽으로 피난을 하고 있어. 네 성姓 쿠르디를 보고 아저씨는 네가 쿠르드족 아이일 것이라고 짐작했어. 중동 여러 나라에 흩어져 있는 네 민족의 비극적 역사를 아저씨도 조금은 안단다. 그리고 쿠르드 민족국가가 세워지길 염원한단다. 아저씨의 민족도 분단과 이산 속에서 반목을 계속하고 있기 때문이기도 해.

사랑하는 아일란! 네게 죄가 있다면 전쟁 중인 나라에 태어났다는 죄밖에 없어. 그리고 실상 그 죄는 네가 지은 것도 아니지. 그리고 너는 그 전쟁을 피해 고향을 떠났다가 세 살 나이로 죽었어. 네가 보드룸 해안에서 싸늘한 시체로 발견된 지 얼마 뒤, 네 나이 또래인 영국 왕손王孫 조지가 제 무릎에 생후 4개월짜리 여동생 샬롯을 앉히고 있는 사진을 봤단다. 같은 시대에 엇비슷한 나이로 살았던 너와 조지의 삶이 너무 달랐다는 데에 생각이 미치니, 이 세상의 비참이 더욱 견디기 어려웠어. 지금은 영국이나 미국에서 태어나는 것과 시리아나 이라크에서 태어나는 것이 그 사람의 일생을 완전히 다르게 결정해 버리는 슬픈 시대란다. 도대체 선線이 무엇이길래, 국경이 무엇이길래, 사람의 운명을 그렇게 달리 만들 수 있단 말이니? 자본은 형태를 지니지 않은 채 온 세상의 국경을 멋대로 넘나들지만, 정작 사람은 이주의 자유가 없는 이따위 세상! 그 깜깜한 밤배에서, 그 깜깜한 밤바다에서 어린 너는 얼마나 무서웠을까!

아저씨는 세 살 적 기억이 거의 나질 않아. 네가 무사히 유럽이나 아메리카에 도착해 어른으로 성장했다면, 너도 세 살 적 기억을 또렷하게 떠올릴 수 없었을 거야. 그러나 세 살에 삶을 마감한 너는 그 3년의 기억을 아주 또렷하게 기억하고 있겠지. 바다에 빠져 허우적거리며 비명을 지르던 그 마지막 순간까지를.

그 절망의 순간까지를. 그 생각을 하면 지구 반대편에 살고 있는 아저씨의 가슴도 찢어질 듯해. 너는 네게 아무런 책임도 없는 전쟁의 파도에 휩쓸려 짧은 삶을 마쳤어. 어른으로서 네게 정녕 부끄럽구나. 그 어른들 중에는 계산속으로 난민들에게 냉혹한 태도를 취하는 정치인들에서부터, 난민들에게 돈을 뜯어내고 약속을 지키지 않는 밀입국업자들까지 온갖 나쁜 사람들이 포함돼 있어. 네 가족과 다른 난민들이 배에서 입었던 구명조끼가 가짜였다는 보도는 네 죽음을 더 서럽게 했단다.

고향을 떠나고자 하는 사람이 어디 그리 흔하겠니? 키난 마살메흐라는 열세 살 난 시리아 난민 소년은 헝가리 부다페스트의 켈레티역에서 독일행 기차를 기다리며 기자에게 이렇게 말했단다. "시리아 사람들을 도와주세요. 우리는 유럽으로 가고 싶지 않아요. 전쟁만 멈춰주세요. 그게 다예요." 그렇지. 전쟁 없이 평화로운 시리아, 정의가 실현되는 시리아라면, 굳이 너와 네 가족이 난민이 될 이유도 없었겠지.

사랑하는 아일란! 네게 위로는 전혀 되지 않겠지만, 세상에는 너 말고도 많은 아일란이 있단다. 예전에도 있었고, 앞으로도 완전히 사라지진 않겠지. 냉전이 끝나고 세상에 평화가 올 거라는 희망이 생겼던 1990년대 초부터, 난민은 오히려 늘어나기 시작했단다. 옛 유고슬라비아 내전을 기점으로 유럽과 서남아시아와 북아프리카에서 수많은 난민이 생겼어. 너에게는 너무나 먼

땅일 중국과 북한의 국경에도 난민들이 있단다. 그 난민들 가운데 어떤 아이들은 때로 너보다 더 흉한 일을 당하기도 해.

그러나 빨간 티셔츠에 파란 반바지를 입고 보드룸 해안에 엎어진 채 모래에 얼굴을 묻고 누워있는 네 사진을 세계는 잊지 않을 게다. 살아서 곰인형을 사이에 두고 네 형 갈립과 함께 얼굴에 웃음을 함빡 담은 채 찍은 사진도 세계는 잊지 않을 게다. 고향에서 활짝 웃고 있는 네 독사진들도 잊지 않을 게다. 아니 악착같이 잊지 않아야겠지. 네 죽음은 인류의 수치이니까.

아마도 많은 사람이 네 죽음을 이내 잊고 싶어할 거야. 네 시신의 모습을 계속 기억에 담아두는 것은 힘든 일이니까. 경험하는 모든 것을 현미경사진처럼 기억하는 사람은 도무지 일상생활을 이어갈 수 없으리라는 걸 이해하겠니? 그런 한편, 망각은 문제의 해결을 뒤로 미룰 뿐 결코 치유하지 못한단다. 내전 중인 네 조국 시리아는 바로 아저씨 곁에 있어. 아니 아저씨 자신이 시리아에 있어. 너와 나의 조국 '시리아'의 그 비참에 맞서는 첫걸음은 기억의 회복이 돼야 하겠지. 그 기억을 회복한 뒤에야, 우리는 사랑을 회복할 수 있고, 자유를 회복할 수 있고, 마침내 평화를 회복할 수 있을 거야.

아일란! 세상은 너를 받아주지 않았지만 알라신은 너를 받아주셨을 거야. 아저씨는 신이 계신지 그렇지 않은지 알 수 없지만, 지금 이 순간에만은 알라신이 계시길 바란단다. 네 어리고 순수한 영혼을 그분이 따스하게 받아주셨기 바란단다.

사랑하는 아일란! 너는 단지 시리아인이고 쿠르드족인 것만이 아니야. 너는 시리아인이고 쿠르드족인 동시에, 한국인이고 독일인이고 영국인이야. 아저씨 역시 마찬가지지. 아저씨는 단지 한국인인 것만이 아니고, 시리아인이고 쿠르드족이고 이라크인이야. 너와 나는, 우리 모두는 시리아인이야. 그 말은 우리가 모두 지구인이라는 뜻이기도 해. 이제 시련도 고통도 슬픔도 없을 곳에서 편히 쉬렴, 아일란.

2015. 9. 14.

프라이버시권의 투사 에드워드 스노든 씨께

당신이 어디에 있는지 나는 모릅니다. 러시아 어딘가에 있으리라 짐작은 합니다. 러시아 당국은 물론이고, 당신을 반역죄나 간첩죄로 기소하려 작심하고 있는 미국 정부도 당신이 어디 있는지 잘 알 것입니다. 당신이 비판한 미국 국가안보국NSA과 다섯 개의 눈Five Eyes이 당신을 포함한 수많은 사람들을 감시하고 있을 테니까요. 미국 정부는 당신의 소재를 몰라 전전긍긍하고 있는 것이 아니라, 문명국으로서의 이미지, 러시아와의 관계 따위 때문에 당신을 그냥 놓아두고 있을 뿐입니다.

지지난해에 당신이 NSA와 Five Eyes의 전세계 민간인 사찰을 폭로했을 때, 당신 나라 정부의 부도덕함을 폭로하고 홍콩으로 피신했을 때, 그리고 마침내 러시아에 망명했을 때, 내게 제일 먼저 떠오른 것은 당신의 나이였습니다. 당신은 내 큰아이보다 한 살 아래입니다. 살아온 세월보다 살아가야 할 세월이 더 긴 사람입니다. 당신이 살아가야 할 세월은 가시밭길일 것입니다. 당신의 용감한 행동을 기린 로라 포이트러스 감독의 다큐멘터리 〈시티즌포Citizenfour〉도, 내년 초에 개봉한다는 올리버 스톤 감독의 영화 〈스노든〉도, 전세계에서 버락 오바마 대통령에게 날아드는 사면청원도 당신을 온전히는 자유롭게 만들지 못할 것입니다. 당신은 너무 젊은 나이에 정의를 안온과 바꾸었습니다. 미국의 이라크 침공과 관련된 군사 외교문서를 위키리크스에 전달한 탓에, 언제 끝날지 모르는 감옥 생활을 하고 있는 브래들리 매닝 일병(아, 그가 자신의 여성정체성을 선포했으니 이제 첼시 매닝이라고 해야 하겠죠)도 마찬가지입니다. 당신들은 용기 있고 정의로운 사람들입니다.

극소수 진보언론을 제외한 서방언론 대부분이 당신에게 반역혐의를 걸어 십자포화를 퍼부었습니다. 그리고 그 극소수 진보언론마저 미국을 비롯한 서방 정부의 압력에 굴복해 '고밀도高密度 감시사회'라는 의제를 시나브로 주변화하고 말았습니다. 젊은 당신의 싸움은 길어질 것이 틀림없고, 그 싸움에서 당신이 이기리라는 보장도 없습니다.

흔히 FVEY라 부르는 Five Eyes는 당신도 잘 알다시피, 오스트레일리아와 캐나다와 뉴질랜드와 영국과 미국을 아우르는 정보동맹입니다. 당신의 폭로에도 불구하고, 미국을 주축으로 한 이 다섯 나라의 정보동맹은 굳건할 것입니다. 에슐론이든 프리즘이든, Five Eyes가 당신의 폭로로 개과천선을 하거나 치명상을 입어 민간인 감시 활동을 멈추지는 않을 것입니다. 실제로 당신이 이 나라 정보기관들의 불법활동을 폭로하고 쫓기는 몸이 된 뒤에도, NSA가 동맹국 시민들과 정부수반들을 계속 도청해왔음이 속속 드러났습니다. 누군가가 풍자했듯, 오바마 대통령은 자신이 첫 번째 대통령 후보 시절 써먹었던 "우리는 할 수 있습니다Yes, we can"를 "우리는 감시합니다Yes, we scan"로 바꿔버린 것입니다. 이 세계 최고의 권력자가, 미국과 세계를 위해 많은 좋은 것을 이뤄낸 이 권력자가, 불행하게도 감시사회에 대한 감수성은 무딘 듯합니다.

1984년이 백남준씨의 경쾌한 비디오 아트 〈굿모닝 미스터 오웰〉로 시작했을 때, 조지 오웰이 소설 《1984》에서 묘사한 음산한 감시사회는 작가의 지나친 비관주의가 빚어낸 군걱정으로 보였습니다. 그러나 오웰은 옳았습니다. 옳은 정도가 아니었습니다. 지금 돌이켜보면, 소설 《1984》는 묵시론적 예언처럼 소름을 돋게 합니다. 《1984》 속의 감시국가 이름은 오세아니아입니다. 소설 속에서 오세아니아는 미국이 영국을 합병해서 만든 나라로 설정됩니다. 그런데 Five Eyes를 이루는 다섯 나라가 바로 그렇습니다. 오세아니아는 해양국가라는 뜻입니다. 미국과 캐나다, 오스트레일리아, 뉴질랜드, 영국은 밀접한 동맹관계에 있는 해양국가들입니다.

그런데 바로 이 해양국가들이, 이 '오세아니아'가, 밀접한 정보동맹을 구축해 제 나라들과 전세계를 감시하고 있는 것입니다. 지금 현실 속의 Five Eyes는 조지 오웰의 《1984》속 오세아니아와 섬뜩하게 포개집니다. 또 하나의 해양국 일본이 거기 포함되지 않은 것도 신기합니다. 인종 차이는 있으나, 일본은 미국에게 다른 네 나라만큼이나 가까운 동맹국입니다. 그런데도 정보동맹에서 한 발짝 떨어져 있습니다. 소설 《1984》에서 일본열도가 오세아니아가 아니라 이스트아시아에 포함돼 있듯 말입니다. 오웰이 귀신이라도 들렸던 것일까요?

당신의 용감한 내부 고발 덕분에, 우리들은 프라이버시가 거의 없어진 세상에 살고 있음을 깨닫게 되었습니다. 그리고 우리들의 프라이버시는 종말을 향해 돌진하고 있는 듯합니다. 정부나 거대 기업에게는 시민들의 프라이버시 세목들이 필요하기 때문입니다. 그들은 우리를 감시하고 통제합니다. NSA를 중심으로 한 Five Eyes에게는 테러를 막는다는 커다란 명분이 있습니다. 그들은 그 감시체계 덕분에 우리가 좀더 안전하게 살고 있다고 주장합니다. 그들은 프라이버시가 가장 밀도 있는 자유의 공간이라는 것을 모르는 체합니다. 거대 기업들 역시 감시체계가 정보 절도를 막는 데 효과적 역할을 한다고 주장합니다. 그들은 정보 절도를 막기 위해 정보를 절도하고 있는 것입니다. 그 결과로, 우리들은 유리벽 속에서 살아야 하는 것이죠. 우리 모두가 《1984》 속의 윈스턴 스미스가 되고 있는 것입니다.

미국 연방 대법원 판사를 지낸 루이스 브랜다이스라는 이를 당신도 아시겠지요. 자유주의적-진보적 판결들로 프랭클린 루스벨트 대통령의 뉴딜 정책을 법적으로 지원한 분입니다. 물론 그가 루스벨트 대통령을 추종하기만 했던 건 아닙니다. 초기 뉴딜 정책의 뼈대 노릇을 했던 전국산업부흥법이 입법권을 행정부에 부당위임했다는 이유 등으로 그 법에 위헌판결을 내리기도 했습니다. 우드로 윌슨 대통령이 그를 연방대법관으로 지명했을 때, 그가 유대인이라는 이유로 반대하는 여론도 꽤 있었습니다. 그러나 그는 당신처럼 용기 있고 정의로운 사람이었습니다.

브랜다이스 판사는 동료 올리버 웬델 홈스 판사와 함께 표현의 자유의 가장 강력한 옹호자이기도 했지만, 이미 34세의 젊은 나이에 〈하버드 법률 리뷰〉지에 '프라이버시권Right to privacy'이라는 논문을 써 사생활이 인권임을 처음으로 명시한 법률가였습니다. 브랜다이스 판사에 따르면 프라이버시권은 자연권이었고, 홀로 남겨질 권리right to be left alone였고, 남의 관심을 받지 않을 권리였습니다. 브랜다이스 판사가 프라이버시권이라는 개념을 확립한 1890년엔 프라이버시가 인권이라는 생각을 법률가들 대부분이 하지 않았습니다.

19세기 말의 브랜다이스 판사가 초첨단 IT 기기들의 힘으로 이뤄진 오늘날의 고밀도 감시사회를 예견했을 것 같지는 않습니다. 그런데도 그는 그때 이미 사생활권이라는 것의 중요함을 인식했습니다. 브랜다이스 판사는 정보통신 기술이 아주 유치한 단계에 있던 그 시절에, 이미 권력과 자본이 개인들의 프라이버시를 해칠 것을 우려했던 것입니다. 최근 한국에서도, 미국의 중앙정보국CIA에 해당하는 국가정보원이 이탈리아 IT 기업에서 기계들을 사들여 민간인들을 감시해왔다는 사실이 드러나 논란이 인 바 있습니다.

　얄궂은 것은 당신의 망명지가 러시아라는 사실입니다. 그것은 물론 미국의 동맹국들이 당신의 망명을 받아들이지 않아서 불가피하게 생긴 일입니다. 러시아 방문을 마치고 귀국하는 에보 모랄레스 볼리비아 대통령 전용기에 당신이 몰래 탔다는 잘못된 정보를 입수하고, 프랑스와 포르투갈 정부에 압력을 가해 그 비행기가 그 나라들의 영공을 통과하지 못하게 했을 정도로 당신을 체포하려는 미국 정부의 의지는 강했습니다. 결국 볼리비아 대통령은 오스트리아의 빈 공항에 착륙해 자기 비행기에 당신이 탑승하지 않았다는 것을 증명해야 했지요. 이것은 당신의 조국 미국이 그다지 우아한 외교를 하지 않았다는 뜻입니다. 그러나 그 모든 것이 불가피했다 하더라도, 블라디미르 푸틴 대통령 치하의 러시아가 오바마 대통령 치하의 미국보다 훨씬 악화한 감시사회라는 것은 당신도 나도 인정할 것입니다.

내가 당신의 처지에 놓였다면, 더구나 내가 당신처럼 젊었다면, 나는 당신이 보여준 용기를 도저히 내지 못했을 것입니다. 미국 정부와, 더 넓게는 Five Eyes와 개인의 싸움이 어떤 결과를 낳을지 지금으로선 또렷해 보이기 때문입니다. 당신에게 경의를 표합니다. 그리고, 쉽지는 않겠지만, 당신과 당신의 친구들이 이기기 바랍니다. 경의를 표할 대상이 또 한 사람 있습니다. 프라이버시권이라는 것을 처음 생각해낸 위대한 법률가 루이스 브랜다이스입니다. 오늘은 그분의 74번째 기일입니다. 당신이 지금 어디에 있든, 브랜다이스 판사에게 표하는 경의를 나와 나누기 바랍니다. 당신의 친구로서, 당신의 언어로 당신을 격려하는 걸 허락하시기 바랍니다. Hang in there, Ed!

2015. 10. 5.

친애하는 따루 살미넨 여사께

뵌 지 꽤 됐습니다. 그간 제가 술 마시기를 게을리한 건 아닌데, 어쩌다 보니 따루주막엘 못 갔습니다. 〈딴지일보〉에서 일하는 젊은 친구로부터 따루 씨가 김어준 씨와 팟캐스트를 함께 하신다는 얘기를 최근에 들었습니다. 인터넷에서 따루 씨를 검색해 보니 그간 활동이 대단하셨더군요. 방송출연과 집필, 특히 수많은 번역! 제가 절필하고 나서 세 해를 놀고먹는 동안에도 따루 씨는 그렇게 열심히 사신 걸 알고 놀랐습니다. 따루 씨를 따루주막의 '파트타임 주모(!)'로만 알고 있었으니, 제가 세상 소식에 이만저만 어두운 게 아니었습니다. 따루주막을 운영하는 것은 부업이고, 글쓰기와 방송 출연이 본업임을 알겠습니다. 이제는 대한민국 셀럽 클럽에 가입하셔도 될 듯합니다. 〈미녀들의 수다〉에 출연하실 때도 이미 대한민국의 셀럽이었지만요.

벌써 오래전에 논파된 이론이지만, 19세기부터 20세기 전반기에 걸쳐 역사-비교언어학자들은 핀란드어와 한국어를 우랄-알타이어족이라는 한 어족으로 묶었습니다. 그들은 그러면서 핀란드와 헝가리, 터키, 몽골, 한국 사람들이 인종적으로 가까우리라고 추정했습니다. 일부 인류학자들은 이 역사-비교언어학자들의 학설을 좇아, 페르시아어로 투란이라 부르는 중앙아시아 어디쯤을 우랄-알타이어족의 본향Urheimat으로 추측했고, 아주 오래전 그 지역에서 우랄-알타이 조어祖語를 쓰고 살았으리라 그들이 상상한 사람들을 투란족Turanid race이라 불렀습니다. 그 투란족 일부는 서쪽으로 가 핀란드와 헝가리 등지에 정착했고, 다른 일부는 동쪽으로 가 몽골과 한반도 등지에 정착했다는 거지요. 이 이론에 따르면, 따루 씨와 저는 아주 가까운 인종에 속합니다.

물론 투란족이라는 개념이나 우랄-알타이어족이라는 개념은 이제 폐기됐습니다. 우랄족과 알타이어족은 서로 다른 어족이라는 것이 확인됐고, 핀란드어와 헝가리어 등은 우랄족에 속한다고 보는 것이 다수설입니다. 제가 사용하는, 그리고 따루 씨도 썩 잘 구사하는 한국어는 당초 알타이어족에 속한다는 것이 다수설이었지만, 지금은 그 기원을 알 수 없는 '고아 언어' 취급을 받고 있습니다. 아무튼 지금부터 한 세기 전쯤 역사-비교언어학자들과 인류학자들이 핀란드인과 한국인의 혈연적 친연성을 상상한 것은 재미있는 일화입니다. 그러나 핀란드인과 한국인이, 다시 말해 따루 씨와 제가, 투란족이라는 한 인종에 속하든 그렇지 않든 그게 무슨 상관이겠습니까? 이 무한한 우주의 한 행성에서, 더구나 한 도시에서 같은 시대를 살고 있다는 것만 해도 따루 씨와 저는, 불교식으로 말해, 이미 인연이 있는 거지요.

따루 씨는 말하자면 이주노동자입니다. 그러나 한국인들이 이주노동자라고 할 때 떠올리는 이미지와는 아주 다른 일을 하고 있습니다. 따루 씨는 지식노동자인 것입니다. 동남아시아나 아프리카에서 온 이주노동자들은, 그가 설령 따루 씨처럼 고등교육을 받은 이라고 하더라도, 대개는 육체노동에 종사합니다. 따루 씨가 책을 쓰거나 방송 시사프로그램에 참여하는 등 일종의 지적 노동에 종사하는 것은 따루 씨가 핀란드 사람이라는 사실에 빚을 졌으리라 저는 짐작합니다. 핀란드라는 나라에 대한 한국인들의 호감이 작용한 거지요.

한국에 사는 핀란드인 따루 씨를 생각하면 이산이라는 말을 떠올리게 됩니다. 유럽어로 디아스포라 말입니다. 따루 씨도 알다시피, 디아스포라는 기원전 6세기의 바빌론 유수 이래 본디 유대인들의 이산을 가리켰습니다. 기독교의 등장 이후에는, 예수에게 저주받은 어느 유대인의 신화가 퍼지면서, 영원히 방랑하는 유대인의 이미지가 생겨났습니다. 그렇지만, 어느 때부턴가 디아스포라는 민족을 가릴 것 없이 모든 이산을 가리키게 됐습니다. 따루 씨도 말하자면 이산자인 것입니다. 그것이 비록 자발적 이산이긴 합니다만.

이산이라는 말에는 대체로 슬픈 정조가 드리워져 있습니다. 이산은 대개 전쟁이나 혁명 같은 커다란 사변에 따라 불가피하게 이뤄지기 때문입니다. 러시아혁명과 스페인내전과 쿠바혁명과 이란혁명 뒤의 망명자들, 베트남전쟁 종전 뒤의 보트 피플이 그런 예들입니다.

역사상 가장 비극적인 디아스포라가 뭘까요? 러시아의 푸틴 대통령은 언젠가 소련 붕괴 뒤의 러시아인들이 세계 최대의 디아스포라라고 말한 바 있습니다. 설령 그 말이 맞을지라도, 그것이 비극성에선 그리 대단치 않은 것 같습니다. 제가 생각하는 역사상 가장 비극적인 이산은 사하라 사막 이남 아프리카 사람들이 아메리카로 강제 이주된 것입니다. 유럽인들의 노예무역에 따른 강제 이주 말입니다. 따루 씨의 조국 핀란드는 유럽의 식민주의 제국주의에 가담할 처지가 아니었지만, 저는 이 노예무역을 유럽인들이 인류에게 저지른 가장 커다란 범죄 가운데 하나라고 생각합니다.

그런 최악의 이산이 아니더라도 이산은 대체로 불행으로 인식됩니다. '자이니치'라고 부르는 재일 한인들의 이산, '고려인'이라고 불리는 중앙아시아 한인들의 이산, '조선족'이라 불리는 중국 한인들의 이산을 다행이라 여길 수는 결코 없을 것입니다. 지금 시리아 내전은 수많은 난민을 낳고 있고, 유럽 국가들의 국경은 유례없이 붐빕니다. 긴장된 붐빔입니다. 그 난민들도 이산을 겪는 거지요. 또 북아프리카에서 지중해를 건너 유럽을 거쳐 궁극적으로 영국으로 가려는 불법 이민자들이 많이 있습니다.

사실 역사적으로 이산은 특별한 일이 아니었습니다. 대기근에 떠밀려 영국, 미국, 캐나다, 아르헨티나, 호주, 뉴질랜드 등으로 떠난 19세기 아일랜드인들도 이산을 경험했고, 제2차 세계대전 이전 독일 바깥에 산재해 있던 독일인들도 이산을 경험했습니다. 지난 세기 말과 이번 세기 초에는 코소보의 알바니아인들도 이산을 경험했습니다. 흔히 로마니라고 불리는 집시들은 영원한 이산을 겪고 있는 중입니다. 이 중에서 행복한 이산은 하나도 없습니다. 이산이라는 말을 슬프게 만드는 것은 거기 뿌리뽑힘의 정조가 배어 있기 때문입니다. 언젠가는 기필코 돌아가야 할 고향이 있는 사람들에겐 타향에서의 삶이 편안할 수 없습니다. 그들은 고향에 대한 신화나 집단적 기억을 공유하며, 언젠가 이뤄질 귀향을 꿈꿉니다.

그러나 달리 생각하면, 이 세계화 시대에 이산은 하나의 보편적 생활양식이 아닌가 하는 생각도 듭니다. 앞서 말씀드렸듯 따루 씨도 자발적 이산자입니다. 고등교육을 받은 한국인, 일본인, 중국인, 인도인들이 더 좋은 일자리를 구하기 위해 미국으로 가는 일도 흔합니다. 한국인이나 일본인들이 싼 생활비에 이끌려 필리핀과 동남아시아로 이주하는 경우도 있습니다.

지금의 세계질서는 국민국가 체제로 이뤄져 있습니다. 국민국가 체제 아래서는 자기 조국 바깥에서 사는 것이 쉽지 않습니다. 외국인이 환대받는 사회는 거의 없습니다. 그렇지만 외국에서 사는 것, 그러니까 넓은 의미의 이산이 점점 흔해지고 있는 것도 사실입니다. 따루 씨나 저나, 핀란드인이나 한국인이기 이전에 인간입니다. 다시 말해 개인입니다. 사실 우리 모두는 국적과 성별을 떠나 개인으로 살고 있습니다. 이산이 지금처럼 흔해진 세상에서, 개인주의는 매우 중요한 덕목이라고 생각합니다.

따루 씨도 아시다시피 개인주의는 고립주의가 아닙니다. 그래서 개인주의자는 은자隱者가 아닙니다. 공심公心의 결여나 비사교성은 개인주의와 무관합니다. 독립된 개인주의자는 개인주의라는 가치를 실현하기 위해 다른 개인들과 연대합니다. 스마트폰과 태블릿 PC는 그들이 연결돼 있다는 표지입니다. 개인주의는 또 이기주의와도 무관합니다. 개인주의자는 다른 사람의 자유가 시작되는 곳에서 자신의 자유가 멈춘다는 것을 아는 고전적 자유주의자이기 때문입니다.

국가주의나 민족주의를 포함한 모든 집단주의는 르네 지라르가 속죄양이라고 불렀던, 또 조르조 아감벤이 호모 사케르라고 부르는, 박해받는 주변인을 낳습니다. 그러나 이 행성 전체가 인류 개개인의 고향이라고 생각한다면, 그런 박해가 얼마나 어처구니없는 일인지 깨닫게 됩니다.

난민 문제가 유럽을 뒤흔들어놓고 있고, 불법 이민자 문제가 내년 미국 대통령 선거의 중요한 화두가 되고 있는 지금, 이산의 보편화와 개인의 등장이라는 화두는 참으로 한가하게 들릴지 모르겠습니다. 우리가 외계 지성체의 침략을 받기 전엔 세계정부라는 것이 결코 이뤄지지 않을지도 모릅니다. 비교적 균질적 문화를 지닌 유럽에서도 유럽연합이 기우뚱거리며 유럽합중국이 시야 바깥에 남아 있는 걸 보면, 세계정부라는 것은 어쩌면 몽상일지도 모릅니다. 그러나 발은 땅을 딛고 있더라도 머리는 하늘을 향하고 있어야 조금의 진보라도 이뤄진다는 믿음으로 따루 씨께 이런 한가한 얘기를 하게 되었습니다. 이산이라는 말에서 슬픔을 걷어냅시다. 우리는 모두 이산자입니다. 근간에 따루주막으로 한번 찾아뵙겠습니다.

2015. 10. 12.

에밀 시오랑 선생님께

미국의 소설가이자 비평가 윌리엄 개스는 선생님의 작품세계를 두고 "소외, 부조리, 권태, 공허, 퇴폐, 역사의 포악성, 변화의 비속함, 고통으로서의 의식, 질병으로서의 이성이라는 근대적 주제들에 대한 철학적 로맨스"라고 불렀습니다. 이 멋진 수사를 줄여말하면, 선생님이 염세주의자라는 뜻일 겁니다. 기실 선생님의 도저한 염세주의(때때로 모순을 드러내면서도 결국은 회의주의를 거쳐서 허무주의에 이르고야 마는 그 염세주의)는 선생님의 글 곳곳에서 읽힙니다. 선생님은 세상에 태어났다는 것 자체가 골칫거리의 시작이었고 그래서 늘 절망의 꼭대기에서 살았다고 털어놓으셨습니다. 20대의 선생님이 염세주의에 허우적대는 걸 보신 선생님의 어머니가 "네가 이렇게 불행해 할 줄 알았다면 너를 낙태했을 텐데"라고 말씀하셨다는 일화는 유명합니다.

그러나 한편으로 선생님은 그 염세주의의 끝간 데를 상품화하셨습니다. 선생님의 글은 여러 언어로 번역돼 지금도 수많은 독자를 매혹합니다. 그 독자들 가운데 선생님만 한 염세주의자는 많지 않겠지만, 그들 다수는 선생님의 염세주의를 훈장처럼 달고 다니거나 아이스크림처럼 소비합니다. 선생님은 자주 삶의 무의미와 비참에 대해서 말씀하셨습니다. 그렇지만 그 무의미와 비참을 두려워하지 않는다고도 말씀하셨습니다. 외려 삶이 무의미하기 때문에 산다고까지 말씀하셨습니다. 자살이라는 보험이 있기 때문이라는 거지요. 삶의 무의미와 비참이 정녕 참을 수없을 지경에 이르면, 자살해버리면 된다고 말씀하셨습니다.

아무튼 그 자살이라는 보험에 기대어 선생님은 삶의 무의미와 비참을 견뎌냈고, 고종명하셨습니다. 향년 84는 장수를 바라는 사람들에게도 그리 박한 세월은 아닙니다. 그래서 선생님의 그 지독한 염세주의가 혹시 제스처는 아니었나 의심하는 이들도 있습니다. 선생님께는 억울한 말이겠지요.

뒷날 뉘우치시긴 했지만, 젊은 시절의 선생님은 파시스트였습니다. 조국 루마니아의 극우민족주의 단체 철위대에 가입하셨을 뿐만 아니라, "히틀러만큼 호감이 가고 존경할 만한 동시대 정치인은 없다"는 망언까지 하셨습니다. 선생님의 가까운 친구인 종교학자 미르차 엘리아데 선생님이나 극작가 외젠 이오네스코 선생님도 젊은 시절 그 극단적 민족주의 둘레를 어슬렁댔지요. 물론 선생님과 친구분들은 장년에 들어 그 폭력의 철학을 포기했습니다. 그러나 다른 친구분들과 달리 선생님은 극단적 허무주의로 돌아섰습니다. 그것은 어쩌면 세상과 삶에 대한 선생님의 절망이 근본적이고 절대적이었기 때문인지도 모릅니다. 폭력을 통해서라도 세상을 바꿀 수 있었다면 그쪽에 선생님의 몸을 걸 수도 있었겠지만, 선생님께는 그런 가능성조차 보이지 않았겠지요.

어쩌면 그 염세주의는 선생님이 대부분의 삶을 이방인으로 사셨기 때문일지도 모릅니다. 선생님은 언젠가 "나는 이방인이다. 파리 경찰국의 형사에게도, 신에게도, 그리고 나 자신에게도"라고 말씀하셨지요. 물론 선생님이 신의 존재를 믿지는 않으셨겠지만 말입니다. 그러나 저는 그 한편으로, 젊은 시절 선생님을 유혹했던 파시즘과 장년 이후 선생님의 상표가 된 염세주의, 허무주의에는 어떤 친연성이 있다는 의심도 해봅니다. 그것은 선생님의 극도로 탐미적인 문체와 세계인식 때문입니다. 선정적 방식으로 자살한 일본 소설가 미시마 유키오가 보여주었듯, 극도의 탐미주의는 파시즘과 허무주의 양쪽으로 통로를 내고 있습니다.

오늘 제가 선생님께 편지를 쓰는 것은 선생님의 이념을 시비하기 위해서가 아닙니다. 프랑스 소설가 생 존 페르스는 선생님을 "폴 발레리의 죽음 이래 우리 언어에 명예를 준 가장 위대한 프랑스 작가"라고 불렀습니다. 그렇습니다. 선생님은 20세기 프랑스문학사의 꼭대기에 있는 산문가로 평가됩니다. 프랑스어가 선생님의 모국어가 아닌데도 말입니다. 선생님은 부쿠레슈티 대학 재학 시절에는 루마니아로 글을 쓰셨고, 베를린 대학 유학 시절에는 독일어로 글을 쓰셨으며, 스물여섯 살에 부쿠레슈티의 프랑스문화원의 장학금을 받아 파리에 와서 정착하고 얼마 뒤부터는 오직 프랑스어로만 글을 쓰셨습니다. 선생님이 모국어인 루마니아어를 버리고 프랑스어를 작업 언어로 선택하게 된 계기는 선생님의 술회를 통해 알려져 있습니다. 선생님은 어느 날 노르망디의 디에프(저도 여러 번 가본 도시입니다. 바닷가의 깎아지른 듯한 그 절벽들이란!)의 한 여관에서 말라르메의 시를 루마니아어로 번역하고 있었습니다. 문득 선생님은 '아무도 읽어줄 사람 없는' 선생님의 모국어에 절망했습니다. 그래서 '읽어줄 사람이 많은' 프랑스어로 글을 쓰기로 결심하셨습니다. 그리고 돌아가실 때까지 그 결심을 지키셨습니다.

　모국어가 아닌 언어로 글을 쓰면서 그 언어로 쓰인 문학의 경지에 이른다는 것이 어떻게 가능한 것일까요? 선생님의 친구들인 이오네스코 선생이나 엘리아데 선생님, 그리고 영어로 글을 쓰다가 프랑스어로 직업언어를 바꾼 사뮈엘 베케트 선생님이나 폴란드어를 버리고 오직 영어로만 글을 쓰신 조지프 콘래드 선생님 같은 분들이 드문드문 있긴 하지만, 저는 그 경지가 상상

되지 않습니다. 사실 저도 그런 시도를 해보지 않은 것은 아닙니다. 젊은 시절 저는 영어로 글을 써보기도 했고, 스페인어나 프랑스어로 글을 써보기도 했습니다. 한때는 그 언어들 가운데 하나를 작업언어로 삼겠다는 야심을 품기도 했습니다. 그렇지만 그것이 헛된 바람이었다는 것이 이내 드러났습니다. 모국어가 아닌 언어로 글을 쓸 때, 저는 제 생각을 그 언어로 쓰는 것이 아니라, 그 언어가 제게 허락한 생각들만을 쓸 수 있었습니다. 그 이유 하나는 제가 그 언어들을 너무 늦게 다루기 시작한다는 사실에 있을 것입니다. 그래서 저는 그 허황한 꿈을 접고 제 모국어인 한국어로만 글을 씁니다. 선생님의 과장된 표현을 빌리면 '아무도 읽어줄 사람 없는' 제 모국어로 말입니다. 그것은 세상의 어느 언어보다 한국어를 사랑하는 저에겐 다행스러운 일이지만, 제 책이 되도록 많이 읽히길 바라는 저에게는 불행한 일입니다.

저는 문득, 선생님이 반세기쯤 뒤늦게 태어나 저와 동세대인이 되었다면, 선생님이 고른 작업언어가 프랑스어가 아니라 영어가 됐을지도 모른다고 생각합니다. 선생님이 글을 쓰실 무렵에 이미 프랑스어의 위세는 영어에 뒤지고 있었습니다. 21세기에 들어선 지금, 영어는 다른 어떤 언어의 도전도 받고 있지 않는 국제보조어가 되었습니다. 영어를 모국어로 쓰는 사람은 보통화(표준중국어)를 모국어로 쓰는 사람보다 훨씬 적고, 스페인어를 모국어로 쓰는 사람보다도 약간 적지만, 영어의 위세는 보통화나 스페인어에 비길 바가 아닙니다. 영어 사용국이 아닌 모든 나라에서, 모국어 다음에 배우는 제2언어는 거의 예외 없이 영어입니다. 선생님이 글을 쓰기 시작하셨던 무렵의 유럽처럼 프랑스어나 독일어가 아닙니다.

한 20년 전부터 한국에선 영어공용어화론이 띄엄띄엄 일고 있습니다. 한국어와 함께 영어도 공용어로 지정해 어려서부터 가르치자는 것입니다. 일부 대학에서는 영어로 강의를 하기도 합니다. 그런데 이런 주장이나 관행은 언어민족주의자들의 강한 저항을 받고 있습니다. 그것은 자연스럽기도 합니다. 모국어에 특별한 가치를 부여하는 것은 거의 모든 문인들의 숙명이니까요.

영어의 공용어화가 민족어들의 힘을 약화할 것은 분명합니다. 그러나 그것이 민족어를 없앨 수는 없을 것입니다. 민족어에 대한 사랑을 뒷받침하는 민족주의가 쉬이 사라지지는 않을 것이기 때문입니다. 그러나 민족주의 때문에 영어에 벽을 치는 것이 현명한 일인지 저는 의심스럽습니다. 영어를 공용어로 삼지 않는다면, 많은 나라에서 '영어 갭'이라고 할 만한 현상이 일어날 것입니다. 부유한 사람들은 영어를 배워 많은 지식과 정보를 얻게 되고, 그 지식과 정보에 기대어 더 많은 부를 쌓을 것입니다. 가난 때문에 영어를 배울 기회를 잃는 사람들은 지식과 정보에서 소외돼 끝내 가난할 것입니다. 제가 배운 민주주의는 이런 불평등을 용인하는 제도가 아닙니다.

　영어공용어화론을 펼치는 이 자리에, 작품 대부분을 프랑스어로 쓰신 선생님을 소환한 것이 송구합니다. 그러나 선생님이 루마니아어로만 글을 쓰셨다면 문학사에 이름을 남기지 못하셨을 것입니다. 남겼다 하더라도 그 이름이 지금처럼 크지는 않았을 것입니다. 한국에도 한국어로만 글을 쓰기 때문에 문학사에 이름을 남기지 못할 젊은 재능들이 수두룩합니다. 저는 가능하면 제 손녀 세대가, 늦어도 제 증손녀 세대가, 한국어와 함께 영어를 자유롭게 쓰기 바랍니다. 많은 논점을 누락시키고 제가 편 거친 영어공용어화론이 선생님에게 맞갖지는 않을 것입니다. 그렇지만 되도록 널리 읽히기 위해서 모국어가 아닌 프랑스어로 글을 쓰신 선생님은 제 마음의 일단을 이해해주시리라 믿습니다.

2015. 10. 19.

박정희 전 대통령께

오늘은 당신의 서른여섯 번째 기일입니다. 당신이 불귀의 객이 된 것을 알게 된 어느 가을 이른 아침에 제가 슬펐다고 말하지는 않겠습니다. 사실은 기쁘고 후련했습니다. 만일 제가 당신의 죽음을 슬퍼했다면, 그것은 당신이 부당하게 죽이고 가두고 다치게 한 많은 이들에게 죄가 되었을 것입니다. 그러나 그 기쁨 안에는 한 움큼의 불안이 아로새겨져 있었습니다. 그 불안은 북한이 남침한다거나 하는 그런 허황한 상상이 낳은 불안이 아니었습니다. 그때나 지금이나 미군이 대한민국 땅에 버티고 있는데, 북한이 이성을 잃지 않는 한 전쟁을 일으킬 수는 없지요.

다만, 당신이 시민불복종에 무릎 꿇고 권좌에서 물러난 것이 아니라, 일종의 궁정쿠데타 시도에 의해 귀천歸天한 것이 꺼림칙했습니다. 물론 그 어설픈 시도의 주도자는 즉각 체포돼 이듬해 형장의 이슬로 사라졌습니다만, 저는 당신의 부하 군인들에 대한 불안감이 가시지 않았습니다. 시민혁명이 당신을 끌어내렸다면, 당신을 따르던 육군 소장들의 정치적 야심이 활활 타오를 기회는 아마 없었을 것입니다.

길게 보자면 당신의 죽음은 그해 여름 YH무역 여성노동자들의 신민당사 농성과 가을의 김영삼 신민당 총재 국회의원직 제명, 그리고 그에 따른 부마항쟁의 결과라고 할 수 있습니다. 그러나 당신의 유신체제를 극적으로 직접 끝장낸 것은 당신 심복의 총알이었습니다. 저는 그것이 불안했습니다. 불행하게도 제 불안은 가장 나쁜 형태로 실현돼, 군사독재정권은 8년간 더 연장되었습니다.

당신에 대한 세상의 평가가 어떻든, 당신은 헌정을 파괴해 집권한 군인독재자였습니다. 권력을 움켜쥐고 있는 동안 당신은 정치적 반대파들을 북한과 연계해 간첩으로 몰아 죽이거나 가두거나 다치게 했습니다. 그것보다 더 용서할 수 없는 것은, 귀환한 납북어부들을 포함해 아무런 정치활동을 하지 않은 민간인들에게 간첩 누명을 씌워 정치적 이득을 취한 것입니다. 한 시인의 표현대로, 당신의 집권기 대한민국은 '겨울공화국'이었습니다.

대한민국 헌법은 그 전문前文에서 "불의에 항거한 4·19 민주이념을 계승한다"고 못박고 있습니다. 그것은 당신이 반역자라는 뜻입니다. 당신 따님의 뜻에 따라 곧 만들어진다는 국정 국사 교과서에서 당신이 어떻게 묘사되든, 저 빛나는 6월 시민혁명이 분만한 제6공화국 헌법 아래서 당신은 한낱 대한민국의 반역자일 뿐입니다. 당신에게는 그 반역을 역사의 노둣돌로 삼을 기회가 있었습니다. 사실 5·16군사반란을 반겼던 지식인도 적지 않았습니다. 그들은 민주당 정권의 무능에 넌더리가 났던 참이었습니다. 당신은 그들을 실망시키지 않을 수도 있었습니다. 그러나 당신의 탐욕이 그 가능성을 없애버렸습니다.

당신이 거느렸던 두 공화국 가운데 앞의 공화국, 다시 말해 제3공화국도 군사독재체제이기는 했습니다. 정치공작과 고문과 불법체포가 일상적인 사회였습니다. 당신은 소위 4대 의혹사건이라 불리는 부정부패를 통해 민주공화당을 만들었고, 그 정당의 주인이 되었습니다. 당신이 한때 남로당원이었던 터여서 그랬는지는 모르겠지만, 민주공화당의 창당 방식은 공산주의자들의 점조직 행태와 매우 유사했습니다. 당신은 반란 이후 많은 반란 동지들을 숙청했고, 무고한 사람들을 교수대로 보냈습니다.

그렇지만 당신이 1969년 3선개헌과 1972년 유신쿠데타로 영구집권의 길을 열지만 않았더라면, 지금 역사는 당신을 사뭇 덜 부정적으로 평가하고 있을 것입니다. 유신이라는 이름의 친위쿠데타로 당신이 급조한 제4공화국은, 당신이 작고한 뒤 남도南道를 적신 핏물 속에서 솟아난 제5공화국과 함께, 한국 현대정치사의 가장 어두운 시기로 기록되고 있습니다.

당신은 반란 이후에 수많은 식언을 했습니다. 그렇지만 당신이 스스로 만든 제3공화국 헌법에 따라 중임만 하고 물러났다면, 1971년 선거에서 당신의 민주공화당이 집권을 했든, 그 시기의 제1야당 신민당이 집권을 했든, 대한민국 민주주의는 서서히 회생했을 것입니다. 지금까지 한국 정치에 악마의 주술을 걸고 있는 지역주의(사실은 영남패권주의라는 말이 더 정확하겠지요)도 없었을 것입니다.

한국이 이룩한 압축성장이 당신의 지도력 덕분이라고 말하는 사람이 많습니다. 얄궂게도, 이들은 시장에 정부가 간섭하는데 경기를 일으키는 급진적 자유주의자들입니다. 다시 말해 당신은 당신의 계획경제에 극도의 증오심을 지니고 있는 사람들에게 존경받고 있습니다. 당신 덕분이든 그 시대 한국인들의 고단한 노동 덕분이든, 당신이 집권한 동안 한국 경제의 규모는 크게 불어났습니다. 당신보다 더 심한 독재를 하고도 제 나라 경제를 망쳐 놓은 사람들을 저는 압니다. 그렇다면 그 사람들에 견줘 당신은 덜 비판받아야 하는 걸까요? 당신이 4년 임기 두 번만 채우고 물러났다면, 한국 경제는 이내 활기를 잃었을까요?

1971년 대선에서 당신은 대통령을 단 한 번만 더 하겠다며 다시는 표를 달라고 하지 않겠다고 유권자들에게 지지를 호소했습니다. 식언의 대명사인 당신도 그 약속만은 지켰습니다. 다만 아주 괴상한 방식으로, 즉 대통령 직선제를 아예 없애버리는 방식으로 지켰지요. 당신은 일본 천황 히로히토를 섬겼고, 일본의 괴뢰국가 만주국의 황제 푸이를 섬겼고, 해방 뒤에는 남로당에 가입해 잠시 박헌영(과 김일성)을 섬겼고, 동지들을 팔아 전향하고 나서는 이승만을 섬겼습니다. 장면을 섬겼다는 말은 차마 하지 못하겠습니다. 군사반란 계획이 4월혁명 이전에 세워졌다는 것은 이제 다 알려진 사실이니까요. 이런저런 권력자들을 섬기며 출세의 길을 달리다가, 당신은 마침내 군사반란을 통해 최고권력자가 되었습니다.

어떤 사람들은 당신이 청렴했다고 말합니다. 그렇지만 반란 직후에 터진 부정부패 사건들은 그만두고라도, 당신이 청렴했다면 지금 당신의 자녀들이 지니고 있는 어마어마한 재산을 설명할 길이 없습니다. 그래도 당신이 청렴한 대통령이었다고 칩시다. 그런데 당신이 굳이 부패할 필요가 있었는지요? 대한민국의 실질적 주권자가 국민이 아니라 당신이었는데, 비록 북한보다는 정도가 덜했지만 당신 치하의 대한민국은 일종의 가산국가였는데, 당신이 부패할 이유는 없었습니다. 대한민국은 당신의 사유물이었으니까요.

놀랍게도, 당신은 역대 대통령 가운데 노무현 전 대통령 다음으로 인기를 누리고 있습니다. 저는 그 이유가 다음의 셋 가운데 하나거나 둘이거나 셋 모두라고 생각합니다. 첫째는 실제로 당신이 존경받을 만한 권력자였을 가능성입니다. 저는 여기엔 무게를 두고 싶지 않습니다. 둘째는 당신이 장기집권하는 동안 박정희족族을 대한민국 사회 곳곳에 박아놓았기 때문입니다. 당신의 은덕을 입은 그들의 자식들은 이제 군복 대신에 우아한 연미복을 입고, 군부대가 아니라 파티장이나 학술회장이나 언론사에서 당신의 치적을 선전하느라 바쁩니다. 셋째는 당신의 죽음이 비극적이었다는 사실입니다. 그래서 저는 당신을 고꾸라뜨린 이에 대한 원망이 큽니다.

당신이 시민혁명에 밀려 권좌에서 내려왔다면, 평범한 삶을 살다가 고종명했다면, 박정희 신드롬이 이리 거세지는 않았을 것입니다. 그것은 노무현 전 대통령이 당신보다 더 큰 인기를 누리고 있는 현상과 포개집니다. 그이의 죽음은 당신의 죽음보다 더 비극적이었고, 더 큰 충격을 주었습니다. 그리하여 당신의 정치적 반대편에 있는 사람들을 한동안 하나로 묶었습니다. 어떤 사람의 죽음의 방식이 그의 삶에 대한 평가를 이런 식으로 오염시키는 것은 우리 사회에 아직 이성이 모자라다는 뜻입니다. 당신과 노무현 전 대통령 이후에는 그런 식으로 삶을 마무리하는 대통령이 나오지 않기 바랍니다.

당신이 작고한 이튿날, 대학생이었던 저는 당신의 따님이 뒷날 대통령이 되는 것을 상상도 하지 못했습니다. 그러나 역사는 기기묘묘한 파동방정식을 통해 그이를 대통령으로 만들었습니다. 그리고 당신은 보지 못했지만, 당신에게는 친손자가 넷이나 있습니다. 당신의 따님이 대한민국 대통령이 된 이 마당에, 당신의 손자가 미래의 어느 때 대통령이 될 가능성이 없다고도 이젠 말 못하겠습니다. 지금 박근혜 대통령에 대한 지지의 견고함은 결국 당신에 대한 지지의 견고함이기 때문입니다. 박근혜 대통령이 당신과 같은 독재자가 아니듯, 당신의 손자가 대통령이 된다 해도 독재자가 되지는 않을 것입니다. 어쩌면 당신과 전혀 다른 의미에서 걸출한 정치인이 될지도 모릅니다. 그러나 저는 그런 일을 상상하는 것만으로도 온몸에 소름이 돋습니다. 나이 탓에 제가 그 가능성이 현실화하는 것을 절대 볼 수 없다는 사실만이 제게 위안을 줍니다. 당신의 기일에 당신을 추도할 수 없는 현실이 제게도 편치만은 않습니다. 그 세상에서는 안빈낙도하시기를 빕니다.

2015. 10. 26.

다니엘 콘 벤디트 전 유럽의회 의원께

역사학자 이매뉴얼 월러스틴은 1848년과 1968년을 세계혁명의 해라고 불렀습니다. 그는 인류역사를 통해 오로지 그 두 해만이 세계혁명의 해라고 못박았지요. 그가 이렇게 썼을 때, 나는 이 저명한 역사학자에게서 투명한 지성 대신에 지적 나태와 과장된 상상력, 깜찍한 스토리텔링 재능밖에 읽지 못했습니다. 만일 실패한 혁명, 유산한 혁명, 혁명의 시도 따위를 혁명이라고 부를 수 있다면, 그해들을 혁명의 해라고 부를 수도 있겠지요. 기실 월러스틴도 그 두 '세계혁명'이 다 실패했음을 인정했습니다. 그렇지만 둘 다 세계를 뒤흔들어 놓았다고 강변했지요.

그러나 언어를 엄밀하게 쓰기로 작정한 뒤, 월러스틴의 그 발언을 따져봅시다. 1848년의 실패한 혁명들은 모두 유럽에서 시도되었습니다. 미국인 월러스틴은 유럽을 세계와 등치하는 유럽중심주의자에 불과합니다. 유럽을 세계와 등치할 수 없는 우리의 상식에 따르면, 1848년을 세계혁명의 해라고 부르는 것은 새빨간 거짓말입니다. 월러스틴이 1848년에 칠해놓은 붉은 빛깔은 오로지 유럽에 한정된 것입니다.

게다가 혁명의 시도를 혁명이라 부르는 것도 어불성설입니다. 우선 1848년을 봅시다. 프로이센 오스트리아를 비롯한 독일 지역의 3월혁명은 봉건세력과 결탁한 부르주아지의 손에 진압됐습니다. 10년 넘어 계속된 영국의 차티스트운동은 1848년에도 노동자들에게 참정권을 주지 못했습니다. 이탈리아에서는 마치니가 로마 공화국을 건설했지만, 이탈리아가 통일된 것은 그보다 10년도 더 지나서였습니다. 헝가리, 폴란드, 보헤미아, 덴마크에서의 혁명운동도 구체제에 의해 진압됐습니다. 오로지 프랑스의 2월혁명만이 1830년 7월 왕정체제를 끝장내는 데 성공했습니다. 프티트부르주아지와 프롤레타리아가 힘을 합쳐 공화정을 회복한 겁니다.

1968년 역시 세계혁명의 해라 부를 수 없습니다. 1968년에는 유럽 바깥에서도 혁명이 시도되었습니다. 그러나 우리가 1968년 유럽과 아시아와 아메리카에서 목격한 것은 가장 후하게 평가해도 유산한 혁명에 불과했습니다. 그것이 유럽 바깥으로 퍼져나간 것도 베트남전쟁 덕분입니다. 월러스틴이 세계혁명이라고 부르는 1968년 사태는 크게 보아 반전 평화운동에 지나지 않았습니다. 거기에 그럴싸한 혁명의 구호가 휘날린 것 뿐이었지요. 마르크스, 마오쩌둥, 마르쿠제, 이 3M의 깃발을 내걸며 '위대한 거부'를 외치던 서독 학생들은 자본주의체제에 작게도 틈을 내지 못했습니다.

1848년과 마찬가지로 1968년에도 가장 화려한 스펙터클을 보여준 것은 프랑스였습니다. 당신이 다니던 파리 서부 낭테르대학(파리10대학)에서 시작된 이 반정부 시위는 프랑스 전역으로 번지며 자본주의와 물신주의를 넘는 새로운 세상을 외쳤고, 역사에 남을 멋들어진 선동구호를 생산해냈습니다. 예컨대 "금지를 금지하라" "파괴는 창조의 열정이다" "다른 세계는 가능하다" "불가능한 것을 요구하라" "굶주림은 참아도 권태로움은 못 참는다" "선거는 아무것도 바꾸지 못한다" 따위의 구호입니다. 그런데 그 구호들이 어떻게 세계를 흔들어놓았단 말입니까?

그런데도 당신보다 10년 이상 아래인 내 세대의 어떤 이들에게조차 1968년 5월 프랑스는 신비의 베일을 쓰고 다가옵니다. 금지를 금지하라는 구호로 드골정권에 반기를 든 그 '혁명'은 당신이 이끈 낭테르 대학 학생들이 시작했지만 이내 노동자들에게 번졌고, 처음에는 이 '혁명'에 반대했던 프랑스 공산당마저 거기 가담하게 만들었습니다. 그리고 많은 사람들이 1968년 5월이 프랑스에 근본적 변화를 가져왔다고 '상상'합니다. 그 '혁명'이 드골을 하야시키지는 못했지만, 프랑스와 서유럽의 습속의 변화, 집단적 아비튀스의 변화를 가져왔다고 여기는 겁니다. 그래서 68세대라는 명칭은 그 '혁명'에 직접 참여했던 사람이든 단순히 참여적 관찰을 했던 사람이든 많은 사람들에게 일종의 훈장입니다.

그러나 1968년 5월이 기성체제의 머리카락 한 올도 건드리지 못했던 것 또한 사실입니다. 1990년대 중반에 공개된 미국 CIA문서에 따르면, 프랑스에 산재해 있던 미국 스파이들은 5월 폭동이 프랑스 자본주의를 결코 흔들 수 없으리라고 올바르게 관찰했습니다. 그들은 1968년 5월을 그저 '작은 소란'으로 보았습니다. 그 소란 속의 온갖 혁명적 구호들이 결코 프랑스 자본주의 체제에 상처를 낼 수 없다는 걸 알았습니다. 그래서 그들은 아무런 걱정도 하지 않았습니다. 외려 그들은 유럽 반미주의의 상징적 인물이었던 드골이 궁지에 몰리게 된 것을 고소하게 여겼을 따름이었지요.

그 소란이 가라앉은 이듬해 4월, 드골이 지방행정개혁과 상원개편을 내용으로 하는 개헌안을 자신의 신임과 결부시키고 국민투표에서 져 하야한 것을 두고, 5월혁명이 성공했다고 해석하는 역사학자들도 있습니다. 나는 거기 선뜻 동의할 수 없습니다. 프랑스 유권자들은 어떤 기술적 제도에 반대한 것이지, 드골에게 반대한 것이 아니기 때문입니다.

그렇더라도 프랑스 좌파에게 1968년 5월은 1871년 파리코

뮌 이래 가장 영광스러운 이름입니다. 그리고 그 5월을 상징하는 사람이 당신입니다. 그 폭동의 전과정에 당신이 개입하지 않았다는 사실은 당신의 이름이 허명일 가능성의 문을 엽니다. 그러나 프랑스 대혁명에서 로베스피에르를 떠올리듯, 러시아 혁명에서 레닌을 떠올리듯, 우리는 1968년 5월 프랑스에서 대뜸 다니엘 콘 벤디트라는 이름을 떠올립니다. 낭테르 대학에서 당신이 선동적 연설을 하지 않았다면, 1968년 5월은 없었을 것입니다. 그 시위가 라탱구역의 소르본대학으로, 노동계로, 공산당으로 퍼지지 않았을 것입니다. 당신이 독일계 유대인이라는 사실을 정부 측에서 흘리자, 시위자들은 "우리는 모두 독일계 유대인이다"라고 외쳤습니다.

그러나 5월 22일 당신이 '선동적 외국인'이라는 이유로 독일로 추방된 뒤에도 5월은 계속됐습니다. 그것은 당신이 1968년 5월의 엔진은 아니었다는 뜻입니다. 그래도 사람들은 여전히 당신을 1968년 5월의 상징적 인물로 기억합니다. '붉은 다니Dany le Rouge'라는 당신의 별명은 지금도 많은 사람이 기억하고 있습니다. 그러나 스물세 살 먹은 '붉은 다니'의 붉음이란 도대체 무엇이었을까요? 1968년 5월에 나부끼던 그 숱한 구호 중에서 당신이 체현하고 있던 것은 거의 없습니다. 당신의 '붉음'은 프리섹스, 기숙사에서의 남녀동거, 더 나아가 아동성애에 대한 관용 정도였습니다. 월러스틴이 세계혁명의 해라고 불렀던 1968년이 결코 세계혁명의 해가 아니었듯, 군중들이 '붉은 다니'라고 불렀던 당신은 사실 붉지 않았던 것입니다.

당신이 프랑스와 독일 이중국적자였는데도, 프랑스 정부는 1990년대까지 당신의 프랑스 입국을 막았습니다. 그들은 당신의 상징성을 두려워했던 것입니다. 그러나 프랑스 정부는 탄창이 빈 적의 총에 겁먹은 병사에 지나지 않았습니다. 당신은 이미 위험인물이 아니었습니다. 아니 당신은 '붉은 다니'였을 때조차 위험인물이 아니었습니다. 당신은 공산주의와 무정부주의 사이의 거의 모든 이념들에 발을 걸치며 동요를 거듭했고, 그래서 친구들과 적들을 수시로 바꾸었습니다.

1984년 당신은 독일 녹색당에 가입하면서 '녹색 다니'가 되었습니다. 그러나 '붉은 다니'가 붉지 않았듯, '녹색 다니'도 푸르러 보이진 않습니다. 그것은 지금 당신이 노인이 되었기 때문이 아닙니다. 이중국적자인 점을 충분히 이용해 당신은 독일 녹색당과 프랑스 녹색당을 오가며 유럽의회 의원을 지냈습니다. 그리고 2004년 당신이 로마에서 유럽 녹색당 창당을 주도했을 때, 당신은 유럽 녹색정치의 확고한 상징적 인물이 되었습니다.

그러나 나는 당신의 녹색정치가 무엇인지 알지 못하겠습니다. 당신의 언어는 늘 좌우로 과격하지만, 당신의 실천은 출판사나 서점을 운영하는 것, 유럽의회를 드나드는 것, 반권위주의적 유치원을 운영하는 것뿐입니다. 그 반권위주의적 유치원이라는 것도 당신이 삼켰다 뱉었다 하는 아동성애에 대한 관용 때문에 어쩐지 께름칙합니다.

당신의 녹색정치가 생태정치에서 여성정치로, LGBT정치로, 기본소득 정치로 확장됐다면 얼마나 좋았을까요? 당신의 녹색정치가 무지개 정치로 확장됐다면 얼마나 좋았을까요? 당신이 시장자본주의를 예찬하지 않고 아프가니스탄에 대한 군사개입을 지지하지 않았다면 얼마나 좋았을까요? 무엇보다도 나는 당신의 발언들에서 어떤 일관성을 발견할 수 없습니다. 당신은 아마 '적록색맹'의 팸플릿 저자로 삶을 마칠 것입니다. 당신이 1988년에 프랑스어로 쓴 《우리는 혁명을 너무 간절히 사랑했다》는 1968년 5월에 대한 노스텔지어로 차 있습니다. 그런데 당신이 사랑한 혁명이란, 성적 분방함 말고는, 도대체 무엇이었던가요? 적록혁명은 적어도 그 이상의 것입니다!

2015. 11. 02.

기욤 아폴리네르 시인께

미라보 다리는 파리 센 강의 수많은 다리 가운데 별나게 매력적인 다리가 아닙니다. 알렉산드르3세 다리처럼 화사하지도 않고, 새 다리新橋(퐁뇌프)처럼 젊은이들이 밀어를 나눌 움푹 파인 공간들이 있는 것도 아니며, 생미셸 다리처럼 파리의 멋진 스카이라인을 한눈에 보여주지도 않습니다. 그래도 내가 처음 파리에 간 1992년 가을에 굳이 그 다리를 찾은 것은 순전히 당신의 그 유명한 시 〈미라보 다리〉 때문이었습니다. 막상 가서 보고는 실망했습니다. 다리의 북쪽 끝에 당신의 '미라보 다리' 첫 연이 새겨져 있는 것 말고는 아무런 특징이 없는, 볼품없는 다리였습니다. "미라보 다리 아래 센 강이 흐른다/ 우리 사랑을 나는 다시/ 되새겨야만 하는가/ 기쁨은 언제나 슬픔 뒤에 왔었지." 미라보 다리는 오직 당신의 시 〈미라보 다리〉 덕택에 어떤 위광을 지니게 된 것입니다. 파리시市가 뒷날 거기 당신의 시를 새겨넣은 것도 그것을 노렸기 때문이겠지요. 그 다리 위에서 나는 그 시詩를 이어가며 당신과 화가 마리 로랑생의 연애를, 그리고 당신의 실연失戀을 생각하곤 했습니다. "밤이 와도 종이 울려도/ 세월은 가고 나는 남는다."

당신이 이 다리 위에서 바라보았던 파리에는, 에펠탑 말고는 다른 현대식 건물이 없었을 겁니다. 그러나 내가 그 다리 위에 처음 섰던 23년 전, 거기서 본 파리는 마치 신흥개발 도시 같았습니다. 남쪽 강안의 니코 호텔과 북쪽 강안의 라디오 프랑스 방송사 건물이, 그리고 북쪽으로 멀리 보이는 TF1 텔레비전 방송사 건물이 빚어내는, 파리답지 않은 차가운 풍경 때문이었습니다. 그 건물들은 아무런 미적 고려도 부여받지 못한 서울의 아파트 건물들 같았습니다. 아무튼 이리 볼품없는 다리 위에서 당신이 어떻게 그리 낭만적인 노래를 읊었는지 잘 상상이 되지 않았습니다.

오늘은 당신의 아흔일곱 번째 기일입니다. 당신은 유럽인들이 '아주 커다란 전쟁'이라고 불렸던 제1차 세계대전이 끝나기 이틀 전에 삶을 마감했습니다. 포병으로 참전한 당신은 두뇌에 관통상을 입어 그 당시로서는 몹시 위험한 개두수술을 받고서도 용케 살아남았지만, 그 총상에서 회복되던 중에 독감에 걸려 종전을 보지 못했습니다. 38세의 아직 젊은 당신의 삶을 앗아간 것은 그 1년여 사이에 전세계에서 2000만 명이 넘는 목숨을 앗아간 스페인독감이었습니다. 중세유럽의 페스트에 못지않은 위협적인 독감이었다지요. 그 뒤로 정체를 알 수 없는 바이러스로 인한 독감이 국경을 넘어 퍼질 때면, 그 '신종' 독감은 1918~1919년의 스페인독감에 비유되곤 합니다. 물론 스페인독감만 한 위력을 떨친 독감은 지금까지 한 번도 나타나지 않았습니다. 총상의 회복기에 독감으로 죽었으니, 당신이 전사한 것인지 병사한 것인지 조금 모호하긴 합니다. 아무튼 당신은 참전의 대가로 프랑스 국적을 얻었고, 프랑스인으로 죽었습니다. 이방에서의 출생과 성장, 이방인의 피와는 상관없이 당신이 진정한 조국으로 여기고 자부심을 가졌던 나라의 시민으로 죽은 것입니다.

당신이 죽은 나이에 나는 파리에 살고 있었습니다. 나는 그 도시의 거리들을 끊임없이 걸었습니다. 걷다가 지치면 아무 카페에나 들러 신문을 읽거나 멍하니 바깥 풍경을 바라보았습니다. 시간은 정지돼 있는 것 같았고, 그 정지된 시간 속에서 나는 문득 행복했습니다. 당신이 자주 들렀을 몽파르나스와 몽마르트르는 내가 자주 걷던 거리이기도 했습니다. 오래된 카페들의 외진 자리에 앉아 유리벽 너머로 몽파르나스대로나 테르트르광장을 내다보노라면, 그 카페들의 옛 고객들이 다시 살아나 문을 열고 들어올 것 같은 환각이 일기도 했습니다. 그 고객들의 얼굴

가운데는 당연히 당신의 얼굴도 포함돼 있었습니다.

　비평가 마르셀 레몽에 따르면 당신은 "1905년께부터 1920년 사이에 프랑스 예술이 열어놓은 모든 길에 그 그림자를 드리운 시인"이고, 시인 앙드레 브르통에 따르면 "이 세상 최후의 시인" 입니다. 그 말을 했을 때, 앙드레 브르통은 자신을 시인으로 생각하지 않았던 걸까요? 당신은 화가 조르주 브라크와 파블로 피카소가 체현할 입체주의(큐비즘)라는 말을 만들어냈고, 그 입체주의에서 가지쳐나갈 오르페우스주의(오르피즘)이라는 말을 만들어냈습니다. 또 당신은 초현실주의(쉬르레알리슴)라는 말도 만들어냈습니다. 물론 당신은 초현실주의의 선구자였을 뿐 주인공은 아니었습니다. 초현실주의의 주인공이라 할 앙드레 브르통은 1924년의 첫 번째 초현실주의 선언에서 "기욤 아폴리네르에게 경의를 표하여, 수포와 나는 우리가 그 재량권을 획득하여 우리 친구들에게 지체 없이 이바지할 수 있게 된 이 순수한 표현의 새로운 양식을 '초현실주의'라는 이름으로 불렀다"라고 씁니다. 물론 앙드레 브르통의 초현실주의가 당신의 초현실주의와 고스란히 포개졌던 것은 아닙니다. 브르통이 이어서 "오늘날에 이 낱말을 바꿀 필요는 없으나, 우리가 이 말에 부여하는 의미 폭이 아폴리네르의 의미 폭보다 일반적으로 우세하다고 나는 생각한다"고 쓰고 있기 때문입니다. 브르통은 더 나아가 제라르 드 네르발이 《불의 딸들》의 헌사에서 사용한 '초자연주의'라는 말이 자신의 초현실주의에 더 가깝다는 것도 내비칩니다.

　나는 초현실주의에 대해 깊이 알지 못합니다. 그 말에서 내가 떠올릴 수 있는 이름은 지그문트 프로이트에서 앙드레 브르통을 거쳐 르네 마그리트에 이르기까지 스물은 넘겠지만, 나는 문학에서의 초현실주의와 조형예술을 비롯한 다른 장르에서의 초현실주의가 어떻게 얽히고 스며 있는지 자세히 모릅니다. 나는 그러나 당신이 작고한 뒤 1920년대부터 활짝 핀 초현실주의가 장르의 벽을 넘어 문인들과 화가들을 묶고, 저널리스트들과 예술향수자들을 아우르는 예술사의 진풍경에 깊은 관심이 있습니다. 당신은 소위 '아름다운 시절(벨에포크)'을 살다 죽었지만, 내 마음 속에는 외려 당신이 죽은 뒤의 1920년대 파리가 아름다운 시절로 다가옵니다. 내 상상 속 그 아름다운 시절의 주인공들은 프랑스인들만이 아니라 파리로 몰려든 많은 예술가들, 특히 '길 잃은 세대'라 불렸던 미국 예술가들도 포함합니다.

　파리에 살 때, 내 아파트는 페르-라셰즈 묘지 근처에 있었습니다. 걸어서 10분 거리였습니다. 나는 그곳에 자주 들렀고, 당신의 무덤을 곧잘 찾았습니다. 그리고 그 무덤에 새겨진 당신의 시를 읽었습니다. 그 시의 한 대목이 어슴푸레 떠오릅니다. "사람들이 결코 건드리지 못한 것/ 난 그걸 건드렸고 그걸 말했네// 아무도 그것에서 상상하지 못하는 것/ 난 모든 걸 캐냈네/ 그리고 난 여러 번 맛보았네/ 맛볼 수 없는 삶까지도/ 난 웃으며 죽을 수 있네." 견자見者는 랭보가 아니라 당신이었는지도 모릅니다.

　신기한 것에 잘 홀리는 부박한 성격 탓에, 내가 가장 좋아하는 당신의 시집은 《칼리그람》입니다. 그러나 이 11월에는 〈미라보 다리〉가 실린 당신의 첫 번째 시집 《알코올》을 읽으며 황량한 계절을 보내볼까 합니다. 서울 날씨는 보통 파리 날씨보다 훨씬 사랑스럽지만, 11월은 서울도 파리와 비슷하게 을씨년스럽습니다. 《알코올》을 읽기에 좋은 철입니다. 파리에 살 때 프랑스어판으로 《알코올》을 읽은 적이 있습니다. 그러나 내 허술한 프랑스어로는 당신의 그 시집을 온전히 즐길 수 없었던 듯합니다. 마침 이제 내게는 한국어판 《알코올》이 있습니다. 그 시집을 한국어로 옮기고 세세한 미주尾註를 단 황현산 씨는 당신에 대해, 그리고 초현실주의에 대해 가장 깊이 이해하고 있는 이들 가운데 한 사람일 것입니다. 역자 해설에서 황현산 씨는 전쟁 중에 당신에게 위문편지를 보내던 한 여성에게 당신이 보낸 편지글의 한 대목을 인용합니다.

　"나는 내 작품에 일곱 사람 이상의 애독자를 기대하지 않지만 그 일곱 사람의 성性과 국적이 다르고 신분이 달랐으면 좋겠습니다. 내 시가 미국의 흑인 복서, 중국의 황후, 적국인 독일의 신문기자, 스페인의 화가, 프랑스의 양갓집 규수, 이탈리아의 젊은 농사꾼 여자, 인도에 파견된 영국 장교에게서 사랑을 받는 것이 내 바람입니다."

이어서 황현산 씨는 이렇게 덧붙입니다. "이 일곱 사람 가운데 우리는 들어 있지 않다. 그러나 감수성과 지성을 지닌 사람이라면 누구라도 흑인 복서로, 이탈리아의 젊은 농사꾼 여자로 만들 수 있는 힘이 아폴리네르의 시에 들어 있다."

나는 당신의 시집을 펼쳐, 독일의 신문기자가 되어, 첫 시 '변두리'부터 읽기 시작합니다. "마침내 넌 이 낡은 세계가 지겹다// 양치기 처녀여 오 에펠탑이여 오늘 아침 다리들 저 양떼들이 메에 메에 운다// 너는 그리스 로마의 고대에 진저리가 난다//……"

2015. 11. 9.

수능을 치른 입시생들에게

꼭 40년 전 11월이 생각납니다. 그 시절엔 대학수학능력시험(수능)이라 부르지 않고 대학입학 예비고사(예비고사)라 불렀습니다. 대학입학 본고사 제도가 있었기 때문입니다. 예비고사를 속어로는 그 첫 음절의 로마글자를 따 'Y고사'라고도 불렀지요. 예비고사 성적이 대학입학에 끼치는 영향은 일부 대학을 제외하고는 아예 없거나 매우 작았습니다. 그래도 예비고사를 치르고 나니, 한 고비는 넘겼다 싶어 마음 한구석이 조금 후련했습니다. 여러분들 대부분은 1975년 11월의 나처럼 어떤 후련함을 느끼고 있을 것입니다. 불안이 짙게 뒤섞여 있을 후련함을요. 대학 입학 여부가 확실히 가려질 때까지 그 불안은 꼬리를 물고 이어질 것입니다. 서양처럼 학년도가 가을에 시작해서 대학 입학 여부가 늦은 봄이나 여름에 결정된다면 더 좋을 거라는 생각이 문득 듭니다. 늦은 봄이나 여름의 싱그러움이 늦가을과 겨울의 을씨년스러움보다는 여러분 같은 입시생의 불안한 마음을 다습게 어루만져줄 것 같아서 그렇습니다.

한국인의 개인사에서 대학입시만큼 중요한 일은 달리 찾기 어려울 것입니다. 물론 어느 사회에서나 교육은 계층이동의 경로입니다. 또는 그 반대로 계층고착의 경로이기도 합니다. 그러나 그것이 한국처럼 결정적인 사회는 드물 것입니다. 한국은 십대 말에 특정한 방식으로 측정된 지적 성취에 따라 한 사람의 삶이 결정되는 사회입니다. 그리고 거기서 가장 중요한 잣대가 되는 것이 여러분이 지난주에 치른 수능의 점수입니다. 그 수능 점수가 중요한 기준이 돼, 여러분은 어떤 대학에 들어가게 되거나 못 들어가게 될 것입니다. 내가 40년 전 처음 치른 예비고사가 수능과 다른 점이 거기 있습니다.

수능 점수에는 여러분이 그간 쏟은 노력만이 아니라, 수능 당일의 몸 상태나 마음 상태 같은 우연적 요소도 꽤 반영되었을 것입니다. 그런 우연적 요소보다 여러분의 수능점수에 더 많이 반영된 것은 여러분이 속한 사회계급일 것입니다. 경향적으로, 여러분이 부유한 집 출신이라면 노력에 견줘 수능 점수가 높을 가능성이 크고, 그렇지 못한 집 출신이라면 노력에 견줘 수능 점수가 낮을 가능성이 큽니다. 그것만 해도 큰 불공평입니다. 소위 명문 대학들은 부유한 집 출신 학생들을 뽑을 가능성이 커지고,

이름이 덜 알려진 대학들은 부유하지 못한 집 출신 학생들을 뽑을 가능성이 커지니까요. 그런데도 한국 명문대학들의 탐욕은 거기서 멈추지 않습니다. 그들은 수시모집이라는 것을 통해서, 혹시라도 수능에서 조금 실패할 수 있을 부유한 집 출신 학생들, 또는 수학능력이 더 있다고 자신들이 판단한 학생들을 뽑습니다. 그들은 과학고나 외국어고 같은 특목고 학생들이 수능에서 조금 실패할 경우를 상정해 그 학생들을 '낚아챌' 방법을 마련해 놓은 것입니다. 이것은 심지어 정시에서조차 그렇습니다. 일부 사립대학교가 수능점수나 논술성적이나 내신등급이 높은 일반고 학생들 대신에 그것들이 낮은 특목고 학생들을 뽑아 물의를 일으킨 것은 잘 알려진 사실입니다. 특목고 학생들은 대체로 부유한 집 자식들입니다. 그리하여, 한국의 계급은 고스란히 상속됩니다.

그것은 피에르 부르디외라는 프랑스 사회학자가 《재생산》이라는 책에서 세밀히 관찰한 현상입니다. 그러나 피에르 부르디외가 관찰 대상으로 삼은 프랑스만 하더라도 계급의 상속이 한국만큼 경직돼 있지는 않습니다. 교육의 대부분이 공적 영역에서 이뤄지는 프랑스에도 소위 일류 고등교육기관들이 있습니다. 그랑드제콜이라고 부르는 이 직업학교들은 프랑스 고등학생들이 가장 선망하는 고등교육기관입니다. 이 학교들은 대학이라고 불리지는 않지만, 대학 위의 대학으로 평가받습니다. 이 그랑드제콜에 들어가기 위해서는 고등학교를 졸업하고도 1년에서 2년에 걸치는 준비반(프레파)을 거쳐야 합니다. 어차피 프랑스의 대학 대부분은 국립이어서 수업료가 거의 없다시피 하지만, 그랑드제콜 학생들에게는 거기에 더해 정부가 생활비를 지급합니다. 그 대신 그들은 졸업한 뒤 일정 기간 자기 전공에 따라 공립학교 교사나 국공영 기업의 기술자, 과학자로 일해야 합니다. 그랑드제콜 출신들이 우대받는 것은 사실이지만, 그 학교들의 규모가 워낙 작다 보니 프랑스 사회에서 이 학교들에 못 들어갔다고 해서 패배자의 낙인이 찍히지는 않습니다. 평준화된 일반 대학을 졸업하고도 노력에 따라 얼마든지 자기 꿈을 이룰 수 있습니다. 다시 말해 프랑스 자본주의는 한국 자본주의보다 난숙해 있지만, 학벌이 삶을 규정하는 정도는 약한 것입니다. 이것은 계급 재생산, 곧 계급 생식이 프랑스에선 한국에서보다 상대적으로 더 어렵다는 뜻입니다.

　사립대학의 비싼 수업료로 유명한 미국도 마찬가지입니다. 아이비리그라 불리는 동부의 사립대학들이나 서부의 스탠퍼드 같은 대학엔 들어가기 어려운 만큼 졸업 뒤에 좋은 직장이 보장되기도 하지만, 주립대학을 나와도 살 길이 막히는 것은 아닙니다. 주립대학 중에는 캘리포니아 대학 버클리 분교처럼 국제적 명성을 지닌 학교도 있습니다. 하버드 대학 로스쿨에서 파산법을 가르친, 저명한 상법학자이자 민주당 대통령 후보로 거론되기도 한 엘리자베스 워런 상원의원은 이름 없는 대학을 나와 초등학교 교사로 이력을 시작했습니다.

한국은 상위권 몇몇 대학의 규모가 너무 커서 이 학교들을 나오지 못하면 사회적으로 성공하기가 쉽지 않습니다. 그 학교 출신들이 강력한 '벌閥'을 이루기 때문입니다. '학벌'이라는 말이 한국처럼 꼭 들어맞는 사회는 매우 드물 것입니다. 프랑스에서 그랑드제콜을 졸업했다는 것, 미국에서 아이비리그 출신이라는 것은 성공의 징표지만, 그 학교들의 수가 많고 정원이 워낙 적어서 그 학교들을 못 나왔다고 해 패배자가 되지는 않습니다. 그렇지만 한국은 상위권 몇몇 대학의 규모가 너무 크기 때문에, 그 학교에 들어가지 못했다는 것이 패배의 징표가 됩니다. 그리고 이 대학들이 정원을 줄일 생각은 전혀 없어 보입니다. 정원을 줄인다는 것은 한국 사회에서 자기 학교 출신들의 힘을, '학벌'의 힘을 줄인다는 뜻이기 때문입니다.

여러분 가운데 일부는 그런 명문 공룡대학에 들어가 '벌'에 속하게 될 테고, 다수는 거기 못 들어가 '벌'에서 소외될 것입니다. 그리고 이런 현상은 앞으로도 계속될 것입니다. 교육부가 대학입시 제도를 고쳐 이런 계급재생산의 부작용을 줄이고자 한다지만, 그것은 헛된 일입니다. 한국 사회의 학벌 문제는 대학입시 제도와는 아무런 상관이 없습니다. 문제는, 앞서 얘기했듯, 십대말 특정한 방식에 따라 측정된 지적 성취가 그 사람의 일생을 결정해버린다는 것, 그 지적 성취는 짙게 계급을 반영한다는 것, 몇몇 명문대학의 규모가 너무 크다는 것, 그리고 패자부활전이 없다는 것입니다. 엄격한 대학 서열이라는 한국의 제도적 위계에서 몇몇 대학이 지니고 있는 자리의 화려함은 그 대학 졸업생들 개개인의 지적 능력에 대한 사회의 판단을 그들에게 유리한 방향으로 오염시키며 한국의 계급지형을 더욱 고착화하고 있습니다.

　너무 우울한 얘기만 했습니다. 어쩌면 여러분들 가운데 '공부 잘하는' 일부에게는 신나는 얘기였을지도 모르겠군요. 내 얘기를 우울하게 들은 분들에게 큰 위안이 되지는 않겠지만, 대학이 여러분에게 부여할 초기 조건이 예측가능한 인과관계로 여러분의 삶을 결정하지는 않으리라는 점을 지적하고 싶습니다. 여러분의 삶에는, 대학 입시만큼 결정적이지는 않을지 모르지만, 거기 못지않은 여러 차례의 분기점이 있을 것입니다. 세계가 그렇듯 삶도 카오스에 가깝습니다. 중국 베이징의 나비 한 마리가 날개를 파닥거리면 그다음 달 미국 뉴욕에서 폭풍이 일어날 수도 있다는 얘기를 들어보셨을 겁니다. 기상현상이 초기 조건에 민감하게 의존하기 때문에 장기적 기상예측은 불가능하다는 것을 강조하기 위해 만들어낸 비유입니다. 여러분이 들어갈, 또는 들어가지 못할 대학이 장기적으로 여러분의 삶을 어떤 꼴로 빚을지는 아무도 모릅니다. 스스로 비하하지 않은 사람은 누구에게도 비하당하지 않습니다. 스스로 존중하지 않는 사람은 누구에게도 존중받지 못합니다. 앞으로 남은 긴 삶 속에서 늘 자존감과 명예심을 간직하기 바랍니다. 자존감이나 명예심은 자만심이나 명예욕과는 전혀 다른 것입니다. 자존감과 명예심을 지닌 사람은 자신의 도덕적 잣대에 어긋나는 행동을 삼갑니다. 고백하자면 나는 입시경쟁의 패배자입니다. 게다가 예비고사를 세 차례나 봤습니다. 그러나 자존감과 명예심을 버리지 않으려고 늘 애써 왔습니다. 그 노력은 내 삶을 그럭저럭 행복하게 해주었습니다.

며칠은 푹 쉬십시오. 대학입시까지 앞으로 남은 절차가 있겠지만, 여러분에게는 쉴 자격이 있습니다. 모두들 원하는 대학에 들어가기 바란다는 말은 하지 않겠습니다. 그것은 불가능한 일이니까요. 그간 고생 많았습니다. 여러분 모두 제몫의 행복한 삶을 살기 바랍니다.

2015. 11. 12.

파리 시민들께 위로와 연대의 손을 건넵니다

아카데미 프랑세즈가 이 낱말을 프랑스어로 받아줄지 모르겠지만, 저는 오래도록 뤼테토필lutétophile을 자임했습니다. 뤼테토필은 '파리애호가'라는 뜻으로 제가 만들어본 말입니다. 파리 센강의 시테 섬과 그 둘레의 고대 취락공간을 일컬었던 루테티아 Lutetia에 '애호가'라는 뜻의 접미사 '필'을 덧붙인 거지요. 라틴어 이름 루테티아의 프랑스어 형태 '뤼테스Lutéce'는 여러분이 아시다시피 파리의 이명異名으로도 쓰입니다. 생미셸 대로大路에 자리잡은 '뤼테스'라는 카페-레스토랑에 가본 분도 많으실 겁니다.

1992년 가을부터 1998년 봄까지 저는 여러분의 도시에 살았습니다. 저널리즘 연수를 받으러 파리에 갔다가 그 생기에 반해서 가족과 함께 그냥 눌러앉아 버린 겁니다. 1997년 말 한국에 외환위기가 터지지 않았다면, 그래서 원화貨의 값어치가 순

식간에 반으로 동강나지 않았다면, 저는 지금도 파리에서 허기진 산책자로 살고 있을지 모릅니다.

제가 파리에 산 시절은 제 30대 후반과 거의 포개집니다. 저는 그 시절을 제 삶의 가장 아름다운 시절로 기억합니다. 파리는 제가 서울 다음으로 정을 준 도시이며, 서울보다 더 잘 알고 있는 도시이기도 합니다. 서울은 너무 큰 도시여서, 예서 반세기를 산 제게도 낯선 구역이 많습니다. 그러나 파리는 도시 한끝에서 반대쪽 끝까지 서너 시간이면 걸을 수 있는 도시입니다. 실제로 저는 이따금 파리의 북쪽 끝 포르트 드 클리냥쿠르에서 남쪽 끝 포르트 도를레앙까지 이리저리 해찰하며 걷곤 했습니다. 무엇보다도, 파리는 산책을 유혹하는 도시니까요. 제가 서울에서 길을 잃을 수는 있겠지만, 파리에서 길을 잃는 일은 없을 것입니다.

딱 20년 전 여름, 파리 지하철 생미셸 역에서 폭탄 테러로 다수의 사상자가 났었습니다. 저는 그때 꽤 놀랐습니다. 제가 나고 자란 서울에서는 폭탄 테러라는 걸 겪어보지 못했기 때문입니다. 그 얼마 뒤로도 지하철역과 백화점에서 폭탄 테러가 한두 차례 더 일어났던 걸로 기억합니다. 그즈음 파리 시는 거리의 휴지통을 죄다 밀봉했고, 지하철에선 주인 없는 가방을 신고하라는 방송이 계속되었습니다.

그래도 제가 회상하는 파리는 안전한 도시였습니다. 서울만큼이나, 어쩌면 서울 이상으로 안전한 도시였습니다. 자정이 넘은 시간에 으슥한 거리를 걸어도 아무런 불안감을 느낄 수 없는 도시였습니다. 저는 종종 깊은 밤이나 새벽의 파리 거리를 하염없이 걷곤 했습니다. 짙은 어둠 속의 파리와 밝은 빛 아래의 파리가 어떻게 다른 느낌을 주는지는 제가 여러분보다 더 잘 알지도 모르겠습니다.

지난 13일 밤의 동시 다발 대규모 테러에 얼마나 놀라셨습니까? 저 역시 그 밤에 파리에 있었다면 두려움에 떨었을 것입니다. 프랑스 정부가 집회 금지 조처를 내렸는데도, 여러분은 그 이튿날부터 공화국 광장에 모여 "두렵지 않아!"라고 외쳤습니다. 그러나 그 구호는 두려움 속에서 두려움을 떨쳐내려는 안간힘으로 들렸습니다. 광신도들의 폭탄과 총기 앞에서 대범한 사람은 거의 없을 것입니다.

한쪽 편의 테러리스트는 다른 쪽 편의 자유의 투사라는 말이 있습니다. 실제로 테러리스트가 중세의 기사도에 맞먹는 명예심을 지닌 시절도 있었습니다. 자유의 투사라는 직분에 충실한 테러리스트를 가장 실감나게 그린 것은 알베르 카뮈의 희곡 《정의로운 사람들》일 것입니다. 1905년 러시아에서 실제로 일어난 일을 소재로 삼았다는 이 작품은 폭력에 대해 엇갈린 관점을 지닌 테러리스트들을 등장시킵니다. 한쪽 끝에는 혁명이 시詩라고 생각하는 칼리야예프가 있습니다. 다른 쪽에는 오직 폭탄만이 혁명이라고 생각하는 스테판이 있습니다. 칼리야예프는 "명예는 가난한 사람들에게 마지막 남은 재산"이라고 생각하는 사람입니다. 스테판은 "명예란 화려한 마차를 소유한 족속들만 누리는 사치"라고 생각하는 사람입니다. 극이 진행됨에 따라 작가가 칼리야예프 편에 선다는 것이 또렷해지지만, 카뮈는 스테판에게도 그 나름의 명예를 헌정합니다. 그는 "땅 위의 단 한 사람이라도 감옥에 있는 한, 자유는 내게 또다른 감옥일 뿐"이라고 말하는 사람이고, 굶주리는 아이들을 구하기 위해서라면 명예롭지 않은 죽음도 기꺼이 택할 사람으로 그려집니다.

그러나 언젠가부터 테러리스트는 자유의 투사가 지녀야 할 품격을 잊거나 잃었습니다. 이번 파리의 테러리스트에게 명예욕은 있었는지 모르겠지만 명예심은 없었습니다. 그들은 자신들의 좌절이나 수모와 아무런 직접적 관련이 없는 사람들을 참혹하게 살해했습니다. 2001년 9·11 테러리스트들이 서방의 가장 상징적인 곳을 목표물로 삼았다면, 이번 11·13 테러리스트들은 그저 가장 쉽게 살해할 수 있는 사람들을 목표물로 삼았습니다. 어떤 언어의 마술로도 그들을 변호할 수는 없을 것입니다.

일간지 리베라시옹은 이번 11·13테러를 겪은 프랑스의 젊은 세대를 '바타클랑세대'라고 명명했더군요. 가장 많은 희생자가 나온 바타클랑 콘서트홀의 이름을 따서 말입니다. 사실 희생자 대부분이 30대 아래의 젊은이들이라고 하니, 이 젊은 세대가 그렇게 불릴 만도 합니다. 젊은 시절 깊은 외상을 입은 이 세대는

1968년 5월 세대와는 전혀 다른 방향으로, 훨씬 깊게, 심성과 습속의 변화를 겪을지 모릅니다.

그렇지만 한편으로 여러분은 덜 불행한 사람입니다. 리우데자네이루에서 시드니를 거쳐 뭄바이에 이르기까지 이 행성의 수많은 도시들이 기념물들을 삼색 빛깔로 치장하며 여러분을 위로했습니다. "나는 파리다Je suis Paris"라는 구호가 전세계에 메아리쳤습니다. 언론과 SNS에는 꽃과 촛불과 데생이 가득했습니다. 그것들은 슬픔의 상징이자 연대의 상징이기도 합니다. 그것은 파리가, 프랑스가 세계인들에게 보급한 어떤 가치 덕분일 것입니다. 구체적으로 자유 평등 연대라는 프랑스 대혁명의 보편적 가치겠지요. 토머스 제퍼슨은 모든 사람에게는 조국이 두 개라면서, 하나는 자기 조국이고 또 하나는 프랑스라고 말했습니다. 그것은 여러분의 나라에 헌정된 가장 곡진한 찬사일 것입니다.

가자지구나 바그다드에서 일상적으로 일어나는 일이 파리나 보스턴에서 일어나면 전세계적 애도의 대상이 됩니다. 누군가가 폭탄테러로 죽었을 때, 그가 다수로부터 애도의 헌화를 받느냐 못 받느냐는 그의 국적이 결정합니다. 그가 프랑스인이거나 미국인이라면 헌화를 받을 것입니다. 그러나 그가 시리아인이라면 헌화를 받기는커녕 그의 이름도 사람들이 기억하지 못할 것입니다. 저는 요즘 파리 참사 직후 개설된 En memoire(@ParisVictims)라는 트위터 계정을 통해 희생자들의 사진과 이력을 들여다보곤 합니다. 그리고 아린 가슴으로 그들을 애도합니다. 바그다드나 다마스쿠스에서 테러로 살해된 사람이라면, 제가 그런 방식으로 그들을 애도할 수는 없을 것입니다. 그것은 불공평하면서도 자연스러운 일입니다. 일상의 일은 뉴스가치가 없으니 기자들의 흥미를 끌 리가 없고, 애도든 분노든 어떤 분위기가 익으려면 기자들이 선정적 기사를 써야 하기 때문입니다.

프랑수아 올랑드 대통령은 "프랑스는 전시戰時"라고 선언했습니다. 그러나 이슬람국가IS의 테러리스트들은 가장 야비한 싸움아비들입니다. 그들은 프랑스군을 공격한 것이 아니라, 민간인들을 무차별로 살해했습니다. 그리고 이번 테러가 단지 시작일 뿐이라는 그들의 호언이 허풍이 아닐 수도 있습니다. 유럽과 미국 또는 다른 대륙의 도시도 IS의 표적이 될 수 있습니다. 공습만으로 IS를 궤멸할 수는 없습니다. 설령 서방국가들이나 러시아가 지상군을 투입해 IS를 시리아와 이라크에서 몰아낸다고 해도, 그들은 리비아를 비롯한 다른 무슬림 국가에 둥지를 틀 수 있습니다. 이제 많은 사람들이 공감하듯, IS를 낳은 것은 조지 부시 주니어의 분별없는 이라크 침공입니다. 또 유럽을 비롯한 비이슬람권 사회에서 무슬림에 대한 차별이 계속된다면, IS는 어디서나 새로운 자양분을 얻을 것입니다. 구조적 문제가 해결되지 않으면, IS는 또다른 이름으로 번성할 것입니다. 이 새로운 형태의 전쟁이 제3차 세계대전으로, 인류의 마지막 전쟁으로 이어지지 않기만을 바랄 뿐입니다. 당장, 셴겐협정이 휴지조각이 되고, 유럽행 비행기를 탈 때도 미국행 비행기를 탈 때처럼 번잡함을 감내해야 하는 것 아닌지 걱정스럽습니다. 시민적 자유의 위축이 우려스럽습니다.

이번 테러의 희생자들을 마음 깊이 추모하면서 여러분에게 위로와 연대를 보냅니다. 누군가가 말했듯, IS 테러리스트들은 여러분에게서 많은 것을 빼앗아갔지만 단 한 가지만은 빼앗아가지 못했습니다. 삶의 기쁨 말입니다. 파리가 곧 생기를 되찾기 바랍니다. 아니 벌써 되찾았는지도 모르겠습니다. 불 꺼진 에펠탑이 다시 점등한 이상, 파리는 여전히 빛의 도시입니다.

2015. 11. 23.

최일남 선생님께

스승이 있는 친구들이 저는 늘 부러웠습니다. 지지난달 '읽다 그리고 쓰다'라는 주제로 서울 장충동 현대문학관에서 열린 김윤식 선생님의 저서 특별전 첫날에 모인 제 또래 친구들도 저는 부러웠습니다. 그들에게는 김윤식이라는 큰 스승이 있습니다. 스승이 있다는 것은, 그 스승이 살아계시든 돌아가셨든, 마음을 기댈 커다란 나무가 있다는 뜻입니다. 제게는 그런 나무가 없습니다. 그것은 제 교만함 탓이기도 하고, 평탄치 않았던 학창시절 탓이기도 합니다. 제 학창생활은 끊어졌다 이어지기를 되풀이했고, 전학이 잦았습니다. 대학 학부에서의 전공과 대학원에서의 전공이 다르기도 했습니다.

꼭 그런 이유에서가 아니더라도, 초등학교부터 대학원 석사 과정에 다닐 때까지 제가 스친 수많은 교사들 가운데, 맘 편히 기댈 스승이 제겐 없었습니다. 간간이 저를 아끼던 분들도 계셨지만, 저는 그분들을 마음에 담지 못했습니다. 프랑스에서 박사 과정 공부를 하던 시절, 철학자 자크 데리다 선생님과 사회학자 피에르 부르디외 선생님, 역사학자 자크 르고프 선생님 같은 대가들의 세미나에 참여하며 제 지적 허영심을 채운 적이 있습니다. 그분들이 주재하신 세미나가 제게 지적 자양분이 되기는 했지만, 그분들을 스승이라 여기기는 어려웠습니다. 그분들은 전공이 저와 달랐을 뿐만 아니라, 저를 제자로 여기지 않았기 때문입니다. 제가 전공한 언어학 쪽에서는 학문으로나 인품으로나 저를 감화시킨 분이 없었습니다.

그리하여 저는, 제멋대로, 선생님을 스승으로 모시고자 합니다. 선생님께서 이따금 제게 던지신 따스한 몇 마디가 제 마음을 늘 데웠을 뿐만 아니라, 작가이자 기자로서 저는 선생님을 마음 속 깊이 섬기고 있기 때문입니다. 그 존경심은 선생님께서 이루신 글쓰기에 대한 것만이 아니라, 문필가로서 선생님이 지키신 지조와 기품에 대한 것이기도 합니다. 선생님은 돌아가신 리영희 선생님 같은 '글의 검객'은 아니셨지만, 그래서 반체제 후진들의 환호를 독점하지는 않으셨지만, 보이지 않는 자리에서 글과 행동으로 지식인의 모범을 보이셨습니다. 나서지 않으시면서도 물러서지 않으시는 분, 온유하되 대범한 선비가 선생님이십니다.

선생님과 저의 연식 차가 크지 않아 제가 선생님을 자주 뵙고 사사할 수 있었다면, 그보다 더 좋은 일은 없었을 것입니다. 그렇지만 글을 통해 선생님을 사숙해왔다는 것만도 제겐 큰 자랑거리입니다. 기자가 문인을 겸업하는 일이 예사였던 왜정시대와는 달리, 선생님께서 현직 언론인으로 계실 때만 해도 소설을 쓰는 기자는 드물었습니다. 저 자신 기자로서도 작가로서도 이뤄놓은 게 하잘것없어 선생님의 제자나 후진을 자처하는 것이 외람된 일이라는 것을 잘 압니다. 그렇지만 선생님이 나무라신다 해도 저는 선생님의 제자를 참칭하고자 합니다.

유년기 이래로 도회적 감수성에 찌든 제가 선생님의 문체에 영향을 받을 수는 없었습니다. 그렇지만 저는 선생님의 문체가 늘 정답고 경이로웠습니다. 문체가 있는 작가만이 제대로 된 작가라면, 선생님은 한국 문단에서 매우 드문, 제대로 된 작가이십니다. 이 참람한 언어를 용서하십시오. 그렇지만 선생님처럼 텍스트만 보고도 그 작가를 짐작할 수 있는 스타일리스트는 우리 문단에 흔치 않을 것입니다.

선생님께서 의식하고 계신지는 모르겠지만, 선생님의 문체는 전북방언의 리듬 위에 슬며시 얹혀 있습니다. 돌아가신 이문구 선생님의 문체가 호서방언의 리듬을 고스란히 재현하고 있는 것만큼은 아니지만 말입니다. 선생님의 문장에서 전북 방언 어휘를 찾는 것은 거의 불가능합니다. 그렇지만 선생님의 문장은 전주평야를 흐르는 금강, 만경강, 동진강처럼, 전북 방언의 실미지근한 리듬으로 한국어의 평야를 살갑게 적시며 굽이굽이 흐릅니다. 거기에 의뭉스러운 풍자와 골계가 버무려집니다. 외가가 전주인 저는 그것을 또렷이 느낍니다.

얼마 전 선생님의 단편 〈그들은 말했네〉를 다시 읽으며, "도태당한 책들의 수런거림이 차츰 구호로 바뀌는 착각에 떨기도 했다. 남아 있는 재들이 잘났으면 얼마나 잘났더란 말이냐. 입을 열기로 하면 우리도 할 말이 태산이다. 게으름뱅이 주인을 만나 일 년 열두 달은 고사하고 수십 년 동안 내내 먼지만 뒤집어쓴 동료가 태반이다. 여자와 집은 가꾸기 나름이라는 말은, 이따금씩 우리 몸에 켜켜로 앉은 진애塵埃(우리도 당구 삼 년으로 유식하다)를 먼지떨이로 조심스레 털어준 이 댁 아주머니의 정성을 생각해서라도 입 밖에 내지 않겠다"라는 대목을 마주치고는, 바로 그 게으름뱅이 주인이자 '무식한 장서가'인 저는 킥킥댔습니다.

저는 글로나 사람 됨됨이로나 선생님 같은 지식인이 되고 싶었습니다. 비록 그리 되지는 못했지만 말입니다. 지난 세기 1980년대 후반 선생님께서 《신동아》에 연재하시던 '최일남이 만난 사람'이라는 인터뷰가 기억납니다. 인터뷰이를 모욕하지 않으면서도 그에게서 뽑아낼 것은 다 뽑아낸다는 점에서 선생님은 당대 제일의 인터뷰어셨습니다. '최일남이 만난 사람'은 한국 저널리즘 역사에서 인터뷰어의 이름을 앞세운 첫 인터뷰 시리즈가 아닌가 싶습니다. 제가 초창기 〈한겨레〉 기자였을 때, 《사회평론》이라는 잡지에 '고종석이 만난 사람'이라는 인터뷰 시리즈를 연재한 적이 있습니다. 그때, 어느 후배가 "고 선배가 최일남 선생님 급이 됐단 말이에요?" 하고 제게 농담을 했더랬습니다. 후배는 저를 놀리느라 한 말이었지만, 저는 속으로 기꺼워 어쩔 줄 몰랐습니다.

지난해 9월 제 둘째 아이 혼사 때 선생님께 청첩장을 올리기는 했지만, 선생님께서 직접 와주시리라는 기대는 하지 않았습니다. 와주신 것만도 황감했지만, 피로연장에 선생님이 안 계신 것을 보고 가슴이 덜컥했습니다. 선생님께서는 나중에 그것이 선생님의 '나이에 걸맞지 않은' 수줍음 때문이라고 말씀하셨습니다만, 그날의 죄송스러움을 되돌아보면 지금도 얼굴이 화끈거립니다. 다 제 불찰이었습니다. 선생님이 하객들 가운데 가장 연로한 분이셨으니, 선생님을 사적으로 아는 후배 문인들이나 기자들도 선생님이 어려워 무람없이 다가가기가 힘들었을 걸로 짐작합니다. 비록 혼주로서 정신이 산란하기는 했으나, 제가 선생님을 직접 모셨어야 했는데, 그러질 못했습니다.

평론을 하는 정홍수 군과 함께 그 얼마 뒤 선생님을 인사동의 한 식당에 모셨을 때, 선생님은 아직 연부역강할 때 글을 더 쓰라고 제 절필을 나무라셨습니다. 말씀을 마음에 새기겠노라고 대답은 넙죽 했습니다만, 그때만 하더라도 제가 다시 글을 쓰게 될 줄은 몰랐습니다. 그러나 결국 구차하게도 가정경제 형편

탓에 다시 글을 쓰게 되었습니다. 다시 글을 쓰기로 마음먹었을 때 적잖이 겸연쩍었습니다. 세 해 전 절필 선언을 한 계기 가운데 하나가 세상에 할 말이 더는 없다는 것이었는데, 절필한 세 해 사이에도 세상에 대한 제 생각이 거의 바뀌질 않았기 때문입니다. 결국 예전에 했던 얘기를 소재만 바꾸어서 다시 하게 되는 게 아닌가 하는 무참함이 있었습니다. 그러나 선생님의 권유가 좋은 핑곗거리가 되어주었습니다. 제가 글을 쓰지 않았던 세 해 동안 제게 다시 붓을 들라고 권한 사람은 많았지만, 그분들은 제 '스승'이 아니었습니다. 저는 이제 스승의 강권으로 다시 글을 쓰게 됐다고 둘러댈 수가 있게 된 것입니다.

지지난달 김윤식 선생님의 저서 특별전 첫날에 선생님을 뵈었을 때 얼마나 반가웠는지요. 그렇지만 선생님이 그 연세가 되도록 떨쳐내지 못하신 '수줍음' 때문에 구석 자리에 혼자 앉아 계시는 것을 보고는, 마음이 영 좋질 않았습니다. 그 자리의 주인공이셨던 김윤식 선생님 옆자리에 선생님께서 앉아계셨다면 모양이 참 좋았겠다 싶었습니다. 그래도 뒤풀이 자리에서 선생님께서 와인도 드시고 또 건물 밖에 나가셔 담배도 피우시는 걸 보고, 선생님의 건강을 확인하게 돼 기뻤습니다. 제가 다시 글을 쓰기로 한 것을 신생님께서 치하해주신 것도 제게 큰 힘이 됐습니다. 그날은 선생님께도, 김윤식 선생님께도 덕담을 들어서, 큰 횡재를 한 느낌이었습니다.

더러, 선생님께서 언론인 생활의 만년을 〈한겨레〉에서 보내지 않으셨다면 제가 선생님과 아무런 인연도 맺지 못하지 않았을까 하는 생각도 듭니다. 그런 한편으로는, 그래도 제가 문단과 언론계에 이미 발을 들여놓은 마당인데, 선생님과 어찌 인연을 맺지 않을 수 있었겠느냐 하는 생각도 듭니다.

참칭 제자로서, 제가 스승께 무례하고 외람된 청을 하나 올리겠습니다. 연세가 있으시니 이제 긴 글을 쓰기 어려우시겠지만, 이따금 단장斷章이라도 쓰셔서 저를 포함한 제자들에게 가르침을 주시옵소서. 만경강이 흐르듯 굽이굽이 휘도는 선생님의 문체, 그 안에 깨알 같이 박힌 풍자와 골계를 다시 보고 싶습니다.

근간에 한번 찾아뵙겠습니다. 늘 강녕하소서.

2015. 11. 30.

노암 촘스키 선생님께

여든아홉 번째 생신을 축하드립니다. 6년 전 작고하신 인류학자 클로드 레비스트로스 선생님도 백수를 넘기셨는데, 선생님도 그러시기를 빕니다. 지적 거장들의 장수는 동시대인들에게 복입니다. 특히 선생님처럼 나이와 더불어 열정이 사그라들지 않는 분의 경우엔 더욱 그렇습니다. 그리고 지난달 14일 서울에서 열린 민중총궐기대회 때 경찰의 물대포를 맞고 사경을 헤매고 계신 백남기 선생님께 보내주신 위로와 서울 시민들에게 보내주신 연대의 메시지에 한국인으로서 감사드립니다.

한 세대 전에 돌아가신 장폴 사르트르 선생님은 '지식인'을 "자기와 아무런 상관도 없는 일에 참견하는 사람" "자신의 지적 영역에서 쌓은 명성을 '남용'하여 기존 사회와 정치권력을 비판하는 사람"이라 정의했습니다. 물론 이 맥락에서 '남용'이라는 말은 긍정적 의미입니다. 그런 뜻의 지식인을 꼽으라면, 이 시대에 선생님을 앞설 사람은 없을 듯합니다. 선생님은 언어학과 언어철학, 인지과학 등에서 쌓으신 명성을 '남용'하여 기존 사회와 정치권력을 가차 없이 비판해오셨습니다. 아니, 지식인의 책임을 거론하며 베트남전쟁을 매섭게 비판한 선생님의 첫 정치평론서 《미국의 힘과 새 지배계급》이 나온 것이 1960년대 말이니, 학자 촘스키와 지식인 촘스키는 선후를 가릴 것 없이 나란했다고도 할 수 있습니다.

그러나 한국 독자들이 선생님을 소비하는 양상은 시간축을 따라가며 크게 달랐습니다. 1970년대부터 1980년대 중반까지, 선생님의 한국인 독자들은 주로 영어학이나 일반언어학을 전공하는 대학원생들이었습니다. 그들은 선생님의 언어학 책들만 게걸스럽게 읽었습니다. 고등학생이었던 1970년대 한복판에 선생님의 이름을 처음 들은 저도 크게 다르지 않았습니다. 학부에서 법학을 전공하던 시절 제가 처음 접한 선생님의 책은 프랑스어판 《통사구조론》(한국에는 《촘스키의 통사구조》로 출간)이었습니다. 뒷날 대학원에서 언어학을 공부하면서, 그 책이 소위 '표준이론'의 고전이라는 것을 알았습니다. 언어학도로서 제가 읽은 선생님의 책도 언어학자 촘스키를 크게 벗어나지 않았습니다. 《통사이론의 양상들》《영어의 소리패턴》《데카르트 언어학》《언어에 관한 성찰》《지배와 결속에 대한 강의》 따위가 그즈음 제가 읽은 선생님 책들입니다. 1990년대 들어 늦은 나이에 프랑스에서 언어학 박사 과정을 밟으며 읽은 《최소주의 프로그램》이 제가 읽은 선생님의 마지막 언어학 책입니다. 그러니까 저는 표준이론에서 확대표준이론으로, 지배결속이론으로, 그리고 최소주의 프로그램 등으로 진화한 선생님의 변형생성문법을 고스란히 따라가며 촘스키를 읽은 것입니다. 선생님이 언어학자 이상의 지식인이라는 것을 알면서도 선생님의 정치 에세이에는 손이 가지 않았습니다. 사실 언어학을 전공하지 않는 여느 한국인들은 1980년대 후반까지 선생님의 이름을 알지도 못했습니다. 엄혹한 군사독재정권 아래서 지식인 촘스키의 책은 소개될 수 없었기 때문입니다. 반미주의는 곧 공산주의로 통하던 시절이었습니다. 사실 선생님만큼 공산주의와 거리가 먼 좌파 지식인도 드물텐데 말입니다.

한국 민주주의가 오랜 잠에서 깨어나 기지개를 켜던 1980년대 말 이후 한국인들의 촘스키 소비양상은 크게 달라졌습니다. 한국의 촘스키 독자들은 일반언어학이나 영어학 세미나에 참가하는 대학원생들이 아니라 이제 일반인이 되었습니다. 군사독재정권 시절에 한국에 소개되지 못한 선생님의 정치학 저서들이 무더기로 번역되었습니다. 독서인이라면 누구나 촘스키를 거론할 만큼 선생님은 한국에서 대중적 지식인이 되셨습니다. 그래서 지식인 촘스키가 언어학자 촘스키를 덮어버렸습니다. 한국인

독자 대부분이 선생님을 언어학자로서가 아니라, 논객으로서, 지식인으로서 소비했다는 뜻입니다. 그러나 뒷날의 지성사학자들은 선생님을 사르트르적 의미의 지식인으로보다는 언어학자나 인지과학자로 기록할 것입니다. 많은 논란에도 불구하고, 선생님이 이룩한 소위 촘스키혁명은, 페르디낭 드 소쉬르 선생님이 '체계'라는 이름으로 '구조'를 발견한 이래, 인문학의 가장 커다란 혁명일 것이기 때문입니다.

선생님이 넓은 의미의 정치에 관해 쓴 책은 언어학에 대해 쓴 책 이상으로 많고 다양해서, 선생님의 이념적 위치를 확정하기는 쉽지 않습니다. 저로서는, 데카르트에서 백과전서파로 이어지는 프랑스 이성주의와 계몽주의의 선 위에 선생님이 계시다는 것만 어렴풋이 가늠할 뿐입니다. 선생님은 냉전 시절 미국에 대한 가장 혹독한 비판자이셨으면서도, 그 못지않게 소비에트제국주의에 펜끝을 겨누셨습니다. 선생님의 관심 영역은 너무나 넓습니다. 소위 '시사적'인 어떤 일도 선생님의 눈길을 피할 수 없었습니다. 아무튼 저는 선생님이 한때 자임하신 대로 선생님을 무정부주의적 노동조합주의자(anarcho-syndicalist: 이하 AS)라고 부르겠습니다. 선생님의 AS는 역사적 사회주의에도 자본주의에도 비판을 아끼지 않았습니다. 특히 선생님은 미국이 '민주주의 국가'라는 사실 자체를 부인합니다.

프랑스 언어학자 미추 로나와의 인터뷰집 《언어와 책임》의

한 대목에서, 선생님은 워터게이트 사건을 민주주의의 승리로 보는 프랑스의 일반 여론에 반박하며, 그 사건이 제기한 진짜 질문은 '닉슨이 제 정적들에게 사악한 수단들을 사용했느냐'가 아니라 '어떤 사람들이 희생자였느냐'라고 지적하셨습니다. 멍청한 닉슨이 힘 있는 사람들을 공격하는 실수를 범해서 몰락했을 뿐이라는 거지요. 워터게이트 사건이 단지 지배계급 사이의 권력 다툼 양상이었을 뿐 민주주의와는 무관하다는 선생님의 관찰에는 분명히 깊은 통찰이 있습니다. 반면에 공화당과 민주당을, 더 정확하게는 이 양대 정당의 정치엘리트들을 똑같이 비판하는 선생님의 논변에 저 같은 리버럴로서는 선뜻 공감하기 어려울 때도 있습니다.

2000년 대선에서 '반민주주의적 방식으로' 조지 부시 주니어가 대통령으로 '선포'되지 않았다면, 인류의 역사는 다른 경로를 밟았을 것입니다. '민주주의적 방식으로' 앨 고어가 대통령으로 '선포'되었다 하더라도 9·11은 일어날 수 있었겠지요. 그렇지만 고어라면 9·11의 반격을 아프가니스탄 침공으로 마무리했을 공산이 큽니다. 부시와는 달리, 거짓된 정보와 호승심에 기대어 이라크 전쟁을 일으켜서 오늘날 IS의 탄생까지 초래하지는 않았을 듯합니다. 녹색당 후보 랠프 네이더에 대한 투표가 공화당의 극보수주의자를 대통령으로 만들 가능성이 있을 때 양식 있는 유권자들이 어떻게 해야 하는지는 미국인이 아닌 저에게도 골칫거리입니다. 그것은 한국의 정치지형에서도 드물지 않게 일어나는 일이기 때문입니다.

선생님의 AS가 표현의 자유를 끝까지 밀고 나가는 것은 자연스럽습니다. 무정부주의는 국가의 간섭을 (이상적으로) 없애거나 (현실적으로) 최소화하는 것을 꿈꾸기 때문입니다. 그러나 독일 제3제국 시절의 홀로코스트를 거의 전면적으로 부인하는 로베르 포리송을 선생님이 표현의 자유라는 이름으로 변호했을 때 많은 비판을 받으셨던 것처럼, 표현의 자유에 한계가 없느냐의 여부는 복잡한 문제입니다. 《안네의 일기》가 아버지 오토 프랑크에 의해 심하게 편집됐다는 사실을 밝혀내 마침내 그 책이 부녀의 공저로 인정되게 한 포리송의 공로는 물론 큽니다. 그러나 선생님도 부인하시지 않는 홀로코스트를 거의 전면적으로 부인하는 포리송의 주장도 표현의 자유라는 이름으로 보호되어야 하는지 저는 확신이 서지 않습니다. 《안네의 일기》가 거짓말이라는 것과 홀로코스트가 없었다는 것은 전혀 다른 차원의 일이기 때문입니다. 포리송에게 린치를 가한 일단의 유대인 테러그룹은 물론 비판받아야 합니다. 그러나 포리송을 기소하고 유죄판결을 내린 프랑스 사법부, 포리송을 교수 자리에서 쫓아낸 대학까지 비판받아야 하는지 저는 확신할 수 없습니다.

선생님이 리버테리언 사회주의를 지지하고 AS를 자임하시는 한, 표현의 자유가 선생님께 성역이 될 수밖에 없다는 것은 이해합니다. 그러나 저처럼 평범한 리버럴이 추종하기에는 선생님이 너무 래디컬한 분이시라는 것 역시 사실입니다. 양대 정당 엘리트들을 무차별적으로 대할 것이냐, 또 표현의 자유에는 한계가 없느냐 여부는 미국이나 프랑스에서만이 아니라 지금 한국에서도 문제가 되고 있습니다. 한국의 거대 야당과 군소 야당들은 지리멸렬합니다. 한국 정부는 반동개혁의 흐름 속에서 한국 현대사를 주류 역사관과 동떨어진 단 하나의 수정주의적 관점으로 채색하기 위해 국사 교과서의 국정화를 추진하고 있습니다. 이 정권판版 수정주의가 홀로코스트 부인만큼 과격하지는 않을지라도, 그것이 개인이 아니라 정권의 강한 의지라는 점이 저를 걱정스럽게 합니다. 선생님께 몇 마디 투정을 부려본 것은 그래서입니다. 선생님의 언어로 다시 한 번 축하의 말씀을 올립니다. Happy birthday to you, Sir. Many glad returns of the day!

2015. 12. 7.

박근혜 대통령께

당신의 당선이 확정된 2012년 12월 19일 밤은 제게 악몽이었습니다. 저는 명륜동의 한 주점에서 이튿날 아침까지 술을 마셨고, 만취한 상태로 집에 돌아와 거실 바닥에 몸을 내던졌습니다. 깨어보니 땅거미가 내려앉았더군요. 제 처 말로는 몇 번이나 깨워 안방으로 들여보내려 했지만 제가 응하지 않았다고 합니다. 일어나서도 당신의 당선이 말 그대로 꿈이길 바랐습니다. 그러나 당신은 대통령 당선인이 되었습니다.

저는 정녕 당신의 낙선을 바랐습니다. 제가 자연인 박근혜에게 무슨 미움 같은 게 있어서 그런 건 아니었습니다. 당신이 민주주의적 절차에 따라 대통령이 될 경우, 한국 민주주의의 파괴자였던 당신 아버님이 역사적으로 복권되리라는 두려움 때문이었습니다. 당신의 민주주의적 집권이 당신 아버님의 역사적 복권으로 해석되는 것은 당신이 그의 생물학적 딸이어서가 아닙니다. 누군가의 표현을 빌리면, 당신이 박정희 전 대통령의 정치적 아들이어서입니다. 끔찍이 우울했던 그해 겨울에, 저는 당신에게 가장 먼 곳에 있고 싶어서 제주도에서 몇 날을 보내기도 했습니다. 그러나 그곳에서 '5·16도로'라는 것을 발견하고는 당신 아버님의 질긴 흔적에 아연했습니다.

당신의 당선 확정 뒤에 밝혀진 사실이지만, 당신은 순수하게 민주주의적 방식으로 대통령이 된 것이 아니었습니다. 국정원과 군 사이버사령부는 당신의 당선을 위해 거침없이 불법행위를 저질렀습니다. 그러나 당신의 맞상대였던 후보는 당신의 당선에 이의를 제기하지 않겠다고 성급하게 선언했고, 다만 대선에 간여했던 공무원들의 처벌만을 원했습니다. 그가 무슨 자격으로 당신의 당선을 정당화해주었는지 저는 모르겠습니다. 당신은 집권 뒤 공무원들의 대선 간여를 파헤치려는 검찰총장의 사생활을 파헤쳐 그를 쫓아냈고, 수사는 흐지부지되고 말았습니다. 그 공무원들 가운데 몇몇은 유죄판결을 받았지만, 이제 당신이 대한민국 대통령이라는 사실을 공식적으로 부정하는 사람은 없습니다.

당신의 낙선을 바랐던 사람들 가운데는 당신이 실정을 거듭해 당신 아버님에 대한 평가가 완전히 나락으로 굴러 떨어지기 바라는 이들도 있었습니다. 그러나 저는 달랐습니다. 한국인으로서, 당신 아버님에 대한 미움 때문에 당신의 실정을 바랄 수는 없었습니다. 저는 당신이 훌륭한 대통령이 되길 바랐습니다. 그것이 제가 미워하는 당신 아버님의 명예를 회복하는 결과를 낳을지라도, 당신의 화사한 민주주의 공약들이 지켜지기 바랐습니다. 당신 치하에서 정치적 민주주의의 퇴행이 멈추기를 바랐습니다. 저는 당신이 독일의 앙겔라 메르켈 총리 같은 지도자가 되기를 바랐습니다.

6월 시민항쟁이 탄생시킨 제6공화국에서 정치적 민주주의는 나날이 신장했습니다. 노무현 정권 때까지 이런 추세는 불가역적인 것으로 보였습니다. 그러나 이명박 정권에서 정치적 민주주의는 상처를 입었고, 당신 정권에서는 거의 반동이라 부를 만한 퇴행을 겪고 있습니다. 당신의 공약은 죄다 휴지조각이 되고 말았습니다. 정치에서만이 아니라 경제 사회 문화 모든 분야의 지표에서, 이 정권은 10년간의 민주당 정권에 견줘서는 물론이고 이명박 정권에 견줘서도 뒷걸음질치고 있습니다. 저는 그것의 가장 큰 이유가 당신의 폐쇄적 리더십 탓이라고 생각합니다. 당신은 앞선 정권들이 구축해놓은 민주주의 시스템을 파괴하는 데만 골몰하고 있습니다. 대한민국 국가를 수익 모델로 여겼다는 비판을 받은 이명박 정권도, 공영방송사를 사유화한 걸 빼놓고는, 대한민국 시스템을 크게 훼손하지 않았습니다. 그러나 당신 정권 들어서는 국가의 의사결정구조가 사유화되었습니다. 어느 정권에서 청와대가 각부처의 국장급 공무원에게 직접 전화를 해 자잘한 인사에까지 간여했습니까? 어느 정권에서 대통령이 국무회의 석상에서 '배신의 정치'를 운운함으로써 여당 원내대표를 쫓아냈습니까? 당신 정권에서 여당대표나 원내대표가 스스로 할 수 있는 일이 무엇입니까? 당신 정권에서 장관이 스스로 할 수 있는 일이 무엇입니까? 아, 스스로는 청년실업문제를 방치하면서 지방자치단체의 청년실업 대책을 방해하는 일 정도는 장관이 할 수 있군요.

그 결과는 참담합니다. GDP(국내총생산)가 한 나라 경제의 모든 것을 압축해 보여주진 않을지라도, 당신 치하에서 GDP 성장률은 민주당 정권들에 견줘 사뭇 낮아졌습니다. 출산율 역시 마찬가지입니다. 아이를 낳는 것이 애국이라고 당신 주변 사람들이 아무리 외쳐 봐야, 젊은이들에게는 결혼을 해 가정을 꾸리고 육아를 할 여력이 없습니다. 청년실업률이 외환 위기 이래 처음으로 10퍼센트를 넘어섰습니다. 제6공화국의 성립 이래 역대정권 첫 3년 동안 기록한 재정수지적자와 국가채무의 증가액이 당신 정권에서 모두 최고치를 경신했습니다. 가계부채는 급증하고, 법정 최저임금 미달자도 가파르게 늘어나고 있습니다. 박근혜 정권은 기록 깨기 징권입니까?

물론 당신 정권이 모든 한국인에게 지옥인 것은 아닙니다. 중소제조업의 평균가동률이 떨어지는 것과 함께 재벌 기업의 매출총액과 자산총액은 노무현 정권 말기에 견줘 두 배 가까이 늘었습니다. 제가 일일이 수치를 들이대지 않는 것은 당신이 수치 읽기에 약하리라는 짐작 때문입니다. 결례였다면 사과드리겠습니다.

쉬운 수치는 알려드리겠습니다. 국제 언론감시단체인 RSF(국경 없는 기자회)가 해마다 발표하는 언론자유지수 순위에서 한국은 네 해째 잇따라 내리막이었습니다. RSF가 지난 2월에 발표한 '2015 세계 언론자유지수' 순위에 따르면, 한국은 전체 조사 대상 180개 나라 가운데 지난해 57위였고 올해 또 세 단계 떨어져 60위에 머물렀습니다. 미국의 국제 인권감시 단체인 프리덤하우스도 우리나라를 '언론 자유국'에서 '부분적 언론자유국'으로 낮추었습니다. 이 단체는 또 우리나라의 정치적 권리를 9년 만에 1등급에서 2등급으로 내렸습니다. 국정원의 서울시 공무원 간첩 조작 사건은 또 뭡니까? 대한민국이 민주주의 국가 맞습니까? 인사의 영남 편중에 대해선 길게 이야기하지 않겠습니다. 청와대를 정점으로 한 모든 권력기관에서 영남방언이 표준어가 되고 있습니다. 당신의 아버지가 첫 삽을 뜬 영남패권주의를 당신이 완성하고 있는 것입니다. '통일은 대박'이라고 선언한 당신이 통일을 위해 무슨 일을 하고 있는지도 모르겠습니다. 도대체 남과 북 사이에 가동하고 있는 항시적 라인이 있기나 한 것입니까?

사소하다면 사소하달 수도 있겠지만, 당신의 말버릇도 문제입니다. "정말 간절히 원하면 전 우주가 나서서 도와준다"라거나 "전체 책을 다 보면 그런 기운이 온다"라거나 "잘못된 역사를 배우면 혼이 비정상이 된다"라는 말은 한 나라의 대통령이 아니라 사람잡는 선 무당의 입에서나 나올 소리입니다. "규제는 암덩어리"라며 "기요틴에 보내야 한다"는 말은 국가원수의 기품에도 어긋날 뿐만 아니라, 당신의 경제민주화 공약을 완전히 뒤집은 말입니다. 그 규제가 없었기 때문에, 세월호 참사가 터진 것입니다. 그 참극을 대하는 당신의 태도는 완전한 방관자의 것이었습니다.

거론하기 민망한 일이지만, 지난해 4월 한미 정상 공동기자회견 때 당신이 답변할 순서도 잊어버리고 멍하니 아래만 보고 있던 게 생각납니다. 어떤 남자가 "대통령님!" 하고 당신을 불렀고, 그제야 당신은 고개를 들었죠. 오바마는 "가여운 박 대통령께서 질문이 뭔지 잊으셨군요"라고 농담을 했고요. 도대체 기자회견 중에 무슨 딴생각을 하고 계셨던 겁니까? 지난 10월의 한미 공동 기자회견 때도 동문서답으로 기자들을 당황하게 했고요. 그런 걸 보는 한국인들의 심정이 어땠겠습니까?

마지막으로, 그러나 어쩌면 가장 중요하게, 당신의 국사 교과서 국정화에 대해 한마디 안 할 수 없군요. 국사 교과서의 국정화는, "역사에 관한 일은 역사학자들이 판단해야 한다"는 야당 대표 시절 당신의 말을 뒤집었을 뿐만 아니라, 당신이 대한민국 현대사를 당신의 가족사로 여긴다는 것을 드러냈습니다. 어떤 의미에서 당신은 효녀입니다. 그러나 당신 방식의 효도는 대한민국을 망가뜨리고 있습니다. 당신이 대통령으로서 뭘 잘했나 곰곰 생각해봤습니다. 그래서 이 편지 내용의 균형을 맞추려고 애써봤습니다. 그렇지만 당신이 잘한 일이 하나도 떠오르지 않았습니다.

야당 하는 꼴은 어떻더냐고 당신은 반박할 수 있겠지요. 맞습니다. 지금 제1야당의 행태에도 칭찬해줄 것이 거의 없습니다. 당신은 당신 격에 맞는 제1야당을 지녔고, 제1야당은 그들 격에 맞는 대통령을 지녔습니다. 그래서 젊은이들이 대한민국을, 당신과 저의 조국을 '헬조선'이라고 비하하는 것입니다. 밭은 스케줄 때문에 몸 상태가 늘 좋으시지는 않을 거라고 짐작합니다. 전임 대통령의 국가장에 참석할 수 있을 정도의 건강을 항상 유지하시기 바랍니다.

2015. 12. 14.

천정배 의원께

편지를 쓰기로 마음 정하기까지 많이 망설였습니다. 이 연재를 시작하기 전에, 국내 정치에는 간여하지 않겠다고 다짐했기 때문입니다. 그러나 박정희 전 대통령과 박근혜 대통령에게 이미 편지를 쓴 것이 그 자체로 국내 정치에 개입한 셈이라는 생각이 들었고, 무엇보다도 제가 최근 읽은 《아주 낯선 상식》(김욱 지음, 개마고원 펴냄)이라는 책이 인상 깊어서 당신을 수신자로 불러냈습니다. 《아주 낯선 상식》은, '호남 없는 개혁에 대하여'라는 부제가 드러내듯, 영남패권주의를 정교하게 분석한 책입니다. 이 책은 한 챕터를 지난해 광주 보선 때 당신이 치켜든 '호남 정치'에 할애하고 있습니다.

　당신도 짐작하시겠지만, 이 책의 저자는 당신에게 우호적입니다. 그러나 우호적이라는 것이 절대적 지지를 뜻하는 것은 아닙니다. 저자는 당신의 발언들에 기대어 '호남 정치'라는 것이 무엇인지 따져본 뒤 다소 유보적인 결론을 내립니다. 그러나 당신의 '호남 정치'라는 것에 '반영남패권주의'라는 요소가 있음을 지적하고, 그것이 '진정한 민주주의'를 위한 첫걸음임을 인정합니다. 저는 당신이 이 책을 꼭 읽어보기 바랍니다. 한 챕터가 당신에게 할애돼 있어서가 아니라, 이 책은 대한민국의 지역모순을 가장 심도 있게 분석하고, 비록 가망이 크지 않지만 그 해소 방식까지 시사하고 있기 때문입니다. 당신도 배울 점이 많을 것입니다. 당신이 공부천재라는 것은 세상이 다 아는 일이지만, 공부천재라고 해서 모든 것을 알 수는 없지 않겠습니까.

　이 편지에서《아주 낯선 상식》이라는 책의 주장을 요약하지는 않겠습니다. 다만,《아주 낯선 상식》의 저자에게 동의하며, 당신이 내세운 '호남 정치'라는 프레임이 전략적으로 그다지 현명하지 않음을 지적하고자 합니다. '친노패권' 프레임을 내걸고 '개혁 세력' 내부의 영남패권주의자들과 싸우기로 했다면 그 효과가 더 컸을 것입니다.

　당신은 옛 민주당에서 노무현 옹립을 주도한 사람입니다. 노무현 상임고문 주변에 원내 우군이 거의 없던 시절에, 당신은 '노무현 대통령'의 깃발을 치켜들었습니다. 그리고 세력을 결집해 노무현 후보를 대통령으로 만들었습니다. 선거일 저녁 출구조사에서 이미 '노무현 대통령'이 예견되기는 했으나, '노무현 대통령'이 확정되기까지 저는 계속 마음을 졸였습니다. 그리고 노무현 후보가 대통령으로 확정됐을 때 무교동의 낙지집으로 달려가 행복한 소주를 마셨습니다.

2003년 민주당의 소위 개혁파 의원들이 분당을 추진했을 때, 저는 한 신문의 논설위원이었습니다. 어쩌면 당신도 그 때 제가 민주당 분당을 격렬히 반대했다는 것을 기억하실 것입니다. 《아주 낯선 상식》의 저자와 전북대 강준만 교수도 저처럼, 아니 저 이상으로 민주당 분당을 반대했습니다. 그러나 막상 분당이 이뤄졌을 때, 저는 '우리가 만든 노무현 정부'라는 프레임을 내걸며 호남유권자들이 열린우리당을 지지해야 한다고 썼습니다. 분당 뒤 민주당이 한나라당을 이용해 노무현 대통령을 탄핵소추했다는 사실이 제게 영향을 끼쳐서 그랬던 것은 아닙니다. 탄핵소추 이전에도 저는 "가난한 부모가 창피하다며 집을 뛰쳐나갔다가 세상에서 따돌림 당하는 자식을 거두어 보살피는 심정으로, 호남 유권자들은 신당을 감싸안아야 한다"고 썼습니다. 지금 생각해보면, 참으로 순진한 생각이었습니다. 《아주 낯선 상식》의 저자와 강준만 교수는 저와 달리 여전히 옛 민주당의 지지자로 남았고, 강준만 교수는 그 분당의 충격으로 한동안 정치에 관한 글을 쓰지 않았습니다.

그 분당을 주도한 이들은 흔히 '천신정'이라 불립니다. 당신과 신기남, 정동영 세 사람의 성을 따서 만들어진 말입니다. 그

분당 앞뒤로 신기남 의원이 "호남에서 표 떨어지는 소리가 나야 영남에서 표를 얻을 수 있다"며 제 고향 사람들 마음에 대못을 박은 것이 기억납니다. 그것은 당시 한나라당의 비열한 선거전략을 고스란히 베낀 것입니다. 분당은 어떤 명분으로도 정당화될 수 없었습니다. 분당을 통한 개혁신당론의 핵심 아이디어가 힘센 새 친구를 얻기 위해 그자가 싫어하는 옛 친구를 버리자는 것이었기 때문입니다. 당신을 비롯한 신당 추진파는 '망국적 지역주의'의 해소를 정치적 명분으로 내세웠지만, 당신들이 그 거룩한 명분의 실현을 위해 고른 길은, 얄궂게도, 영남 패권주의에 사실상 굴복하고 영합하는 것이었습니다. 그리고 이 모든 과정을 노무현 대통령은 방조하거나 북돋우거나 지휘했습니다.

돌이켜보면, 지금 제1야당의 지지부진함과 내분의 뿌리가 바로 2003년의 민주당 분당이라는 것이 또렷이 드러납니다. 분당 뒤에 뭘 크게 잘못했다기보다 분당 자체가 문제였던 겁니다. 분당이 아니었다면 호남과 노무현 대통령 사이가 지금처럼 데면데면해지지 않았을 것이고, 분당이 아니었다면 대한민국 여당과 제1야당의 주류가 모두 영남패권주의 세력으로 채워지지도 않았을 것입니다. 분당이 아니었다면, 당신이 광주에서 새정치민주연합 후보와 대결하며 '호남 정치'의 복원을 내세울 일도 없었을 것입니다.

대통령 탄핵소추의 반동으로 열린우리당은 과반의석을 얻

었지만, 그 과반의석으로 노무현 정권이 무슨 업적을 이뤘는지 잘 기억나지 않습니다. 국가보안법을 비롯한 소위 4대 악법의 개폐는 한나라당 박근혜 대표의 몽니에 휘둘려 흐지부지돼버렸고, 노무현 대통령은 마침내 선거법 개정을 매개로 한나라당과 대연정을 시도하다 박근혜 대표에게 거절당하는 망신을 합니다. 그리고 여기에는 여당의 원내대표를 지냈던 당신에게도 큰 책임이 있습니다.

새정련을 장악한 친노세력에게 떠밀려나 당신이 광주에서 호남 정치를 내세웠을 때, 나는 당신이 2003년 분당에 대해 사과할 줄 알았습니다. 호남 민심을 다독거리기 위해서였지만, 대통령 후보 시절의 문재인 새정련 대표도 호남 유권자들에게 분당을 사과한 바 있습니다. 그런데 호남 정치의 복원을 내세우는 당신이 그 분당에 대해 사과하지 않는 게 저는 의아합니다. 당신의 심정을 이해 못하는 것은 아닙니다. 당신은 노무현 정권에서 여당 원내대표와 법무부 장관을 지냈습니다. 분당이 아니었다면, 당신이 그런 호사를 누리지 못했을지도 모릅니다. 당신은 당신의 과거를 부정하기 싫은 것입니다.

그러나 당신이 2003년 민주당 분당을 사과하지 않는다면, 저는 당신의 '호남 정치'를 신뢰할 수 없습니다. 분당의 가장 참혹한 결과는 호남 유권자들을 친노 영남패권주의 세력의 인질로 만들었다는 것입니다. 당신은 호남 유권자들에게, 그리고 이

나라 민주주의 세력에게 깊이 사과해야 합니다. 당신이 주도한 그 분당 때문에, 호남 유권자들은 노예의 도덕을 내면화해야 했습니다. 선거 때마다 친노가 주류인 새정련에게 몰표를 주지만, 새정련 주류는 영남패권주의를 버릴 생각이 없습니다. 호남 유권자들에게 돌아오는 것은 비웃음뿐입니다. 《아주 낯선 상식》은 당신이 지난해 보선에서 당선한 직후 서울대 조국 교수가 했다는 이런 발언을 소개합니다. "내가 호남 사람이라도 새정치연합을 안 찍는다. 돈 대주고, 힘 대주는데 의사결정에선 소외된다고 여긴다면 찍을 이유가 없다."

조국 교수의 이 발언이야말로 독립적 주체의 냉철한 합리주의를 드러낸 것입니다. 그런데 호남 유권자들은 이런 냉철한 합리주의를 실천하지 못해 왔습니다. 이제 이 희비극적인 인질극을 끝내야 합니다. 이 인질극을 끝내는 데 당신이 이바지해주시기 바랍니다. 《아주 낯선 상식》의 저자는 '신성광주'가 '세속광주'로 내려와야 한다고 말합니다. 광주가 세속의 욕망을 발산해야 한다고 말합니다. 저도 그 주장에 아무런 이의 없이 공감합니다. 호남 유권자들이 다른 지역 유권자들에 견줘 더 민주주의적이고 더 윤리적이어야 할 의무는 어디에도 없습니다. '민주주의의 보루'라는 굴레에서 호남은 벗어나야 합니다.

호남의 일당지배는 이제 끝장내야 합니다. 호남은 모든 정당에 일정한 거리를 두고 그 정당들과 거래해야 합니다. 호남에게 정당한 이익을 주겠다고 신실하게 약속하고 그것을 실천하는 정당이라면, 그것이 새정련이든 진보정당이든 심지어 새누리당이든 지지할 수 있어야 합니다.

지금의 새누리당이 1980년 광주학살의 주체인 전두환 민정당의 후신인지에 대해서는 의문이 있습니다. 김영삼 정권의 하나회 척결과 전두환 노태우 기소를 통해서, 새누리당의 전신인 신한국당은 적어도 상징적으로나마 5공과의 관련을 끊어냈기 때문입니다. 지역모순은 한국 사회의 주요 모순입니다. 지역모순을 모른 체하는 진보는 가짜 진보라고 생각합니다. 저는 새누리당을 지지할 일이 결코 없겠지만, 새누리당을 지지하는 제 동향인들을 이해하려고 애쓸 것입니다. 당신의 '호남 정치'가 닫힌 정치가 아니라 열린 정치가 되기 바랍니다. 한국 정치의 정상화에 기여하기를 빕니다.

2015. 12. 21.

문재인, 안철수 의원께

새해 첫 편지의 수신인으로 당신들을 불러낸 것은 올해에 총선이 있기 때문만은 아닙니다. 총선도 총선이지만, 대한민국 정치 시스템에 대한 제 근본적 고민을 털어놓기 위해서이기도 합니다. 이제 당을 서로 달리하고 있지만, 당신들은 지난해 말까지만 해도 한 당의 울타리 안에 있었습니다. 그 당의 이름은 새정치민주연합이었고, 지금은 더불어민주당이라고 불립니다. 안 의원은 자신의 신당을 만드느라 분주하신 걸로 압니다. 저는 올해 총선의 결과가 어떻게 될지 지금으로선 가늠도 못하겠습니다. 분열된 야당으로는 여당과 싸워 이기지 못하리라는 것이 상식이기는 하지만, 대한민국 선거의 역사를 볼 때 그것이 철칙은 아닙니다. 1988년 총선에서 야당은 분열돼 있었지만, 한국에서 여소야대가 처음 이뤄진 것은 그 총선에서입니다.

한 당에서 몹시 불편한 관계였던 당신들 가운데 어느 쪽의 잘못이 더 컸는지에 대한 판단은 삼가겠습니다. 누구의 잘못이 더 크든, 당신들의 분열은 지난 대통령선거 때 이미 예정되어 있던 것이 아닌가 생각합니다. 당신들의 분열을 반영한 것인지 아니면 그 분열을 재촉한 것인지는 모르겠지만, 당신들 지지자들 사이의 적대감은 그들과 새누리당 지지자들 사이의 적대감보다 오히려 더 크다는 느낌이 들기도 합니다. 그것은 내년 12월 대통령선거에서 정권교체가 이뤄질 개연성을 크게 낮추고 있습니다.

당신들 가운데 한 사람은 반드시 내년 대선에 출마할 것이고, 어쩌면 두 사람 다 출마할지도 모르겠습니다. 야권에서 또다른 후보가 나설지도 알 수 없는 일입니다. 그것은 다가오는 4월 총선의 결과에 크게 달려 있을 것입니다. 저는 지난 대선 정국에서 안철수 후보를 지지했고, 안 후보가 사퇴한 뒤에는 문재인 후보에게 투표했습니다. 안철수 후보를 지지한 것도, 문재인 후보에게 투표한 것도 당신들 가운데 한 사람이 꼭 대통령이 돼야 한다는 판단 때문은 아니었습니다. 제가 안 후보를 지지한 것은 박근혜 후보의 청와대 입주를 막을 수 있는 사람은 안 후보뿐이라는 판단 때문이었고, 안 후보의 사퇴와 함께 '박근혜 대통령'의 당선을 거의 확신했음에도 제가 선호했던 어느 여성 노동자 후보가 아니라 문 후보에게 투표한 것은, 세상에는 기적이라는 것도 있을 수 있다고 생각해서였습니다. 결국 제가 지녔던 비관적 확신은 현실화했고, 제가 바랐던 기적은 일어나지 않았습니다. 그래서 대한민국에서는 민주주의를 파괴한 독재자의 딸이 민주주의적 방식으로 대통령이 되는 비극이 일어났습니다. 물론 뒤에 밝혀지기로는 국정원과 군 사이버 사령부가 개입했으니, 그것이 순수하게 민주주의적인 방식은 아니었지만 말입니다.

그 개념을 흔쾌히 받아들이든 그러지 않든, 당신들은 '영남패권주의'라는 말을 들어보셨을 겁니다. 당신들은 영남 출신이고, 제 판단에 문 의원은 영남패권주의를 꽤 표나게 실행해오셨습니다. 서남대 김욱 교수가 지난해 말 출간한 《아주 낯선 상식》이라는 책을 당신들이 읽어보시기 바랍니다. 이 책은 영남패권주의라는 말로 요약할 수 있는 한국의 지역모순을 명쾌하게 파헤친 책입니다. 저는 대한민국 정치인들 모두가, 더 나아가 지식인들을 포함해서 되도록 많은 한국인이 이 책을 읽기 바랍니다. 합리적인 사람이라면, 이 책을 읽고도 대한민국에 영남패권주의가, 지역모순이 없다고 생각하지는 않을 것입니다.

지역모순은 대한민국국가의 주요모순입니다. 이 모순의 해소에 눈감는 개혁이나 진보담론은 죄다 거짓말이라고 저는 생각합니다. 말의 올바른 의미에서 사용되는 개혁이나 진보는 차별과 양립할 수 없기 때문입니다. 재향 출향을 싹 쓸어 모아도 영남인은 대한민국 인구의 반에 크게 못 미치지만, 이 나라의 정치 경제 사회 문화 모든 영역에서 절대적 패권을 행사하고 있습니다. 1961년 이후 지금까지 55년 동안, 영남 출신 인사가 최고권력자로 군림한 기간은 50년에 가깝습니다. 그리고 이 기간은 더 길어질 것입니다. 대한민국의 재벌 대부분은 영남 출신이거나 영남과 어떤 식으로든 이어져 있습니다. 청와대를 비롯한 권력기관과 재벌기업에서는 영남방언이 표준어 행세를 합니다. 이것은 극히 비정상적인 일입니다. 저는 당신들이 이런 비정상적 상황을 정상적으로 바꾸는 데 진력해주기를 곡진한 마음으로 기대합니다. 영남패권주의의 소멸이 영남인들의 도덕적 성찰이나 너그러움으로 이뤄질 수 있는 게 아님을 저는 잘 압니다. 공평한 제도에 기반한 물리적 강제가 없으면, 어떤 종류의 패권주의도 스스로 사라지지 않습니다.

　4월 총선을 앞두고 야권이 분열돼 있는 상황에서, 사람들은 개헌저지선이 무너지지 않을까 걱정하고 있습니다. 야권이 합해서 100석을 얻지 못하면, 새누리당이 개헌을 통해서 영구집권을 꾀할 거라는 음모론이 나돕니다. 저는 반새누리당 자유주의적 유권자로서, 이번 총선에서 야권이 선전하기를 바랍니다. 그러나 선전을 하더라도, 저는 오히려 야권에서 개헌투쟁을 벌여주기 바랍니다. 이것은 제가 《아주 낯선 상식》을 읽으며 굳히게 된 생각입니다. 지금의 변형된 대통령 중심제와 결합된 국회의원 단순다수대표제 아래에서는 영남패권주의가 사라질 수 없습니다. 이 제도가 승자독식 체제이고, 영남은 대한민국에서 가장 인구가 많은 지역이기 때문입니다. 제가 생각하는 개헌은 의원내각제로의 개헌이고, 그 의원내각제 아래서의 독일식 정당명부 비례대표제입니다. 이 방향의 개헌은 영남패권주의를 해소할 뿐만 아니라, 사표를 거의 완전히 없애서 표의 등가성을 이룰 수 있는 효과를 낳아 대한민국 민주주의를 크게 신장할 것입니다.

정당이 유권자들에게서 받은 지지율에 정확히 비례해 의석을 배분하는 독일식 비례대표제에는 당신들도 찬성하시리라 믿습니다. 집권당에만이 아니라 거대야당에도 불리한 제도이지만, 저는 민주주의에 대한 당신들의 신념에 비추어 그리 믿는 것입니다. 그러나 의원내각제는 당신들 두 사람 다에게 아마 맞갖지 않으리라 짐작합니다. 그것은 당신들이 대통령 중심제 아래서의 대통령을 꿈꾸고 있다는 이유에서만이 아니라, 의원내각제를 채택했던 제2공화국의 정치적 불안정이 5·16군사반란을 불러왔다는 경험에도 근거하고 있을 것입니다. 실제로 독일식 비례대표제를 주장하는 사람들 대부분이 현행 대통령 중심제 헌법을 유지하거나, 프랑스식 이원집정부제와 결선투표제로 개헌을 하자는 의견인 것으로 압니다. 그러나 한국 민주주의는 이제 의원내각제를 견뎌낼 만큼은 넉넉히 근육을 키웠습니다.

게다가 현행 대통령 중심제든 프랑스식 이원집정부제든, 넓은 의미의 대통령 중심제는 독일식 비례대표제와 궁합이 맞지 않습니다. 독일식 비례대표제는 표의 등가성에 바탕을 두어 소수파의 원내진입을 보장하고 연립정부의 구성을 가능하게 합니다. 그러나 대통령제 아래서는 원칙적으로 연립정부가 불가능합니다. 김대중 정권 전반기의 DJP연합이나 노무현 정권이 구상했던 한나라당과의 대연정은 대통령이 스스로 자신의 권한을 제도 바깥의 영역에서 나누거나 넘기는 것이었지, '제도적' 연립정부는 아니었습니다. 대통령 중심제 아래서의 그런 '유사연정'은 대통령이 원하면 아무 때나 거두어들일 수 있는 불안정한 제도입니다. 게다가 대통령 중심제가 여소야대와 결합하면, 야당은 늘 대통령 탄핵소추의 유혹을 받게 됩니다. 그것이 정치적 불안정을 가져올 것은 자명합니다.

제6공화국 헌법에 완전히 만족하지는 않으면서도, 저는 최근까지 견결한 호헌론자였습니다. 그 이유의 첫째는 개헌이라는 것이 1960년 4월혁명 직후나 1987년 6월항쟁 직후처럼 시민의 정치적 진출이 극적으로 활발해진 시기를 빼놓고는 예외 없이 집권세력의 권력연장을 위한 헌법개악이었기 때문입니다. 둘째는, 우수마발 국회의원들보다는 역사 속에서 자신의 자리를 의식할 수밖에 없는 대통령 중심제의 대통령이 더 높은 정치윤리를 지닐 것이라는 추론 때문이었습니다. 실제로 6공화국 들어서 거의 모든 대통령이 국회의원들의 평균적 정치윤리보다는 더 높은 정치윤리를 지녔다고 저는 생각합니다. 그러나 그 생각은 이명박 정권 들어서 흔들리기 시작했고, 박근혜 정권 들어서는 완전히 사그라지고 말았습니다. 대통령 중심제 아래서의 대통령이 정치윤리에서 국회의원들보다 나으리라는 보장이 없다는 것입니다.

그래서 저는 제 오랜 호헌론을 접고 개헌론자로 전향했습니다. 저는 의원내각제 독일식 비례대표제로의 개헌을 원합니다. 이번 총선 이후 개헌 투쟁에 들어가든, 아니면 차기 대통령선거 공약으로 개헌을 내세우든, 당신들이 이 문제를 깊이 생각해주기를 간절히 바랍니다. 의원내각제 아래서의 독일식 비례대표제는 영남패권주의를 약화하거나 없앨 수 있을 뿐만 아니라, 대한민국의 제7공화국을 진정한 민주주의 국가로 다가가게 만들 것이기 때문입니다. 근하신년謹賀新年! 대한굴기大韓崛起!

2016. 1. 4.

아메리카합중국 시민들께

지금부터 반세기도 전에, 저명한 미디어 이론가 마셜 매클루언은 '지구촌'이라는 말로 이 행성의 미래를 간추렸습니다. 역사적 사회주의가 가뭇없이 사라져 국경의 벽이 더 낮아진 1990년대 이후에는 '지구제국'이라는 은유도 나풀거립니다. 그 제국의 메트로폴리스가 바로 아메리카합중국입니다. 냉전시기가 미소체제Pax Russo-Americana였다면, 포스트 냉전시대는 미국체제Pax Americana입니다. 중국의 급작스런 부상으로 미중체제Pax Sino-Americana라는 말이 더러 쓰이기도 하지만, 이 말은 심한 과장입니다. 중국의 경제 규모가 미국을 추월할 기세를 보이고 있다고는 하나, 군사력이나 문화적 헤게모니나 정치석 민주주의의 난숙도에서 중국을 미국에 견줄 수는 없습니다. 당신들 미국인은 할리우드 영화와 CNN 뉴스와 맥도날드 햄버거와 코카콜라로 지구인의 취향을 지배합니다. 인류는 그가 어디에 살든 당신들의 나라와 관련을 끊을 수 없습니다. 지금처럼 앞으로도 꽤 오랜 동안 지구제국의 운명, 인류의 운명은 워싱턴에서 결정될 것입니다. 프랑스 외무부 장관을 지냈던 위베르 베드린이 매우 적절히 명명했듯, 냉전 종식 뒤의 미국은 슈퍼파워들 가운데 하나가 아니라, 유일한 하이퍼파워인 것입니다.

당신들은 당신들의 지도자들을 통해서 인류의 운명을 결정합니다. 말도 많고 탈도 많았던 2000년 대통령 선거에서 당신들이 조지 부시 주니어 대신 앨 고어를 확고히 지지했다면, 그 뒤 이 행성의 역사는 사뭇 달라졌을 것입니다. 문명의 충돌이 설령 피할 수 없는 경로였다고 하더라도, 부시가 일으킨 이라크 전쟁이 아니었다면 오늘날 이슬람국가IS를 비롯한 테러그룹이 우후죽순처럼 솟아나지는 않았을 것입니다. 올해 말 대선을 앞두고 미국을 휘젓고 있는 도널드 트럼프 현상이 우려스러운 것은 그래서입니다. 물론 저는 세계민주주의의 젖줄이라 할 당신들의 나라에서 트럼프가 대통령이 되리라고는 결코 생각지 않습니다. 그러나 트럼프의 그 모든 공적 비도덕성에 당신들 가운데 상당수가 환호하는 현실에 저는 지레 겁이 납니다.

트럼프는 지난해 6월 멕시코 이민자들을 마약사범이자 강간범이라고 비난하는 것으로 대통령 출마를 선언했습니다. 사실 출마 선언 전에도 트럼프는 자신이 인종주의자임을 숨기지 않았습니다. 이미 2013년 그는 트위터에서 "대도시의 폭력범죄 대부분은 흑인과 히스패닉이 저지른다"라고 했습니다. 대선 출마 선언 뒤 아이오와에서 가진 기자회견 도중엔 자신의 이민정책을 추궁하는 히스패닉계 기자 호르헤 라모스를 쫓아내버렸습니다. 아내가 히스패닉계여서 스페인어를 구사할 줄 아는 젭 부시에 대해선 "그는 아내 때문에 멕시코 불법 이민자들을 좋아할 수밖에 없을 것"이라며, "젭 부시는 미쳤다. 그가 멕시코말을 한다는 것에 누가 신경 쓰나. 여긴 미국이라고! 영어!"라고 조롱했습니다.

트럼프는 멕시코 정부가 의도적으로 범죄자들을 미국으로 보낸다고 주장했습니다. 구체적으로는 "멕시코 정부는 우리보다 훨씬 스마트하고, 날카롭고, 교활하다. 멕시코 정부가 악한 사람들을 우리에게 보내는 것은 그들을 위해 돈을 쓰지 않기 위해서다. 그들을 돌보고 싶지 않은 것이다"라고 말했습니다. 더 나아가 히스패닉 이민자들을 범죄자, 특히 강간범이라고 낙인찍었지요. 그 발언의 진의를 CNN 기자가 묻자, 대수롭지 않다는 듯 멕시코계 이민자를 비롯한 유색인 이민자들은 살인자들이자 강간범들이라고 다시 못박았습니다.

공화당 후보들의 첫 텔레비전 토론회 진행자 가운데 한 사람이었던 폭스방송의 메건 켈리가 트럼프에게 과거의 여성혐오적 발언들에 대해 질문하자, 그는 그녀의 질문이 우스꽝스럽고 근거도 없다며, "그녀의 눈에서 피가 나오는 것을 볼 수 있었다"라고 덧붙여, 켈리가 생리 중이어서 신경이 날카로워졌다는 식으로 대꾸했습니다. 트럼프에게 여성은 이민자들과 함께 늘 경멸과 조롱 대상이었습니다. 《롤링스톤》지와의 인터뷰에서 트럼프는 칼리 피오리나 공화당 대통령 예비후보의 외모를 노골적으로 비웃었습니다. "그녀의 얼굴을 보라. 누가 저 얼굴에게 투표하겠는가. 저 얼굴을 우리 다음 대통령으로 상상할 수 있겠나"라고 말했지요. 트럼프의 공격대상은 마침내 장애인으로까지 번졌습니다. 관절만곡증을 앓는 〈뉴욕타임스〉의 서지 코발레스키 기자를 그가 기이한 몸짓 흉내로 비하하던 것을 당신들도 기억할 것입니다. ABC방송과의 인터뷰에서는 "미국의 많은 아랍인들이 세계무역센터가 붕괴된 후 환호했다"고 주장해 아랍계 미국인들에 대한 증오를 부추겼을 뿐만 아니라, 드디어 지난해 12월에는 자신이 대통령이 되면 무슬림들의 미국 입국을 완전히 금지하겠다고 선언해 세계를 경악시켰습니다. 그의 이 발언엔 위헌이라는 비판이 쏟아졌지만, 얄궂게도 그의 지지율은 더욱 치솟았습니다.

미국 대통령 선거에서 트럼프같은 극우 선동 막말꾼이 공화당후보 1위를 달리고 있다는 사실은 지구제국의 메트로폴리스가 도덕적으로 극히 허약해지고 있다는 것을 뜻합니다. 당신들도 살기가 팍팍한 모양이라고 저는 짐작합니다. '미국의 꿈'은 이

제 사라져버렸습니다. 당신들 가운데 많은 사람이 불만을 배출할 대상으로 인종적 성적 신체적 소수파를 고른 것은 프랑스 인류학자 르네 지라르가 발설한 '희생양'을 연상시킵니다.

사람들은 누구나 차별의식을 지닐 수 있습니다. 인격의 그런 부정적 측면을 완전히 씻어내는 것은 누구에게도 힘든 일입니다. 그러나 그것을 마음속 깊은 곳에 담아두지 않고 공적으로 발설하는 것은, 그리고 그런 공적 발설에 환호하는 것은 또다른 문제입니다. 그것은 사람들이 제 차별주의에 대한 부끄러움을 잃었다는 뜻이기 때문입니다. 트럼프에 대한 열광적 지지가 특히 백인 남성 저소득층에서 나오고 있다는 사실도 염려스럽습니다. 그들은 미국이라는 인종의 도가니에서 백인 남성이라는 사실밖에 내세울 게 없는 일종의 '피해자'들입니다. 그 '피해자'들이 '가해자'들을 공격하는 대신 소수인종, 여성, 장애인을 공격하고 있습니다. 그들은 사회 양극화에서 오는 경제적 불안과 무슬림 테러에 기인한 위기감을 미국 사회의 가장 약한 이들을 공격하며 쓰다듬고 있는 중입니다.

"미국을 다시 위대하게 만들 수 있다"는 말을 되풀이하는 트럼프는 대뜸 히틀러를 연상시킵니다. 트럼프가 공화당 후보 가운데 1위를 달리고 있는 것은 세계인들에게 우스꽝스러운 것 이상으로 무서운 일입니다. 그것은 그가 유럽인들의 지지도, 아프리카인들의 지지도, 아시아인들의 지지도 아닌 제국의 메트로폴리스 거주자들의 지지를, 당신들 가운데 적잖은 사람의 지지를 받고 있기 때문입니다. 복잡한 외교문제나 경제 사회 문제를 무조건 "지금 정치인들이 멍청해서 그렇다"라는 말로 요약하고 "나는 지금까지 성공적으로 사업을 해왔으므로 정치도 잘 할 수 있다. 내가 하면 다 잘한다"고 우겨대는 선동가에게 당신들 가운데 많은 사람이 열광한다는 사실이 무섭습니다.

미국과 맥락이 고스란히 포개지지는 않지만, 이민과 테러가 중요한 원인이 돼 당신들 가운데 일부처럼 극우화하는 시민들을 보게 되는 나라로 프랑스가 있습니다. 지난해 파리 테러 이후 치러진 지방선거에서 프랑스 극우정당 국민전선은 집권 사회당과 제1야당 공화당을 집어삼킬 듯 보였습니다. 2차 결선 투표에서 사회당과 공화당의 연대로 국민전선이 패퇴하기는 했지만, 그 정당의 당수 마린 르펜은 내년 프랑스 대선에서 대통령이 되겠다는 야망을 숨기지 않고 있습니다. 실제로 프랑스 유권자 네 사람 가운데 셋이 차기 대통령으로 사회당 소속의 현직 대통령 프랑수아 올랑드도, 공화당 소속의 전직 대통령 니콜라 사르코지도 원하지 않는다는 여론조사 결과가 최근에 나왔습니다. 그러나 저는 마린 르펜이 대통령이 되는 프랑스보다 도널드 트럼프가 대통령 자리를 넘보는 미국이 훨씬 더 두렵습니다.

프랑스는, 비록 강대국이라고 하더라도, 고만고만한 나라들 가운데 하나일 뿐입니다. 그 나라에서 극우정파가 힘을 떨치고 심지어 집권을 한다고 해서 그것이 인류에 치명적 위협이 되지는 않습니다. 작은 몸집으로 할 수 있는 악행에는 한계가 있기 때문입니다. 그러나 지구제국의 메트로폴리스에서 극우정파가 힘을 떨친다면, 그것이 지금처럼 제어되지 않는다면, 그것은 전인류에게 측량할 수 없는 재난을 불러옵니다. 당신들은 메트로폴리스 시민으로서 누리는 특권에 비례하는 책임감을 느껴야 합니다.

원주민들의 학살과 노예 제도, 거듭된 정복전쟁으로 이뤄진 나라 만들기의 역사를 되돌아볼 때, 미국은 결코 위대한 나라가 아닙니다. 그러나 미국인들은 위대해질 수 있습니다. 기실 에이브러햄 링컨에서 로자 파크스에 이르기까지 수많은 미국인들이 위대했습니다. 부디 당신들이 위대해지기 바랍니다.

2016. 1. 11.

정동영 전 의원께

노무현 정권 다섯 해는 제가 한 신문사의 논설위원으로 일하던 때와 거의 포개집니다. 그 시절은 당신의 정치역정 중 가장 화사한 시기였습니다. 당신은 여당 대표를 지냈고, 대통령 다음의 2인자로서 대한민국의 외교 안보 통일 정책을 관장했으며, 마침내 여당의 대통령 후보로 나섰습니다. 그 전시기를 통해, 제가 그 신문이나 다른 지면에서 당신을 언급한 글 가운데 당신에게 호감을 표한 것은 하나도 없습니다. 당신이 소위 친노의 둥지 안에 있었을 때도, 당신이 노무현 전 대통령과 결별하고 대선 출정에 나선 뒤에도 마찬가지였습니다. 그리고 노 전 대통령 지지자들 다수가 당신에게서 이탈한 것이 틀림없는 2007년 대통령 선거에서도, 나는 당신 대신에 민주노동당 후보에게 투표했습니다.

제가 민주노동당 후보에게 투표한 것은 그 당의 이념에 공감해서는 아니었습니다. 정권재창출이 불가능하다는 것이 거의 확실해진 바에야, 소수정당에 제 한 표를 던지고 싶었습니다. 그 선택 때문에 제가 비판받을 일은 없다고 생각합니다. 소박한 자유주의자로서 제가 당신에게 투표하는 것이 자연스럽기는 했지만, 노 정권 5년 동안 당신은 저를 너무 실망시켰기 때문입니다. 만일 제가 비판을 받아야 한다면, 그 선거에서 당신에게 투표하지 않은 친노 유권자들은 훨씬 더 큰 비판을 받아야 한다고 생각합니다. 대통합민주신당이 열린우리당을 계승한 정당임은 명확했으므로, 노 전 대통령의 지지자들은 마땅히 당신을 지지했어야 했을 것이기 때문입니다.

노 정권 5년 동안, 당신을 비판한 것만큼 비판하지는 않았지만, 저는 대통령도 적잖이 비판했습니다. 그러나 극보수언론이 어이없는 이유로 청와대를 힐난할 때는, 과감히 나서서 대통령을 옹호했습니다. 실제로 제 글을 청와대 홈페이지에 옮겨 실어도 되겠느냐는 물음이 청와대로부터 와서 그러라고 말한 적이 두 번 있습니다. 국정의 최고책임자를 번갈아 비판하고 방어하면서도, 당신을 한번도 옹호한 적이 없다는 것은 얄궂습니다. 더구나 당신의 잘못을 추궁하는 제 언어는 때로 너무나 벼려져 있어서, 제 협량을 드러내는 듯도 했습니다. 노 전 대통령을 무시로 방어한 제가 당신에게는 왜 그리 모질었을까요? 그 이유는 여럿이겠지만, 제 잠재의식에 당신이 제 동향인이라는 사실이 깔려 있어서 그랬을 것입니다.

한때는 어떤 신문에서도 쓰지 못하던 '영남패권주의(영패)'라는 말이 이제 언론에 오르내리기 시작했습니다. 물론 이 말이 태어난 것은 꽤 오래 전이지만, '영패'는 좌우 보혁을 가로지르는 대한민국 주류사회에서 금기어였습니다. 그것이 너무나 불편한 진실이었기 때문입니다. 제도권 언론에서 이 말을 거침없이 사용한 사람은 저 말고 거의 없을 것입니다. 최근 이 말이 제도권 언론에 나풀거리게 된 것은 서남대 김욱 교수가 쓴 《아주 낯선 상식》이라는 책 덕분입니다. 이 책은 대한민국 사회에 미만한 영패를 분석하고 그것의 해소를 모색한 책입니다. 당초 이 책은 제도권 언론 카르텔의 의도적 무시 때문에 '금서 아닌 금서'가 될 뻔하다가, 우여곡절 끝에 지금은 사람들 입에 회자되는 책이 됐습니다.

제 판단에, 노무현 정권은 새누리당 정권과 영남패권주의를 공유했습니다. 제가 노 정권을 비판한 것은 삼성그룹에 기대는 그 정권의 계급적 성격이나 어설픈 외교 안보 정책 때문이기도 했지만, 핵심권력자들이 영남패권주의를 무람없이 추구하고 행사했기 때문이기도 했습니다. 존경받아 마땅할 점이 노 전 대통령에게는 많았습니다. 반면에 저는 그이가, 비록 노골적이지는 않았다 할지라도, 영패주의자였다는 것을 의심하지 않습니다. 그것은, 노 전 대통령 처지에서 판단하자면, 고향에서 인정받고 싶다는 욕망과 다름없는 것이었습니다. 노 전 대통령은 그 욕망을 이루기 위해, 그를 몰표로 지지한 호남 유권자들의 가슴에 못을 박았습니다. 그러고도 결국 그는 고향에서 인정받지 못했습니다. 그렇지만 저는 노 전 대통령의 욕망을 이해할 만한 것이라 판단합니다. 그러나 당신은 달랐습니다. 당신은 고향에서 인정받았습니다. 그러고도 고향을 배신했습니다. 당신과 저의 동향인들은 2002년 대선 국면에서 당신과 노무현 전 대통령을 똑같이 지지했습니다. 그리고 당신과 노 전 대통령에게 똑같이 배신당했습니다. 똑같이 호남을 배신했지만, 제가 노 전 대통령보다 당신을 더 용서할 수 없었던 것은 당신이 호남인이기 때문입니다.

당신은 노 전 대통령과 함께 민주당 분당에 앞장섰습니다. 그 과정에서 '난닝구'라는 말이 태어났습니다. 이 '난닝구'라는 말은 당초 열린우리당에 따라가지 않고 민주당에 남은 정치인들이나 그 지지자들을 가리켰지만, 이내 호남 사람 전체를 경멸적으로 가리키는 비하어로 뜻이 확장되었습니다. 이것은 한국 정치의 참사입니다. 제가 존경하는 문단의 한 선배는, 이 '난닝구'라는 말의 탄생이 결국 노 전 대통령을 자살로까지 몰고 갔다고 말합니다. 그 판단이 옳든 그르든, 지금 야권의 온갖 분열과 무기력의 뿌리가 당신이 주도한 민주당 분당이었다는 것은 당신도 인정할 것입니다. 열린우리당에 따라가지 않은 민주당 사람들을 '잔민당'이라는 말로 경멸했던 바로 그 사람들이, 오늘날 '민주당'이라는 이름에 그토록 애착을 보이는 것은 일종의 소극입니다.

당신은 마땅히 영남패권주의라 불러야 할 것을 지역주의 내지는 지역감정이라 부르며, 그것을 없애는 방법은 그것을 언급하지 않는 것이라는 기묘한 처방을 내놓았습니다. 노 정권 초 당신이 '대구사랑모임'이라는 것을 만들었을 때, 저는 기함했습니다. 1961년 박정희 장군의 군사반란 이후 대구는 애정결핍상태였던 적이 한번도 없었습니다. 심지어 호남정권 아래서도 대구는 충분히 사랑받았습니다.

당신이 처음으로 영남패권주의라는 말을 쓴 것은 열린우리당을 중심으로 민주당계열 정당을 통합하자는 당신의 요청을 노 전 대통령이 거부한 이후입니다. 당신은 대선 국면에서 노 전 대통령과 갈라지고 나서야 영패가 존재한다는 것을 인정했고, 노 전 대통령이 영패주의자라는 것을 인정했습니다. 없다고 아무리 우겨도 있는 것이 없어지지는 않습니다. 당신은 너무 늦게 영패의 울타리를 넘었습니다. 사실은 영패 서클에서 쫓겨났다고 말하는 것이 더 정확하겠지요. 그러니 제가 어떻게 당신에게 살가운 말을 건넬 수 있었겠습니까?

그러나 오늘의 이 편지는 당신에 대한 질책을 되풀이하기 위해 쓰는 것이 아닙니다. 제가 당신을 향해 겨눈 펜촉들이 너무 날카로웠음을 인정하고, 당신의 정치 일선 복귀를 권유하기 위해 쓰는 것입니다. 당신에게 제가 던진 말의 돌멩이들이 비례의 원칙을 깨고 너무 많았던 것에 대해 사과드립니다. 지금의 정치권은, 특히 위기에 놓인 야권은 당신의 경륜을 필요로 합니다. 그 경륜은 당신이 맡아온 고위 직책들로부터만이 아니라, 정치권에서 때론 스스로 저지르고 때론 가슴 아리게 당한 배신의 염량세태에서도 축적되었을 것입니다. 영패에 협력했다가 영패에 핍박받은 경험을 바탕으로, 영패를 넘어서는 '새로운' 정치에 당신의 역량을 보태십시오. 저는 당신에게 대통령 자격이 충분히 있다고 생각하지만, 대통령이 되지 않고서도 할 수 있고 해야 할 일은 많습니다. 고향에 틀어박혀서 씨감자나 만지작거릴 때가 아닙니다. 나오십시오. 당신이 있어야 할 곳은 정치권입니다. 한때 당신이 상처를 줬던 고향을 위해서, 그리고 대한민국 민주주의의 재건을 위해서 나오십시오.

2016. 1. 18.

앙겔라 메르켈 총리께

1992년 10월 직업적 이유로 라이프치히에 들른 적이 있습니다. 라이프치히 중앙역의 웅장함과 우아함에 깊은 인상을 받았지요. 역사驛舍를 나오니 오른쪽으로 아스토리아 호텔이 우뚝 서 있었습니다. 저는 ASTORIA라는 글자 뭉치를 보며 크리스토프 하인의 어떤 소설을 떠올렸고, 그 연상의 행로는 크리스타 볼프나 슈테판 하임 같은, 그 무렵 한국에서 읽히기 시작한 동독 출신 작가들로 자연스럽게 이어졌습니다. 괴테거리를 따라 내려가니 라이프치히대학이 보였습니다. 유럽의 대학들이 흔히 그렇듯, 라이프치히대학도 캠퍼스라기보다는 그저 건물들이더군요.

저는 그 대학 건물들을 둘러보며 철학자 빌헬름 분트와 에른스트 블로흐, 물리학자 베르너 하이젠베르크와 구스타프 헤르츠 등 이 학교에서 가르쳤던 지성사의 거장들을 떠올렸습니다. 또 라이프니츠와 괴테를 비롯해, 작곡가 슈만과 바그너, 철학자 니체 같은 이 학교의 유명한 학생들도 떠올렸습니다. 저는 한때 언어학도였던 터라, 라이프치히 대학이 19세기 역사비교언어학의 둥지라는 것을 알고 있었습니다. 그래서 청년문법학파 Junggrammatiker라는 이름으로 한 세대를 풍미하던, 그러나 앞서 거론한 사람들보다는 덜 알려진, 헤르만 파울과 카를 부르크만 같은 이 학교의 언어학자들도 떠올렸습니다. 그렇지만 당신이 재학할 때 카를 마르크스 대학이라고 불렸던 당신의 모교를 둘러보면서도, 저는 당신을 떠올리지 못했습니다. 당신은 그즈음, 통일된 독일의 헬무트 콜 내각에서 여성청년부 장관으로 일하고 있었지요.

그로부터 여덟 해 뒤인 2000년 당신은 야당으로 물러난 기민련의 대표가 되었고, 그보다 다섯 해 뒤인 2005년에는 독일연방공화국 총리가 되었습니다. 그리고 연정 파트너를 바꿔가며 지금까지 집권하고 있습니다. 당신은, 비교 대상이 되기를 매우 꺼리실 테지만, 영국의 마거릿 대처 전 총리의 집권기간 11년 6개월을 곧 넘어서, 민주적으로 선출된 최장기 여성 최고 권력자가 될 참입니다. 아니 남자까지를 포함해도, 12년을 집권한 미국의 프랭클린 루즈벨트 대통령을 추월할 것이 분명하고, 운이 좋다면 14년을 집권한 프랑스의 프랑수아 미테랑 대통령까지 제칠지도 모릅니다. 만일 그런 일이 일어난다면 당신은 남녀를 가리지 않고 민주적으로 선출된 최장기 최고권력자가 되는 셈입니다. 대통령과 총리를 오락가락하는 푸틴의 러시아를 온전한 민주주의 국가라고 할 수 없다면 말입니다.

당신은 세상에서 가장 힘이 센 여자입니다. 어쩌면 남자를 포함해도 세상에서 가장 힘이 센 사람일지 모릅니다. 임기를 한 해 남겨놓은 미국의 오바마 대통령이나 국내외에 정적들이 수두룩한 러시아의 푸틴 대통령이나 일종의 집단지도 체제인 중국의 시진핑 주석의 실제적 힘이 당신보다 약할지도 모른다는 뜻입니다. 당신은 독일의 총리를 넘어서 유럽연합의 총리입니다. 한때 유럽연합은 프랑스와 독일의 양두마차 체제로 굴러갔지만, 이제 프랑스의 힘은 독일에 견줄 수 없을 만큼 쇠약해졌습니다.

당신은 신비한 사람입니다. 그 신비감이 당신의 매력을 강화하고 있는지도 모릅니다. 박사학위를 받고 막 연구자 생활을 시작한 양자물리학자가 정치로 방향을 튼 것도 그렇고, 동독 출신의 여성이 통일 독일의 최고 권력자가 돼 이리 길게 집권하는 것도 그렇고, 공인으로서 사생활을 거의 드러내지 않는다는 점도 그렇습니다. 사실 공인으로서의 사생활만이 아니라, 함부르크에서 태어난 당신이 목사인 아버지를 따라 동독으로 이주한 뒤에 보낸 35년의 세월도 봉인돼 있습니다. 당신이 동독으로 이주한 것은 1954년, 당신이 태어나고 몇 주 뒤였습니다. 베를린 장벽이 세워지기 전이기는 하지만, 서독의 어떤 젊은 목사가 목회

활동을 하기 위해 동독으로 이주했다는 것이 분단국에 사는 저로서는 잘 상상이 되지 않습니다. 당신은 35년의 동독 생활에 대해 거의 얘기하지 않았습니다. 독일이 통일되지 않았다면, 당신은 지금 물리학자가 돼 있을지도 모릅니다. 자연과학에 대한 당신의 갈증은 독일의 가장 뛰어난 화학자 가운데 한 사람일 당신의 남편이 채워주고 있겠지요. 당신이 뛰어난 물리학도였다는 건 알려져 있지만, 어쩌면 당신의 재능은 물리학보다도 정치에 있을지 모르겠습니다. 총리가 되기 전의 한 인터뷰에서 당신은 "권력의 매력이 무엇이냐"는 질문을 받고 "예전 같으면 정치를 통해 뭔가를 이루는 묘미라고 대답했을 거예요. 이제는 상대로부터 뭔가를 빼앗는 맛이라고 말하고 싶네요"라고 너무 솔직하게 대답했습니다. 그리고 그 몇 해 뒤, 당신은 늘 당신을 깔보았던 사민당 출신 총리 게르하르트 슈뢰더로부터 총리직을 빼앗았지요.

그러나 당신은 정치를 통해 많은 것을 이뤄냈습니다. 당신은 일본의 3·11대지진이 일어난 지 사흘 만에 물리학자로서의 오랜 신념을 거두고 원자력발전소의 가동기한 연장을 취소함으로써 독일의 에너지 정책을 완전히 뒤집었습니다. 당신은 네타냐후가 집권한 뒤 이스라엘과의 관계를 냉각시키고 팔레스타인의 정치를 국가차원에서 지원한다는 뜻을 명확히 했지만, "독일 총리인 나에게 이스라엘의 안전은 결코 협상대상이 아닙니다.

유대인 민주주의 국가 이스라엘의 안전을 위한 동참은 독일의 국가이성에 속합니다"라는 발언으로 제2차 세계대전 때 독일이 저지른 반인도범죄를 끊임없이 참회했습니다. 당신은 당신의 집무실 전화를 도청하는 우방국 지도자 오바마와, 당신이 개를 무서워한다는 걸 알고 크림반도의 대통령 별장에서 당신 앞에 래브라도를 풀어놓은 푸틴 사이에서 유럽연합의 홀로서기를 시도해왔습니다. 얼마 전 뉴스를 보니 푸틴은 2006년의 그 사건에 대해 거듭 자신은 당신의 개 공포증을 몰랐다고 변명하더군요.

유로화를 지키려는 당신의 노력은 유럽연합 내부에서 많은 적을 만들었습니다. 당신을 히틀러로 묘사하는 일부 그리스 사람들을 포함해, 남유럽 국가들의 시민들에게 당신은 인기가 없습니다. 유럽연합에서 나가자는 여론이 우세한 영국도 결국 독일의 구심력을 두려워하고 있는 거지요. 그러나 적이 없는 정치인이 세상에 어디 있겠습니까.

정치인으로서 당신이 이룬 가장 큰 업적은 시리아를 비롯해 분쟁지역에서 오는 난민을 최대 규모로 받아들인 것이라고 생각합니다. 사실 중동이나 아프리카의 분쟁에는 옛 식민주의 제국주의 국가들의 원죄가 바탕에 깔려 있는 만큼, 그런 원죄가 영국이나 프랑스, 미국 같은 나라들보다 훨씬 덜한 독일이 난민들에게 이처럼 관대하다는 것은 독일이라는 나라의 위대함을 보여줍니다. 그 위대함은 "내가 조국이라는 말을 쓴다면, 그것은 과도하게 높여진 위상의 조국이 아닙니다. 나는 독일이 형편없이 나쁘다거나 군계일학처럼 훌륭하다고 여기지 않습니다. 나는 케밥과 피자를 아주 좋아하고, 거리에서 만나는 이탈리아 사람들이 훨씬 아름답다고 여기며, 스위스의 태양이 더 오래 빛을 비춘다고 생각합니다"라는 당신의 발언에서 더 높은 차원을 얻습니다.

지난 세밑에 쾰른에서 난민들이 여성들에게 가한 성폭력과 거기에 대한 반동으로 독일전역에 번지고 있는 반난민 시위 때문에 당신의 처지가 매우 어렵다는 것을 압니다. 당신도 정치인인 만큼 반난민 여론을 무시할 수는 없을 것입니다. 그러나 가장 나쁜 선택은 당신의 난민정책에 '컨트롤 알트 딜리트'(Ctrl-Alt-Del) 키를 누르는 것입니다. 당신은 독일과 유럽의 지도자일 뿐만 아니라 세계의 지도자이기 때문입니다. 그리고 당신과 같은 호모사피엔스로서 저의 자부심이기 때문입니다. Ich bin stolz auf Sie, Frau Bundeskanzlerin!

2016. 1. 25.

이정희 전 통합진보당 대표께

언론이 당신의 근황을 전해주지 않으니 당신의 요즘 형편이 더욱 궁금합니다. 당신의 트위터는 2014년 12월 24일에 멈춰져 있군요. 헌법재판소(헌재)가 통합진보당(통진당)의 해산을 결정한 지 닷새 뒤입니다. 통진당 해산은 그보다 두 해 전 치러진 18대 대통령 선거 후보자들의 텔레비전 토론에서 당신이 새누리당 박근혜 후보를 세차게 몰아세웠을 때 이미 결정된 것이었을까요?

　박근혜 정권이 들어선 직후, 저는 통진당의 '종북주의'와 '위헌성'을 묻는 한 인터뷰어에게 이렇게 답했습니다. 좀 길지만 인용하겠습니다. "통진당 구성원들 가운데 종북이라고 불릴 만한 사람들이 있는 건 확실해 보입니다. 그러나 통진당은 엄연한 합법정당이고, 더구나 원내정당입니다. 만약에 통진당이 대한민국 헌법이 정한 민주적 기본질서를 어기고 있는 정당이라는 판단이 선다면, 정부가 헌재에 통진당의 해산심판을 청구하면 됩니다. 그런데 제 생각엔 헌재도 통진당을 위헌정당이라 판단할 것 같지 않습니다. 통진당이 사유재산제도를 부정합니까? 복수정당제와 선거제도를 부정합니까? 의회제도와 권력분립을 부정합니까? 국민의 기본적 인권을 부정합니까? 그 당 구성원들 개개인의 생각이 어떨지는 모르지만, 통진당이 그런 민주적 기본질서를 공개적으로 부정한 적은 없습니다. 따라서 정당해산심판이 청구되더라도, 헌재는 이것을 기각할 것입니다."

그로부터 두 해도 지나지 않아, 제가 박근혜 정권의 몰상식을 과소평가하고 헌재의 양식을 과대평가했다는 것이 또렷해졌습니다. 박근혜 정권의 법무부는 그 해 11월 5일 헌재에 통진당 해산심판을 청구했고, 박근혜 씨의 대통령 당선 2주기인 그 이듬해 12월 19일 헌재는 인용 8, 기각 1이라는 압도적 다수의견으로 통진당 해산을 결정했습니다. 저는 이 판결이 대한민국의 법치주의를 뿌리째 뽑아버렸다고 생각합니다. 헌재는 법의 지배를 외면하고, 여론재판을, 그러니까 일종의 인민재판을 한 것입니다. 정권이 통진당을 눈엣가시처럼 여겼을 뿐만 아니라, 세간에도 통진당은 종북정당이라는 인식이 넓게 퍼져 있었습니다. 헌재는 이 여론에 편승한 정치재판을 한 것입니다.

그렇게 본다면, 이 정치재판이 시작된 것은 법무부가 긴급안건으로 상정한 '위헌정당 해산심판 청구의 건'을 국무회의가 심의·의결한 2013년 11월 5일이 아니었습니다. 그 시작은 2012년 4월 11일 치러진 제19대 총선 직후 벌어진 통진당의 내분이라고 할 수 있을 것입니다. 결국 분당으로 마무리된 그 내분의 전말을 되돌아보면 입이 씁쓸합니다. 내분의 씨앗이 된 부정경선 논란에 불을 붙인 것이 스스로 부정경선을 저지른 옛 국민참여당(국참) 계열 당원이었다는 것도, 당신이 이끄는 소위 당권파에게만 부정경선 책임을 온전히 뒤집어씌운 국참당 계열이 거의 모든 언론의 십자포화 지원을 받아 부정경선 논란을 종북논란으로 바꿔치기해 당권파를 여론에서 고립시킨 것도, 결국 국참계와 옛 진보신당계가 탈당을 해 진보정의당(지금의 정의당)을 만들면서 자파 비례대표 의원들의 직을 유지하기 위해 소위 '셀프제명'을 한 것도 죄다 상식을 벗어난 일이었습니다. 그런데도 국참계와 언론이 저지른 종북몰이에다가 중앙위원회에서의 폭력사태가 포개지면서, 여론은 통진당 내분 사태를 '사악한 이정희 대 정의로운 유시민'의 구도로 받아들였습니다.

이 사건으로 통진당에 씌워진 부정경선의 올가미와 종북의 올가미 가운데 더 힘이 셌던 것은 후자였습니다. 당권파 역시 부정경선에서 자유롭지 않았다는 것은 당신도 인정할 테지만, 그 혐의를 오로지 당권파에게 씌운 것도 모자라 당신과 당신의 동지들을 종북으로 모는 전략으로 제 몸의 때를 씻어내려 시도한 국참계의 술수는 역겨운 것이었습니다. 그리고 이 사건으로 통진당에 짙게 드리워진 종북 이미지는 뒷날 헌법재판관들이 비겁하게도 법의 지배 대신 인민재판을 선택한 동력의 일부가 되었다고 저는 판단합니다. 저는 지금 통진당 해산과정을 법치주의와 거리가 먼 인민재판으로 만든 것은 박근혜 정권만이 아니라 이 나라의 선정적 언론과, 한때 당신과 한 둥지에 있던 지금의 정의당 사람들이기도 했다고 말하고 있는 중입니다. 말하자면 당신과 당신의 동지들은 법리에 따라서가 아니라 대한민국 이스태블리시먼트의 비토에 의해, 우리 사회에서 박멸해야 할 병균이 되었습니다. 그리고 통진당 해산을 통해서 대한민국은 일단 그 멸균에 성공한 듯이 보입니다. 그러나 대한민국을 위생처리한 대가로 우리는 법의 지배라는, 민주공화국의 커다란 원칙을 훼손해버렸습니다. 통진당 해산은 대한민국 헌재 역사의 가장 커다란 치욕으로 기록될 것입니다. 그리고 그것을 지지하거나 방치한 우리는 민주공화국의 시민 자격을 그 순간 잃었습니다. 통진당 해산이 결정됐을 때 당신이 느꼈을 공적 절망감에 저는 깊이 공감합니다.

그러나 저는 한번도 통진당 지지자였던 적이 없습니다. 앞에서 인용한 인터뷰에서 저는 "통진당 구성원들 가운데 종북이라고 불릴 만한 사람들이 있는 건 확실해 보인다"고 말했습니다. 그리고 저는 지금의 북한 체제를 고금동서 최악의 전체주의 체제라고 생각합니다. 그 체제는 절대악에 가깝습니다. 그것은 허물어지거나 바뀌어야 할 체제입니다. 그런데도 그런 절대악에 너그러운 사람들을 품고 있던 통진당이 위헌정당이 아니라고 제가 주장한 것은, 통진당 안의 그 세력이 어디에나 있을 수 있는 일탈자들의 최소 수준, 곧 잔류 수준에 머물러 있다고 판단했기 때문입니다. 다시 말해 그 세력이 통진당의 정책에 영향을 주기에는 너무 미미했다고 판단했기 때문입니다. 만약에 북 체제에 너그러운 사람들이 통진당의 다수파라고 제가 판단했다면, 그 당이 북한과 협력해 대한민국 체제를 무너뜨리려는 혁명정당이라고 판단했다면, 저는 당연히 통진당이 위헌정당이라고 말했을 것입니다.

저는 결코 당신이 종북주의자라고 생각하지 않습니다. 저는 당신을 다소 열정적인 민족주의자라고, 남북의 화해와 평화적 통일을 기원하는 평화통일주의자라고 생각합니다. 그렇지만 당신이 사람들에게 오해의 빌미를 준 것도 사실입니다. 6·25전쟁이 남침이냐 북침이냐를 묻는 사상경찰의 수준 낮은 질문에 '남침'이라고 단호하게 대답하지 못한 당신이 안타깝습니다. 외국인들이 '한국전쟁'이라고 부르는 그 전쟁이 1950년 6월 25일 새벽에 시작된 것은 아니라는 수정주의가 하나의 학문적 견해는 될 수 있습니다. 그러나 악의적 사상경찰들을 포함해 대한민국 시민 대다수가 당신에게 듣고 싶어 했던 것은 복합적 성격을 지닌 그 '한국전쟁'의 '기원'이 아니라, 남과 북 사이의 전면적 전쟁을 시작한 것이 어느 쪽이냐였을 뿐입니다.

당신이 열정적 민족주의자로서 북의 동포들에게 깊은 연대감을 느낄 수는 있습니다. 그러나 그 연대감은 북에 살고 있는 동포들의 인권과 복지에 대한 관심으로 발현해야 합니다. 물론 북한 동포들의 인권 신장을 위한 접근에는 여러 길이 있습니다. 북한 인권 문제의 해결을 위한 당신의 견해가 주류 반북주의자들의 견해와 다를 수도 있습니다. 그러나 북의 동포들에 대한 당신의 연대감이 최악의 전체주의 왕조 체제에 대한 너그러움으로 발현한다면 당신은 남쪽의 악이 싫어서 북쪽의 더 큰 악을 보듬어 안는다는 비판에서 자유로울 수 없을 것입니다. 당신이 그런 의미의 민족주의자는 아니라고 저는 굳게 믿습니다. 당신의 목소리가 문득 그립습니다.

2016. 2. 1.

사적인 편지

캘리포니아의 친구에게

그리운 남浦!

오늘이 소만小滿이야. 알고 있었니? 만물이 생장해 가득 찬다는. 나희덕은 이맘때를 "초록의 물비늘이 마지막으로 빛나는 때"라고 노래했지. 아닌 게 아니라 이즈음의 초록은 세상을 채울 만하다 싶어. 시인의 말을 다시 훔치면 "조금 빈 것도 같게, 조금 넘을 것도 같게." 여길 지나면 너무 어둡고, 여기 못 미치면 너무 밝은 듯. 득중得中이야말로 극한이라는 야릇한 이치를 깨닫게 되네.

남아! 캘리포니아에는 요즘도 비가 내리니? 겨울에만 내리던 비가 봄에도 온다고, 캘리포니아 날씨가 이상해졌다고 네가 투덜거리던 게 떠올라. 네 말을 듣고, 그게 일시적 날씨 변덕이 아니라 혹시 전지구적 기후변화 조짐이 아닌가 하는 생각을 뜬

금없이 했어. 어떤 재난영화들을 잠시 떠올리기도 했고. 나야 별스런 생태주의자는 못 되지만, 후쿠시마 이후에도 핵에 대한 사람들의 불감증이 여전하다는 건 좀 뜻밖이야. 주류 언론의 게이트키핑 탓인가?

얼마 전, 3012년에는 일본에 열다섯 살 아래 어린이가 하나도 없을 거라는 신문기사를 읽었어. 지금 같은 저출산 추세가 이어지면 그렇게 되리라는 건데, 좀 한가로운 얘기로 들리더라. 천 년 뒤까지 과연 인류가 살아남을 수라도 있을까? 일본인이든 아니든. 지금의 진화 속도와 방향을 단숨에 뛰어넘고 거스른 '신인류'가 태어나지 않는 한, '31세기 인류'라는 건 있을 법하지 않아. 지금도 이 행성 어디선가 아이들이 떼로 굶어 죽어가는 걸 보면 짐작할 만하지. 아이들이 죽어나가는 건 개들을 살릴 먹을거리가 없어서가 아니잖아. 행성 다른 곳에 쌓여 있는 그 먹을거리가 그 아이들 입에 다다를 수 없도록 하는 정치 탓이지. 그 정치가 잘 관리되지 못해 단 한 번의 커다란 전쟁으로 비화하기만 해도, 인류는 가뭇없이 사라지겠지. 다른 생물들은 무슨 죄니? 외계 지성체 역을 맡은 키아누 리브스가, 어느 영화에서, 이 행성을 인류로부터 구하기 위해 왔다고 말했던 게 생각나.

보고 싶은 남!

한국 소식을 너도 접하겠지만, 그리 반가운 일은 없어. 지금 생각해보면 아무것도 아니지만, 지난달 총선 뒤로 며칠 침울했어. 아무것도 아니라는 말, 진심이야. 환호작약할 일도 아니었지만, 마음 상할 일도 아니었어. 그 뒤 민주당과 통합진보당 사람들하는 걸 보면 말이지. 특히 통합진보당 사태! 지금도 출구가 안보이네. 그사이에 쌍용차 해고노동자들은 삶과 죽음 사이를 오가고. 정권 끝머리라는 걸 일깨우듯, 끊임없이 터져 나오는 부패스캔들. 가끔 코믹한 장면도 있긴 하지. 수천억 원대의 불법대출과 횡령을 일삼던 어느 금융인의 '밀항' 시도! 어느 기자 말대로 다 죽어가던 낱말에 생기를 불어넣더구나. 한 줄기 서늘한 바람은 외려 나라 바깥에서 불어오더라. 동성결혼에 대한 오바마의 지지 선언, 그리고 프랑스 대선 소식.

남아! 나잇살이나 먹었으면서도 나는 왜 이리 정치에 집착하는지. 누구 말마따나 정치는 정말 한국인의 히스테린가? 내겐 누려도 될, 아니 누려야 할 생의 정당한 사치가 수두룩한데 말이야. 서해 바다의 저녁노을, 몇 걸음의 산책(양재천이 늘 나를 기다리고 있는데!), 몇 마디의 밀어, 몇 모금의 에스프레소, 몇 움큼의 잔모래, 어린 조카들과의 볼뽀뽀, 몇 줄의 시 같은. 뜻대로 될지는 모르겠으나, 이젠 그런 정당한 사치를 누리려 애써볼 참이야. 그러면서, 박근혜 시대를 준비해야겠어(결국 또 정치로 돌아오는군! 그리고 내 학습된 이 비관주의!). 박근혜 시대를 살아가는 연습을 해야겠다는 뜻이야. 그건 아마 수모受侮 연습, 해리解離 연습이겠지.

네가 사는 곳, 오렌지카운티, 이름이 참 예쁘다. 미국엔 거기 말고도 수많은 오렌지카운티가 있겠지만. 그곳엔 실제로 오렌지밭이 펼쳐져 있니? 휴대전화에 담긴 네 사진을 가끔 들여다본단다. 고와라! 네 얼굴은 세월을 잊었구나. 나는 거울 들여다보기가 싫은데. 몸이 있는 탓에 이렇게 너와 떨어져 있어야 하지만, 몸이 없다면 어떻게 너를 만져볼 수라도 있을까? 건강 잘 챙기렴. 보고 싶어, 남! 내 친구 얼굴을 만져보고 싶어!

〈한겨레〉, 2012. 5. 21.

내 누이이자 사랑인 한민희 씨께

소설 《해피 패밀리》는 당신의 유서로 마무리됩니다. 그 유서는 가족에 대한 당신의 사랑과 미안함으로 그득 차 있습니다. 그 소설 끝머리에서 당신에게는 두 선택지가 있었습니다. 아이를 지우고 살아남는 것과, 아이를 낳고 죽는 것입니다. 당신이 두 번째 선택지를 고른 것은 자연스럽습니다. 당신은 배 속의 아이를 지울 만큼 모진 여자가 아니기 때문입니다. 현실 속의 나는 낙태 문제에서 견결한 프로-초이스pro-choice입니다. 그러나 내가 공들여 만든 여성 캐릭터들은 흔히 내 세계관을 배반합니다. 아, 가능성의 영역에서는 당신에게 또다른 선택지도 있었지요. 아이를 낳고도 살아남는 것 말입니다. 그러나 내 소설의 모든 주인공 여성 캐릭터가 그렇듯, 당신은 제도를 완전히 허물 만큼 반사회적 성격을 지니지 못했습니다.

당신의 유서에서는 또렷이 드러나 있지 않지만, 당신은 어둠보다는 빛이, 죽음보다는 삶이 어울리는 여자입니다. 그것은 당신의 일기 여기저기서 드러납니다. 중학생인 당신은 친구 서현주와 함께 폴 사이먼의 노래 〈던컨〉을 들으며 그 앞부분의 대사를 음미한 뒤 성적 판타지 속에서 킬킬댑니다. 고등학생인 당신은 남동생 민형 앞에서 담배를 피우며 그 아이를 희롱합니다. 당신에게 죽음의 그림자가 드리우기 시작했을 때도, 당신은 의연해지려 안간힘을 씁니다. 그것은 내가 중학생 때 즐겨 들었던 테리 잭스의 팝송 〈태양의 계절들Seasons in the Sun〉(원곡인 자크 브렐의 프랑스어 노래 제목은 〈죽어가는 사람Le Moribond〉)을 떠올리게 합니다. 예컨대 당신은 이렇게 적습니다.

"이 우주에서 이런 일쯤은 아무것도 아니다. 내가 재벌이나 왕가의 일원이었다면 이 '별남'은 오히려 권위가 됐을 것이다. 그러나 이제 알겠다. 내가 뭇사람의 하나일 뿐이라는 것을. 아니 이제 나는 뭇사람조차 아니다. 아빠의 여신이었던 내가!"(2006년 6월 7일)

"《창백한 푸른 점》을 처음 읽었을 때 나는 우주의 광활함과 인간의 작음에 압도당했다. 그렇지만 이상하게 나는 인간의 작음, 내 작음이 눈물겹게 좋았다. 나는 지금 너무 커졌다. 우주만큼 커진 듯하고, 시시각각 팽창하고 있다."(2006년 8월 27일)

"내가 처음이 아니다. 어디론지 모르겠지만, 내 앞에 지나간

무수한 존재의 길을, 나도 가겠지. 혼자도 처음도 아니라는 생각을 하면 무서움이 덜어진다. 아이를, 세상의 출발선에 흠결 없이, 아무 핸디캡 없이 세우려면 내가 소거돼야 한다. 내 존재를 허구로 만들어야 한다. 전제가 헛것이면 어떠한 결론도 참이 된다. 그것이 아이에게 내가 줄 수 있는 유일한 선물이다. 내 죽음이 유산遺産이다. 아, 나는 얼마나 삶을 사랑하는지!"(2006년 8월 29일)

당신의 존재가 어둠보다 빛에 가깝다는 것은 《해피 패밀리》에 등장하는 다른 인물들에게도 또렷하게 보입니다. 예컨대 당신의 남동생 민형의 후배 이정석은 대학생 시절 당신을 처음 본 인상을 이렇게 적습니다. "졸업반이었던 해, 5월이었다. 중간고사 기간이었던 것 같다. 아마 시험이 끝나던 날, 학교 정문 쪽으로 걸어가다가 나는 휙 뒤를 돌아보았다. 막 스쳐지나간 여자가 강한 자력磁力으로 나를 잡아챈 것이다. 종아리를 반쯤 덮는 청색 플레어스커트에 흰 블라우스를 입은 그 여자는 백합처럼 하얀 얼굴에 눈빛이 그윽이 깊었다. 그녀는 어깨 아래로 내려오는 머리칼을 나풀거리며 춤을 추듯 걸어갔다. 나는 다섯 걸음쯤 앞으로 내딛다가 돌아서 그녀의 뒤를 쫓았다." 그리고는 당신을 두 번째 본 순간을 이렇게 기억합니다. "누나의 모습이 확 달라져 있어서 놀랐다. 찢어진 청바지를 입은 민희 누나는 스모키 화장을 짙게 하고 클레오파트라 머리라고 해야 하나, 앞머리를 반듯하게 자른 귀밑 길이의 단발머리를 파란색으로 염색한 상태였다. 조각처럼 단정한 얼굴에 가해진 과격한 변화 때문에 민희 누나는 몹시 퇴폐적으로 보였다." 여기서 '퇴폐적'이라는 말이 부정적 의미로 쓰이지 않은 것은 분명합니다. 정석은 당신을 뒷날 이리 회상하고 있으니까요. "다시 검은색이 된 머리카락을 찰랑거리면서 누나는 멀어져갔다. 민희 누나의 아름다움에는 어떤 아우라가 있었다. 광활한 우주에 견주면 먼지만도 못한 인류가 그래도 무화無化되지 않게 하는 아우라가. 내 환상의 여자……."

그러나 당신은 결국 작품 속에서 죽음을 맞고 맙니다. 내 다른 소설 〈제망매〉의 주인공 김혜원처럼 말이죠. 생각해 보면, 당신은 내 몇몇 다른 소설 속에서 주인공 역을 하는 인물들과 닮은 데가 많습니다. 〈제망매〉의 김혜원은 당신처럼 명민하고 이타적이며 죽음 앞에서 당신보다 더 당당합니다. 〈엘리아의 제야〉의 '누이', 〈아빠와 크레파스〉의 김미원은 당신과 달리 장애인이지만, 당신처럼 빛의 편에 서려 애씁니다. 〈누이생각〉의 줄리아나와 《독고준》의 독고원은 당신처럼 기존의 결혼제도를 가볍게 여깁니다. 네안데르탈인의 후예로 설정된, 〈플루트의 골짜기〉의 '나'와 〈이모〉의 사라는 아예 호모 사피엔스 사피엔스의 모든 습속을 조롱합니다. 그들은 당신의 자매이자 가족입니다. 그들이 가족인 것은 가족유사성을 지녔기 때문입니다. 당신과 미원이 크게 닮지 않았고, 미원과 혜원이 크게 닮지 않았고, 혜원과 사라가 크게 닮지 않았다 하더라도, 그들은 간접적 닮음들을 통해 가족사진의 일원이 됩니다. 어쩌면 당신은 《해피 패밀리》속의 당신 여동생인 영미와 민주, 당신의 친구인 현주보다, 내 다른 소설 속의 여주인공들과 더 닮았을지 모릅니다.

한 문학비평가는 내 소설을 두고, 내게 '누이 콤플렉스'가 있다고 쓴 적이 있습니다. 실제로도 누이가 셋이나 되는 나에게 누이 콤플렉스가 있는지 나는 모르겠습니다. 그러나 내가 소설을 쓰며 그 여자 등장인물들 중 하나를 내 누이처럼 여기곤 했던 것은 사실입니다. 그리고 그렇게 여긴 인물들에게 내 나름의 아름다움과 새로운 윤리를 부여하려고 애썼습니다. 그 인물들은 세속의 눈으로는 더러 비윤리적인 사람들이지만, 내가 꿈꾸는 세상 속에서는 윤리적인, 또는 윤리성 여부를 판단하기 힘든 사람들입니다. 바로 한민희 씨 당신이 그렇고, 〈누이생각〉의 줄리아나가 그렇고, 〈플루트의 골짜기〉의 '나'가 그렇습니다.

그러나 내게는 그 새로운 윤리를 강하게 옹호할 자신이 없었습니다. 나 자신이 기존의 윤리에 얽매인 사람이기 때문입니다. 나의 그 불철저함 때문에 당신은 죽음을 택할 수밖에 없었던 거지요. 그러나 나는 당신을 사랑합니다. 당신이 죽음을 택하지 않았더라도 여전히, 어쩌면 더욱더, 당신을 사랑했을 겁니다.

내가 앞으로 소설을 다시 쓸 수 있을지 어떨지는 모르겠습니다. 그렇지만 나는 내가 쓰고 싶은 소설을 이미 다 써버렸습니다. 소설가로서 내가 꼭 쓰고 싶은 소설이 둘 있었습니다. 하나는 로베르트 무질의 《특성 없는 사나이》를 넘어서는 관념소설이었습니다. 그 욕망은 《독고준》이라는 소설로 실현됐습니다. 《독고준》은 최인훈 선생의 연작 장편 《회색인》과 《서유기》의 등장인물들을 그대로 받아 쓴 소설입니다. 최인훈 선생은 당초 이 연작을 3부작으로 기획했지만, 그 3부를 쓰는 것을 포기하셨습니다. 그래서 내가 최인훈 선생님의 허락도 없이 그 3부를 채워넣은 거지요. 《독고준》이 《특성 없는 사나이》보다 더한 관념소설인지 여부는 모르겠습니다. 그러나 《회색인》보다는 훨씬 더 관념적인 소설이고, 《서유기》만큼의 환상성이 배어 있지는 않지만, 관념성에서는 뒤지지 않는 소설입니다. 소설 작품에 부여되는 관념적이라는 평가는 부정적 언술이기 십상이지만, 나는 관념 소설의 끝간 데를 보여주고 싶었습니다. 사실 예술 장르 가운데 소설만이 그런 관념성을 품어 안을 수 있습니다.

또 하나는 금지된 사랑을 그리는 소설이었습니다. 내가 생각했던 그 소설은 성애의 묘사와는 무관한, 오로지 그 주제와 소재가 금지된 사랑과 관련된 작품이었습니다. 그것은 당신이 등장하는 《해피 패밀리》로 실현되었습니다. 《해피 패밀리》에는 성애의 묘사가 거의 나오지 않지만, 기존의 연애관을 전복시키는 구석이 있습니다. 사실 《해피 패밀리》는 풍속의 감시자에게는 매우 불온한 소설이지요. 마르키 드 사드의 《소돔 120일》 이상으로요. 내 다른 소설이 대개 그렇듯 많은 독자들에게 읽히지 못한 데다, 풍속의 감시자가 게으름을 피우는 바람에 그 불온성이 널리 알려지지 않았을 뿐입니다. 아무튼 나는 쓰고 싶은 소설을 다 써버린 셈입니다. 그러나 어떤 계기가 주어져 다시 소설을 쓸 수 있다면, 그게 나쁜 일은 아니겠지요. 그리 된다면 아마 그 새 소설에도 당신의 자매가 등장하기 십상일 겁니다. 당신에게 힘든 역할을 맡겨서 미안합니다. 당신을 창조한 나 자신도, 〈엘리아의 제야〉에서 당신의 자매 한 사람이 파스칼을 빌려 중얼거렸듯, 이 끝없는 공간의 영원한 침묵에 떨고 있는 한 피조물에 불과합니다.

후기, 독자에게

〈독서한담〉과 〈편지〉를 추려 묶었다. 원래 썼던 공적 편지들 가운데는 발표하고 나서 자그마한 사회적 소란을 일으킨 것들이 몇 있는데, 편집자가 알아서 뺐다. 나는 그 소란들을 별일 아니라 여겼고 그래서 그 편지들을 넣어도 괜찮겠다 싶었지만, 편집자의 판단을 믿기로 했다. 갑년을 앞둔 나이에 짧은 조각글들을 모아 독자들에게 내놓는 것이 다소 무참하기는 하다. 그러나 제 뜻대로만 안 되는 것이 세상살이 아니겠는가. 독자들이 복된 새해를 맞으시기 바란다.

정유년 새 아침에

고종석

지은이 고종석

소설가, 언론인, 언어학자.
1959년 서울에서 태어났다. 성균관대학교와 파리 사회과학고등연구원
EHESS에서 법학과 언어학을 전공하고, 서른 해 가까이 신문기자로 일했다.

지은 책으로 《플루트의 골짜기》《언어의 무지개》《문학이라는 놀이》《정치
의 무늬》《사소한 것들의 거룩함》《고종석의 문장》(전2권)《사랑의 말, 말들
의 사랑》 등이 있다. 주저 《감염된 언어》가 영어와 태국어로 번역되었다.

쓰고 읽다

1판 1쇄 펴냄 2017년 1월 2일
1판 2쇄 펴냄 2017년 3월 10일

지은이 고종석
펴낸이 정혜인 안지미
편집 이준환
디자인 한승연
제작처 공간

펴낸곳 알마 출판사
출판등록 2006년 6월 22일 제406-2006-000044호
주소 우. 03990 서울시 마포구 연남로 1길 8, 4~5층
전화 02.324.3800 판매 02.324.2846 편집
전송 02.324.1144

전자우편 alma@almabook.com
페이스북 /almabooks
트위터 @alma_books
인스타그램 @alma_books

ISBN 979-11-5992-061-5 03300

이 도서의 국립중앙도서관 출판시도서목록CIP은 서지정보유통지원시스템 홈페이지
http://seoji.nl.go.kr와 국가자료공동목록시스템 http://www.nl.go.kr/kolisnet에서
이용하실 수 있습니다. CIP제어번호: 2016031339

알마는 아이쿱생협과 더불어 협동조합의 가치를 실천하는 출판사입니다.
살아 숨 쉬는 인문 교양을 중심으로 새로운 감각을 일깨우며 오늘의 사회를 읽는
책을 펴냅니다.

종이 표지_두성 문켄 폴라 240g/㎡ 본문_백상지 100g/㎡